U0683857

智·慧·商·业
创新型人才培养系列教材

ERP 原理与应用

微课版

成明山 李锐 汪清海 / 主编

杨媚 李丽 柴燕 / 副主编

人民邮电出版社

北京

图书在版编目（CIP）数据

ERP原理与应用：微课版 / 成明山，李锐，汪清海
主编. -- 北京 ：人民邮电出版社，2021.9
智慧商业创新型人才培养系列教材
ISBN 978-7-115-56974-5

Ⅰ．①E… Ⅱ．①成… ②李… ③汪… Ⅲ．①企业管
理—计算机管理系统—高等学校—教材 Ⅳ．①F272.7

中国版本图书馆CIP数据核字(2021)第142259号

内 容 提 要

本书从 ERP 的概念和理论出发，对 ERP 所蕴含的管理思想和计划层次进行剖析，帮助读者加深
对 ERP 集成一体化思想的理解。本书内容丰富、结构清晰，通过理论、案例、实训三者结合的方式，
让读者对 ERP 形成正确的认识，并能够通过实施 ERP 对企业资源进行整合和有效利用。

本书共 9 章，主要内容包括初识 ERP、ERP 系统基础、生产计划管理、供应链管理、车间管理与
控制、销售管理、人力资源管理、财务与成本管理、ERP 项目的实施等内容。各章设置了重要概念、
知识目标、能力目标、引导案例、情景导入、案例分析、经典理论、拓展阅读、实战演练、思政小课
堂、项目实训、课后思考、管理工具推荐等栏目，通过学习这些栏目，读者既可以深入理解 ERP 的相
关理论和方法，又可以提升实践应用能力。

本书可以作为高等职业院校和应用型本科工商管理类专业的教材，也可以作为企业相关人员学习
ERP 知识的参考书。

◆ 主 编 成明山 李 锐 汪清海
副主编 杨 媚 李 丽 柴 燕
责任编辑 楼雪樵
责任印制 王 郁 焦志炜
◆ 人民邮电出版社出版发行 北京市丰台区成寿寺路 11 号
邮编 100164 电子邮件 315@ptpress.com.cn
网址 https://www.ptpress.com.cn
北京七彩京通数码快印有限公司印刷
◆ 开本：787×1092 1/16
印张：13.5 2021 年 9 月第 1 版
字数：359 千字 2025 年 8 月北京第 5 次印刷

定价：49.80 元

读者服务热线：(010)81055256 印装质量热线：(010)81055316
反盗版热线：(010)81055315

　　企业资源计划（Enterprise Resource Planning，ERP）体现了当今世界先进的企业管理理念，它对企业的物流、资金流和信息流进行统一管理，对企业拥有的人力、资金、材料、设备、信息和时间等各项资源进行综合平衡和充分考虑，从而最大限度地帮助企业依靠现有资源实现效益最大化。

　　ERP 在我国的应用与推广经历了从起步、探索到逐渐成熟的过程。随着相关技术的日渐成熟，越来越多的企业开始应用 ERP 软件管理企业，希望借助 ERP 软件从根本上提升自身的应变能力，从而取得竞争优势。因此，在 ERP 软件逐渐普及的时代，企业更需要了解 ERP 的原理和应用方法。本书从 ERP 的原理出发，以 ERP 的计划层次为线索，全面、系统地对 ERP 的生产计划管理、供应链管理、车间管理与控制、销售管理、人力资源管理、财务与成本管理等内容进行介绍，让读者真正了解什么是 ERP，以及 ERP 的管理思想是如何融入企业的。

　　一、本书知识框架

　　本书基于 ERP 的基本理论、内容和应用方法等编写，涵盖了 ERP 原理与应用的多个方面，其知识框架如图 1 所示。

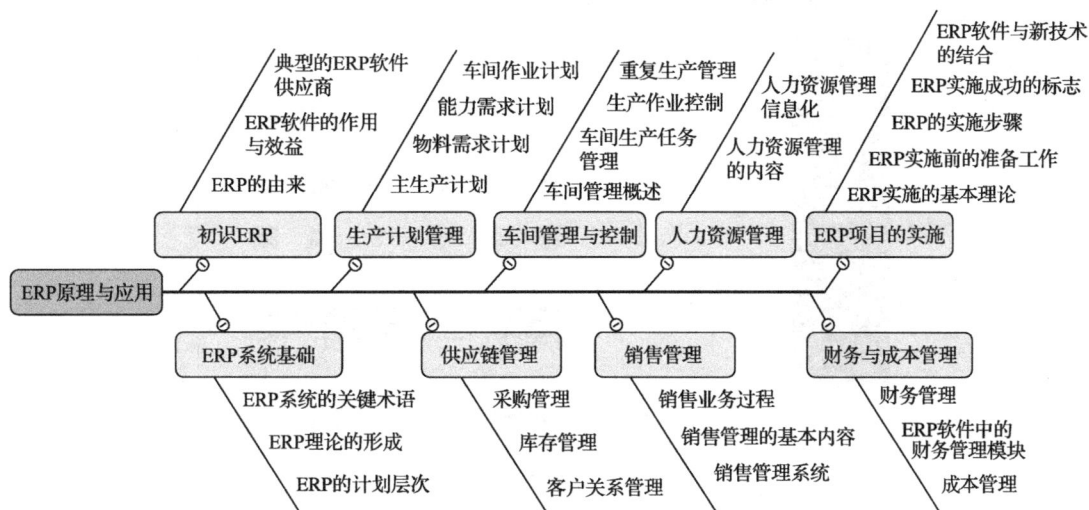

图1

　　二、本书特色

　　本书用通俗易懂的方式对 ERP 的原理与应用进行讲解，帮助读者学以致用。总体来说，本书主要具有以下特点。

　　（一）情景化教学

　　本书从 ERP 的理论、应用策略等入手，将企业 ERP 管理的理论知识全面融入企业管理的实际情景中，将真实的企业 ERP 实施案例，或模拟企业管理的实际情景引入章节知识中，让读者能够在相应的情景中将理论与实践结合起来。同时，本书运用"图+文+表"的形式，将与企业 ERP 管理相关的知识以简洁、精练、直观的方式展示出来，让读者的学习更加高效。

　　（二）栏目新颖

　　本书设置了经典理论、实战演练、项目实训、拓展阅读、案例分析、管理工具推荐等栏目。其中经典理论是对每一章重要理论的提炼；实战演练是根据各章重要知识设计的实战例题；项目实训是基于整章内容设计的综合练习题；拓展阅读是对相关知识的拓展和延伸；案例分析是对企业 ERP 管理真实案例的分析；管理工具推荐则是对每一章相关的管理工具、软件、系统、方法等进行的介绍和说明，图 2 为管理工具推荐的示例。

前 言 FOREWORD

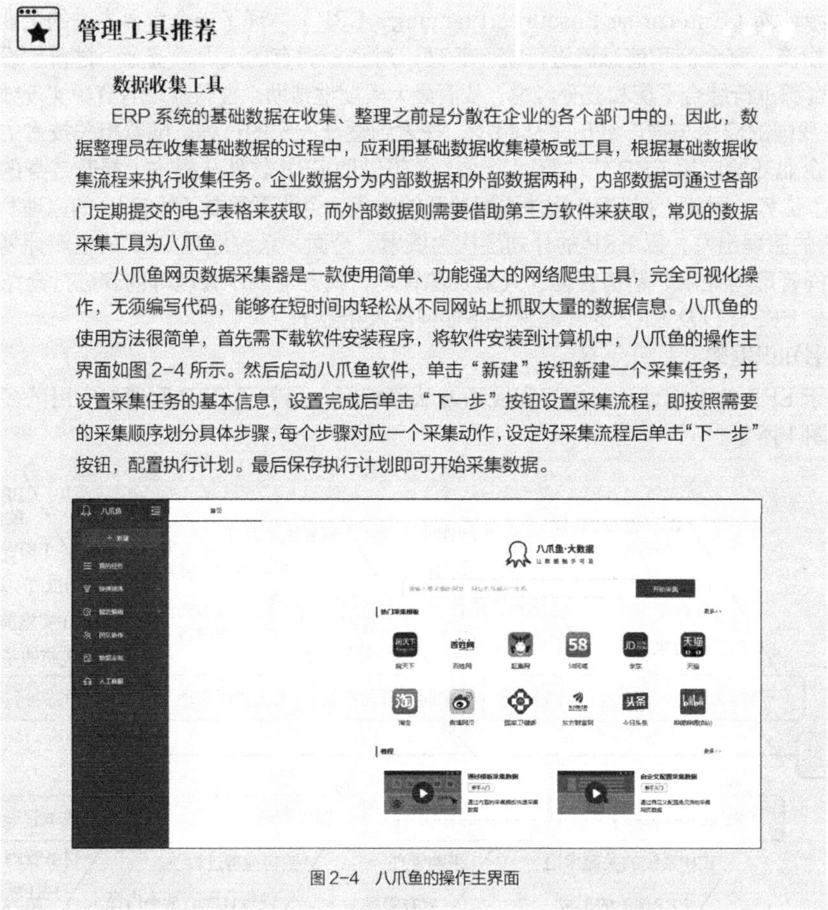

管理工具推荐

数据收集工具

ERP 系统的基础数据在收集、整理之前是分散在企业的各个部门中的，因此，数据整理员在收集基础数据的过程中，应利用基础数据收集模板或工具，根据基础数据收集流程来执行收集任务。企业数据分为内部数据和外部数据两种，内部数据可通过各部门定期提交的电子表格来获取，而外部数据则需要借助第三方软件来获取，常见的数据采集工具为八爪鱼。

八爪鱼网页数据采集器是一款使用简单、功能强大的网络爬虫工具，完全可视化操作，无须编写代码，能够在短时间内轻松从不同网站上抓取大量的数据信息。八爪鱼的使用方法很简单，首先需下载软件安装程序，将软件安装到计算机中，八爪鱼的操作主界面如图 2-4 所示。然后启动八爪鱼软件，单击“新建”按钮新建一个采集任务，并设置采集任务的基本信息，设置完成后单击“下一步”按钮设置采集流程，即按照需要的采集顺序划分具体步骤，每个步骤对应一个采集动作，设定好采集流程后单击“下一步”按钮，配置执行计划。最后保存执行计划即可开始采集数据。

图 2-4　八爪鱼的操作主界面

图 2

（三）重视素质培养

在内容上，本书介绍了现代企业 ERP 管理的创新模式，以帮助读者扎实地掌握专业知识；在栏目设计上，本书注重培养读者的思考能力和动手能力，努力做到“学思用贯通”与“知信行统一”。

（四）配套资源丰富

通过扫描书中的二维码，读者可以获得相关背景资料、拓展知识和学习资料。同时本书配有丰富的资源，包括大量的案例、图表、工具，以及精美 PPT、教学大纲等教学资源，读者可以通过访问人邮教育社区（www.ryjiaoyu.com）搜索书名免费下载。

三、致谢

本书在编写过程中参考和使用了一些资料，在此谨向这些资料的作者致以诚挚的谢意。

由于编者水平有限，书中难免存在疏漏之处，欢迎广大读者批评指正。

编　者

2021 年 8 月

CONTENTS 目 录

目 录 CONTENTS

CONTENTS 目 录

目录 CONTENTS

第 1 章

初识 ERP

重要概念

ERP "精益生产" 管理思想、ERP "敏捷制造" 管理思想、ERP 业务流程管理思想

知识目标

/ 了解 ERP 的概念和产生的背景。

/ 熟悉 ERP 的管理思想。

/ 熟悉 ERP 的应用现状。

/ 了解 ERP 软件的作用。

/ 熟悉 ERP 软件给企业带来的效益。

/ 了解典型的 ERP 软件供应商。

扫一扫

知识框架

能力目标

/ 了解 ERP 可以帮助企业解决哪些具体问题。

/ 具备准确选择适合企业发展情况的 ERP 软件的能力。

引导案例

ERP 为企业发展助力

领龙数码科技有限公司是一家专门从事液晶监视和触摸一体机研发、生产、销售的高新技术企业，该公司现有职工 200 人，其中技术人员有 80 人，占公司全体职工的 40%，大专以上学历的职工占 75%。公司资金实力雄厚，仅 2019 年，该公司投入的技术研究开发经费就达到 200 多万元，并在 2019 年年底实现了收入、利润的双增长。为了满足企业进一步发展的需求，领龙数码科技有限公司决定引进 ERP 系统来管理企业。那么，如何使 ERP 系统成功上线并真正发挥作用呢？为了解决这一问题，公司成立了专门的 ERP 项目领导小组，其主要职责是协调各业务部门的关系，调动及组织有关的管理部门和实施小组，分析企业工作流程的调整和机构重组，审批研发经费等。

领龙数码科技有限公司的 ERP 系统包括领导决策、财务管理、采购管理、生产管理、库存管理、销售管理、设备管理和质量管理等功能模块。一年多来，领龙数码科技有限公司 ERP 系统的实施成果已经在财务、生产、销售和库存等方面得到了充分体现。

（1）将资金需求计划纳入管理，实现了对资金运用的有效监控。

（2）对整个生产进程实现流程化管理，并形成对生产过程的严格控制和跟踪。

（3）对销售业务流程进行了规范，同时强化了企业对销售人员的管理。

（4）严格划分了货区、货位，并对库存物资进行了分类，做到了科学管理。

【思考】

（1）什么是 ERP？它是一种管理方法还是管理软件？

（2）领龙数码科技有限公司引入先进的 ERP 系统的决策正确吗？为什么？

（3）领龙数码科技有限公司引入的 ERP 系统从哪些方面帮助企业提高了管理水平？

1.1 ERP 的由来

情景导入

为了整合企业资源、简化生产制造流程，达到控制成本、提升质量、科学管理的目的，小李所在的公司最近引进了一套 ERP 系统，现在公司各部门正在学习如何使用该系统。首次使用 ERP 系统的小李十分好奇：ERP 系统究竟有何神奇之处，让这么多公司都选择它？该系统又是在什么背景下开发的呢？一连串的疑问不断地浮现在小李的脑海里，他打算先弄明白 ERP 的来龙去脉。

1.1.1　ERP 的概念

ERP 是企业资源计划或企业资源规划（Enterprise Resource Planning）的英文缩写，由美国高德纳咨询公司（Gartner Group）于 1990 年提出。它是建立在信息技术的基础上，利用现代企业的先进管理思想，全面集成企业的所有资源信息，并帮助企业进行计划、控制、决策与经营业绩评估的系统化的管理平台。因此，ERP 首先是一种管理理论和管理思想，而不仅仅是信息技术；其次，它还代表一类企业管理软件系统。

1. 从不同层次理解 ERP

为了更好地掌握和理解 ERP 的概念，我们可以从管理思想、软件产品、管理系统 3 个层次来定义 ERP。

（1）从管理思想层次来看，ERP 实质是在制造资源计划（Manufacturing Resource Planning II，MRP II）的基础上进一步发展而成的、面向供应链的管理思想。

（2）从软件产品层次来看，ERP 是综合了客户机 / 服务器体系、浏览器 / 服务器体系、关系数据库结构、面向对象技术、图形用户界面、网络通信等信息技术的产业成果，是以 ERP 管理思想为"灵魂"的软件产品。

（3）从管理系统层次来看，ERP 建立在信息技术的基础上，将企业的管理理念、基础数据、业务流程、人力物力、计算机软件和硬件等所有的资源进行整合集成管理，从而实现对企业物流、资金流、信息流的全面一体化管理，如图 1-1 所示。

2. ERP 应具备的功能

高德纳咨询公司提出 ERP 具备的功能标准应包括以下 4 个方面。

（1）超越 MRP II 范围的集成功能。ERP 的集成功能应包括质量管理、流程作业管理、产品数据管理、仓库管理、维护管理等。

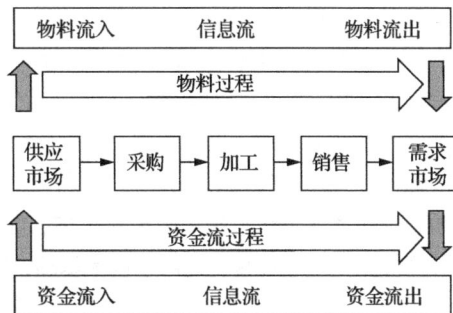

图 1-1　ERP 对企业物流、资金流、信息流的全面一体化管理

（2）支持混合方式的制造环境。ERP 支持的制造环境包括既可以支持离散，又可以支持流程的制造环境；按照面向对象的业务模型来组合业务过程的能力和国际范围内的应用。

（3）支持动态的监控能力，提高业务绩效。ERP 支持的动态的监控能力包括在整个企业内采用控制和工程方法、模拟功能、决策支持和用于生产及分析的图形能力。

（4）支持开放的客户机 / 服务器计算环境。ERP 支持的开放的客户机 / 服务器计算环境包括：图形用户界面；计算机辅助设计工程，面向对象技术；使用结构化查询语言（Structured Query Language，SQL）对关系数据库进行查询；内部集成的工程系统、商业系统、数据采集和外部集成。

经典理论

3C 理论的应用模式正逐步应用于 ERP 系统中。3C 是英文 Capacity（生产能力）、Commonality（通用性）和 Consumption（物料消耗）的简写。其中，生产能力是指企业制造过程中所需的各种资源，如人力、设备等；通用性是指产品生产所需物料的标准化、系列化和互换性能；物料消耗是指生产产品时对物料的耗用量。3C 理论的应用较好地解决了在供应链中进行物料供应时如何有效地确定最佳物料利用点的难题。在重复性生产条件下，3C 理论的应用模式可取代传统的物料需求计划（Material Requirement Planning，MRP）系统，用于物料需求计划的制订和控制。

1.1.2 ERP 产生的背景

ERP 作为一种先进的管理思想，其产生的背景与社会发展密不可分。20 世纪 90 年代，由于经济全球化和市场国际化的发展趋势，生产制造企业所面临的竞争更加激烈。企业要想生存，就要赢得竞争，所以，以客户为中心、基于时间、面向整个供应链成为新形势下制造业发展的基本方向。

传统的以企业自身为中心的经营战略不能再满足社会发展需求，以客户为中心的经营战略开始盛行。实施以客户为中心的经营战略要求企业对客户的需求迅速做出响应，并在最短的时间内向客户提供高质量、低成本的产品。这就要求企业能够根据客户需求迅速重组业务流程，并尽可能采用现代技术手段，特别是交通和通信技术，快速完成整个业务流程，这就是"基于时间"的含义。而"基于时间"的作业方式的真正实现又必须扩大企业的控制范围，即"面向整个供应链"，把从供应商到客户的全部环节集成起来。

实施以客户为中心的经营战略还会涉及企业流程重组。企业流程重组是指根据客户需求对企业产品进行选配，同时针对客户需求，以减少非增值的无效活动为原则对企业的业务流程和生产流程进行重新组合。显然，这种需求变化是传统的 MRP 系统所不能满足的，而需要转向以客户为中心、基于时间、面向整个供应链的 ERP 系统。这就是 ERP 产生的客观需求背景。而客户机／服务器体系、浏览器／服务器体系、关系数据库结构、面向对象技术、图形用户界面、网络通信等信息技术的产业成果又为实现这种转变提供了技术基础，于是，ERP 应运而生。

案例分析——A 集团公司 ERP 应用案例

A 集团公司是西南地区最大的汽车轮胎制造厂家，自 2013 年投产以来，经过几年的发展，已成为行业内的佼佼者。A 集团公司的计算机应用起步于 2017 年，同国内其他企业一样，其信息化管理也经历了单项管理应用、部门信息管理系统、企业信息网络等多个阶段。自 2017 年起，该集团公司在财务、人事、生产、销售等部门应用了一批符合企业特点的信息管理系统。但由于技术条件和管理水平的限制，这些管理系统相对独立，且信息代码也没有统一的标准，从而导致各子系统变成了一个个"信息孤岛"，很难实现企业内部的信息共享，以至于企业的信息资源无法得到合理利用，限制了企业的发展。在这种情况下，A 集团公司决定实施 ERP，将原有的粗放式管理模式更新为先进的信息管理系统，突破企业发展的瓶颈。

A 集团公司聘请了管理咨询公司对企业领导和全体员工进行 ERP 理念的培训，并由管理咨询公司制订项目实施的详细计划，即明确 ERP 实施目标、具体实施内容、步骤及分阶段项目成果等。通过 ERP 的实施，A 集团公司初步实现了流程的电子化，同时转变为以客户为导向的设计流程，为今后以电子商务为核心的互联网业务发展奠定了基础。除此之外，ERP 的实施还减少了 A 集团公司工作中的冗余环节，促进了公司管理的扁平化。

点评： 由于原有的信息管理系统限制了企业的发展，企业的所有资源无法得到合理利用，所以 A 集团公司决定实施 ERP。ERP 不仅是一个软件，更是一个企业解决方案，它需要根据企业的基础和管理需求来确定，并需要企业制订切实可行的实施计划，这样才能保证 ERP 的成功实施。

1.1.3 ERP 的管理思想

目前，市场上的 ERP 软件很多，但它们背后的管理思想是一致的。由 ERP 的概念可知，ERP 可以从管理思想、软件产品、管理系统 3 个层次来理解。其中，管理思想是核心，软件产品是载体，管理系统是环境。总体来说，ERP 的核心管理思想主要体现在以下几个方面。

1. 对整个供应链资源进行整合的思想

供应链是指产品生产和流通过程中各个环节涉及的原材料供应商、生产商、零售商等组成的网络。供应链管理则是指对供应链中的物流、资金流、信息流及业务流进行系统的计划、组织、协调及控制。ERP 的核心就在于围绕供应链中核心企业的生产制造、物流与供应链关系、计划排产等进行信息化的管理，对处于供应链节点上的所有企业的信息进行有效整合、沟通，从而实现共赢。

2. 精益生产和敏捷制造的思想

ERP 支持对混合型生产方式的管理，其管理思想表现在以下两个方面。

（1）"精益生产"的思想。"精益生产"是一种企业经营战略体系，即企业按大批量生产方式组织生产时，企业同客户、供应商、销售代理商等的关系不再是简单的业务往来关系，而是利益共享的合作伙伴关系，这种合作伙伴关系就组成了企业的供应链，这就是精益生产的核心思想。

（2）"敏捷制造"的思想。当市场发生变化时，企业的基本合作伙伴不一定能满足新产品的开发需求。此时，企业会组织一个由特定的供应商和销售渠道组成的短期供应链，并把供应和协作单位看成企业的一部分，对各产品的开发程序进行整合，采取同步并行组织生产的方式，用最短的时间将新产品投入市场，从而保持产品的高质量、多样化和灵活性。

3. 事先计划、事中控制的思想

ERP 的主线是计划，ERP 软件中的计划主要包括生产计划、物料需求计划、能力需求计划等。另外，在生产过程中通过 ERP 将成本的实际消耗与标准消耗进行对比，企业可以追溯所发生的相关业务活动，从而改变资金信息滞后于物料信息的状况，以便实现事中控制和实时做出决策，并及时揭示和分析产生差异的原因。

4. 业务流程管理的思想

企业要想增强供应链的竞争优势，往往需要对企业业务流程进行重组，而 ERP 的使用也必须随业务流程的变化而做出相应调整。业务流程的重组是对企业现有业务运行方式进行的思考和再设计，企业在进行业务流程重组时，应遵循相关的基本原则，以企业目标为导向来调整组织结构，让执行者有决策的权力，要争取高层领导的参与和支持，要建立畅通的交流渠道，还要选择适当的流程进行重组，等等。

经典理论

全面质量管理（Total Quality Management，TQM）是美国的戴明和朱兰教授提出的。全面质量管理是面向客户的质量管理，其管理过程并非一次性验收，而是需要持续改进的。全面质量管理的理论：下一道工序是上一道工序的客户，"客户满意"是质量的标准，质量是生产出来的，不是检验出来的。全面质量管理要求在供应链的每一个环节，包括产品开发、供应、生产、销售、运输、售后服务等全面控制质量，实现最高的客户满意度。

1.1.4 ERP 的应用现状

ERP 软件作为一种信息化管理软件，刚开始时主要应用于国有大型工业企业中，但随着我国市场经济的不断发展，以及 ERP 理念在企业管理中的逐渐深入，ERP 在我国企业中开始得到普及。下面将从 ERP 市场的供需状况和 ERP 软件在我国的行业分布两个方面来介绍 ERP 的应用现状。

1. ERP 市场的供需状况

从我国的企业数量分布情况来看，中小企业的数量已经超过 3000 万家，远远超过大型企业。其中，大型企业的信息管理起步早，ERP 市场已趋于饱和，小微企业暂时还不具备实施 ERP 的条件，而产值在千万元以上的中型企业则对企业管理软件有着强烈的需求。因此，各大 ERP 供应商便顺应市场需求推出了适合中小企业的解决方案。

国内的 ERP 软件市场主要有以下三类供应商。

（1）第一类是早年进入我国市场的供应商，例如，SAP 公司经过多年的经营，对国内管理软件市场和客户有比较深刻的了解，因此，在市场上仍占据着重要地位。

（2）第二类是我国依靠财务电算化发展起来的供应商，例如用友、金蝶等公司。

（3）第三类是在 MRP Ⅱ 基础上发展起来的管理软件公司，例如开思、利玛等公司。

2. ERP 软件在我国的行业分布

国内 ERP 软件应用较多的行业主要是传统制造业领域中的机械、汽车、食品、石化、制药等行业。这些行业的企业规模一般较大，对 ERP 软件的需求较大，而在零售、金融、交通运输等行业中，ERP 软件的应用尚不够广泛。

由于不同行业的用户对 ERP 软件有不同需求，通用型 ERP 软件在解决一些特殊行业的用户需求时就显得力不从心。因此，ERP 软件供应商应加强对行业用户需求的细分，针对不同的行业用户提供与之匹配的 ERP 软件。

1.2 ERP 软件的作用与效益

情景导入

ERP 软件在华舟集团内部实施快一年时间了，它给企业带来的影响是多方面的，在采购管理、生产管理、库存管理等方面发挥着重要作用。

小李："主管，我发现自从我们开始使用 ERP 软件，物料短缺造成的生产中断问题几乎再也没有出现，这大大提高了车间的生产效率，还缩短了部分同事的加班时间，想不到 ERP 软件的作用这么大。"

主管："其实，ERP 软件的作用还有很多，例如规范工作流程、提高产品质量、降低生产成本和协调供需矛盾等棘手的问题都可以用 ERP 软件来解决。"

1.2.1 ERP 软件的作用

ERP 软件在各行各业均有应用，在制造行业的使用率最高。通常，ERP 软件在企业中的作用主要体现在以下几个方面。

1. 精益管理、节约成本

ERP 软件可以有效控制物料的损耗和产品生产成本，减少库存积压，盘活流动资金，从而大大降低企业的经营成本。另外，ERP 软件对传统的粗放式管理进行深化后，可以减少无效作业，实现精益控制，从而达到降低成本和提高管理水平的目的。

2. 优化企业业务流程

ERP 软件实现了对所有业务的数字化管理，使每项业务的流转过程在系统中都变得可视、可控，任何一个环节出现问题，在系统中都能得到实时反馈。例如，在 ERP 软件的财务管理模块中，如果销售人员录入的销售合同中的产品价格低于最低限价，该销售合同信息就无法保存到系统中。而且，ERP 软件中所有不合规的操作都无法进入下一步，会出现预警、提醒等信息，这样可最大限度地减少部门或人员冲突，从源头上杜绝各种管理问题。

3. 帮助企业精准决策

首先，ERP 软件全面记录了所有业务信息及数据，而且由于数据录入都遵循统一的格式和规范，因此，企业可实现所有数据信息的互联互通；其次，通过 ERP 软件中先进的数据统计、分析、挖掘技术，企业可对所有数据进行智能化处理，最终将其转化成对决策层、管理层具有辅助作用的有效数据，彻底解决企业领导层决策无依据、决策难等管理难题。

4. 解决多变市场与均衡生产之间的矛盾

市场是多变的，而企业希望生产活动是均衡的，这是制造企业面临的基本矛盾。但是，面向市场，以客户需求来驱动生产，并不意味着企业的生产活动要一味地追随市场需求，企业只需在一个时间段内让自己生产的产品与市场需求相匹配即可。ERP 软件中的计划功能能使企业的生产计划和市场需求在一段时间内的总量相匹配，而不追求在每个具体时刻上的匹配。在这段时间内，即使市场需求发生变化，但只要需求总量不变，企业就可以保持相对稳定和均衡的生产计划。所以，企业通过 ERP 软件可解决多变市场与均衡生产之间的矛盾。

5. 提升部门间的协作能力

ERP 软件强调企业的整体观，它将生产、销售、采购、财务等各个子模块集合成一个一体化的系统，使各子模块在统一的数据环境下工作。这样，ERP 软件就成为企业的一个通信系统，它以工作流程的观点和方式来运营和管理整个企业，而不是把企业看作一个个部门的组合，从而加强了企业整体合作的意识和作用。

通过 ERP 软件，企业的每个部门都可以更好地了解企业的整体运作机制，更好地了解本部门及其他部门在企业整体运作中的作用和相互关系，从而提升部门间的协作能力。

📝 价值引导

协作能力在团队中的重要性远大于一个人的个人能力。一个生活在团队、集体当中的人，只有拥有大局意识，才能站在更高的角度来观察问题、解决问题，同时提升自我。

1.2.2 ERP 软件给企业带来的效益

ERP 软件给企业带来的效益可以分为直接效益和间接效益两大类。

1. 直接效益

直接效益指企业应用 ERP 软件后，通过其先进的管理模式和方法，可以提高生产经营管理水平，并获得可用数字表现出来的经济效益，即直接经济效益，这些效益最直观的表现形式如下。

（1）降低库存投资。

库存投资包括库存量、库存管理费用和库存损耗 3 个方面的内容。企业在使用 ERP 软件后，由于制订了相应的需求计划，使得生产部门可以在恰当的时间得到所需的物料，从而不必持有过多的库存，进而有效降低企业的库存量。在库存量降低的同时，库存管理费用也会随之降低，库存管理费用通常占库存总投资的 25%。除此之外，由于库存量的降低，库存损耗也会随之减少。

（2）降低采购成本。

ERP 软件把供应商视为自己的外部工厂，通过供应商计划与他们建立长期稳定的合作关系。这样既可以保证物料供应，又能为采购人员节省大量的时间和精力，让他们有更多的精力对采购工作进行有价值的分析。另外，ERP 软件让每项业务的流转过程在系统中都变得可视、可控。任何一个环节出现问题，在系统中都能得到实时反馈。在这种情况下，采购工作更加井然有序，出错的概率大大降低，采购成本自然也就降低了。

（3）提高生产率。

企业在使用 ERP 软件后，由于生产过程中的物料短缺等情况减少了，生产和装配过程中断等情况也随之减少，使直接劳动力的生产率得到提高。另外，企业以 ERP 软件作为通信工具，还减少了文档制作及其传递工作，减少了其他重复工作，从而提高了间接劳动力的生产率。

（4）提高客户服务水平。

企业要想增强竞争力，既要有好的产品，又要有高水平的客户服务。ERP 软件作为计划、控制和通信的工具，使得市场销售和生产制造部门可以在日常工作中进行密切有效的配合，从而缩短产品生产提前期，迅速响应客户需求并按时交货。

2. 间接效益

直接效益是企业使用 ERP 软件时所追求的重要目标，与此同时，ERP 软件还会给企业带来一种间接效益，它不像直接效益表现得那样快速和可量化，但会给企业带来间接的、潜移默化的影响。例如，ERP 软件可以加强企业的生产弹性、提升企业的接单能力、提高企业结算的灵活性、展示企业的运营状况等。虽然间接效益不能直接用数字表现出来，但它对企业生产经营状况的改善、企业管理水平的提升、企业未来的发展等会产生重大影响。因此，在分析使用 ERP 软件给企业带来的效益时，不应该忽视间接效益给企业带来的影响，而应该积极引导这些效益发挥作用。

价值引导

> 企业经营的目的是盈利，但企业在追求经济效益的同时，也要注重创造社会效益、承担社会责任，在发展和保护之间探索一条和谐的可持续发展道路。

1.3 典型的 ERP 软件供应商

情景导入

ERP 软件是企业进行信息化建设的关键，面对市面上众多的 ERP 软件供应商，华舟集团是如何选择适合自身发展情况的 ERP 软件的呢？

小李："我在网上了解到，ERP 软件的供应商很多，例如金蝶、用友、SAP 等，这些公司应如何选择呢？"

主管："对于企业来说，要想成功实施ERP，软件的选择很重要，而软件的核心是服务，因此选择一个好的软件供应商是发挥ERP作用的关键。目前，市面上典型的ERP软件供应商除了你刚才说的那几家外，还有鼎捷软件、Oracle、浪潮软件等。企业在选择ERP供应商之前，不但要深入了解该供应商的发展历程和产品，还要分析企业目前的业务需求，然后评估预算，最后确定合适的ERP软件供应商。"

1.3.1 SAP

SAP公司（以下简称SAP）成立于1972年，总部位于德国沃尔多夫，是全球领先的业务流程管理软件供应商之一。目前，SAP在中国为超过15 000家的大中小型企业提供解决方案，在全球，SAP软件的云端用户量已经超过2.2亿。SAP在全球50多个国家拥有分支机构，并在多家证券交易所上市，包括法兰克福证券交易所和纽约证券交易所。

1995年，SAP在北京正式成立SAP中国公司，并陆续建立了上海、广州、大连分公司，SAP的市场份额和年度业绩近年来保持快速增长趋势。SAP在中国拥有众多的合作伙伴，包括IBM、埃森哲、凯捷、HP、石化盈科、中电普华、东软、神州数码、达美等。SAP与这些企业密切合作，通过先进的管理理念和方法，帮助这些企业更高效地运转。

SAP的主要产品如下：R/3，面向大中型企业；SMB，面向中小型企业；SAP Business One，面向小型企业及商业企业。

1.3.2 金蝶

金蝶国际软件集团有限公司（以下简称金蝶）始创于1993年，是香港联合交易所有限公司主板上市公司。金蝶以"引领管理模式进步、推动电子商务发展、帮助客户成功"为使命，为全球超过60万家的企业和政府组织提供管理咨询和信息化服务。

金蝶是全球领先的云服务供应商，金蝶通过提供财务云、供应链云、制造云、人力云、智能协同云等产品及行业解决方案，助力企业用数字科技力量决胜未来，重构数字战斗力。金蝶在我国的渠道伙伴超过2 000家，覆盖我国221个城市和地区。与此同时，金蝶还与亚马逊AWS、腾讯、京东、阿里巴巴等IT企业建立了紧密的战略合作伙伴关系。

金蝶的主要产品如下：金蝶EAS，面向大型集团企业；金蝶K/3，面向中型企业；金蝶KIS，面向小型企业；金蝶GMiS，面向政府及非营利组织。

1.3.3 用友

用友网络科技股份有限公司（以下简称用友）致力于把基于先进信息技术（包括通信技术）的最佳管理与业务实践应用于客户的管理与业务创新活动，它是国内较大的ERP、CRM、人力资源管理、中小企业管理软件和财政、汽车、烟草等行业的应用解决方案的供应商，并在医疗卫生、金融等行业，以及企业支付、企业通信、管理咨询等领域快速发展。

目前，中国及亚太地区有超过200万家的企业与公共组织通过使用用友软件和云服务，实现了精细管理、敏捷经营、业务创新。其中，中国500强企业中有超过60%是用友的客户。2019年9月18日，用友获得"华为云生态合作最佳实践伙伴""鲲鹏生态合作最佳实践伙伴"两项殊荣。2020年5月13日，作为第一批倡议方，用友与国家发展和改革委员会等部门发起"数字化转型伙伴行动"倡议。

用友的主要产品如下：用友 T6，面向各大型企业；用友 U890，面向中型及中小型企业。

1.3.4 鼎捷

鼎捷软件即神州数码 ERP。2002 年，鼎新与神州数码合资成立神州数码管理系统公司，2009 年正式更名为鼎捷软件。

2014 年 1 月，鼎捷软件股份有限公司在深圳交易所创业板正式挂牌上市，公司跨入全新发展阶段。成立至今，鼎捷软件的员工人数达 3 700 多人，其中研发人员超过 1 000 人，实施与服务人员超过 1 500 人。鼎捷软件推出的易飞 ERP 和易拓 ERP 在 ERP 产品的本土厂商市场中占有领先位置。

> **拓展阅读**
>
> 除了上述几家 ERP 软件供应商外，Oracle 公司也为广大客户提供 ERP 软件的相关服务，该供应商因其复杂的关系数据产品而闻名。扫描右侧二维码，了解 Oracle 公司。
>
> 扫一扫
> Oracle 公司

1.4 项目实训——分析华舟集团 ERP 的实施

1.4.1 实训背景

华舟集团是一家集机械加工、电气自动化、新产品研发等于一体的电子设备制造企业。自创办以来，华舟集团秉持"诚信为本、精准高效、务实创新"的经营理念，赢得了广大客户的信赖，获得了十分可观的市场份额。但随着集团业务的高速增长，华舟集团内部出现了很多管理问题，例如经营数据不准确、单据记录不规范、管理人员无法实时掌握企业的各种动态等，这些严重阻碍了企业的发展。企业高层领导商讨后决定使用信息化系统对集团内部进行整体的管理变革。

很快，华舟集团就成立了 ERP 项目领导小组和实施小组，经过多方对比和参考后，华舟集团决定选择用友的 ERP 软件产品。在整个项目的实施过程中，集团总经理周总及项目负责人张经理作为主导 ERP 引入的关键人物，运用其丰富的工厂管理经验，使双方的项目人员默契配合。3 个月后，ERP 软件成功在华舟集团上线了，各个部门均能熟练运用软件。ERP 软件让企业的物流、信息流和资金流并行，从制度上规范了业务流程的各个环节，改善了企业的经营决策，大大提高了整体运营水平，使企业在市场上获得了更好的声誉。

1.4.2 实训要求

（1）分析华舟集团实施 ERP 的背景。
（2）分析 ERP 的实施对华舟集团各部门产生的影响。

1.4.3 实训实施

（1）华舟集团的快速发展，使企业经营数据越来越多，这些数据分散在数千种单据中，部门经理或高层管理人员要从中了解某一项数据十分困难，此时就需要使用规模化和专业化的工具进行集中管理，而 ERP 软件的应用正好为企业管理探索了一条新出路。其具体表现在以下几个方面。

● **采购方面**。在采购上根据主生产计划和物料清单对库存量进行查对，运用 ERP 软件快速计算出所缺物料的品种、数量和进货时间，将采购进货要求下达到各生产部门。采购人员从 ERP 软件中查看各供应商的历史信息，根据其质量、价格、服务等指标来选择供应商。

● **库存方面**。以前，库存资金占用严重，应用 ERP 软件后，采购更加准确和及时，库存量大大降低。同时，ERP 软件会对库存量的上限和下限进行严格控制，当库存量达到上限时，ERP 软件就会发出报警信号，此时物料无法进入仓库；而当库存量达到下限时，ERP 软件就会提醒采购人员立即补充库存，从而起到自动提示和监督的作用。

● **生产方面**。生产计划一旦形成，ERP 软件就会立即将其下达到各个生产部门，并分解到工位。同时，物料供应部门会根据计划要求，准确及时地将各种物料送往各个工位。在生产和组装过程中，每一道工序都由 ERP 软件进行严格的监控，每个工位进行了哪些工作、其工作是否合格等信息都将准确无误地存入计算机内。

（2）华舟集团的 ERP 实施是成功的，部门成员对软件比较认可，也体会到了信息化带来的便利。企业管理人员通过 ERP 软件可以随时掌握公司的运营状况、了解公司目前的运营成本、提高资金运作的效率等。部门负责人利用 ERP 软件可以随时查询公司所有物料单价的波动情况，依据市场行情做出应对；可以对库存异常及存货物料清单情况进行分析；可以对业务人员的销售业绩进行统计分析，并设置相应的奖惩机制等。对于财务人员而言，ERP 软件使往来明细的账目管理一目了然，他们可以及时查询资金占用、结余情况，并进行资金预测，轻松完成成本结算等。

1.5 课后思考

1. 请说一说 ERP 的核心管理思想。
2. ERP 软件的作用是什么？它会给企业带来哪些效益？
3. 典型的 ERP 软件供应商有哪些？
4. 请阅读以下材料并回答问题。

阅读材料——ERP 在江北实业集团的实施

江北实业集团拥有 4 个成员企业、2 个分厂，其核心企业江华有限公司是西南地区最大的机械制造企业。为了提升自身的竞争能力，江北实业集团的决策者决定引进一套 ERP 系统对企业进行信息化管理，但由于当时的技术条件和管理水平有限，且各管理系统相对独立，开发环境和平台的差异也很大，因此在 ERP 软件的选择上出现了不少问题。最终经过多方比较和分析，江北实业集团选择了金蝶的 ERP 软件产品。

在 ERP 的实施过程中，江北实业集团也遇到了很多难题，例如基础数据收集困难、业务流程重组缺乏成效、员工对 ERP 软件有畏惧感等。但经过 ERP 实施小组成员的共同努力，这些难题逐渐得到解决，集团内部也渐渐接受了 ERP 的管理思想，成功建立了自己的 ERP 系统。该系统以供应链管理为核心，以客户关系管理为重要支撑，对资金管理进行全程监控，确保企业资金的利用率维持在一定水平。

回答：（1）江北实业集团为什么会实施 ERP？

（2）实施 ERP 对江北实业集团有何影响？

★ 管理工具推荐 ● ● ● ●

1. ERP 软件培训方法

对于习惯了传统管理方式的员工来说，突然转变工作方式，一时之间难以适应，因此，企业需要在 ERP 软件正式上线后，组织员工参与培训，让员工尽快熟悉软件并运用起来。

（1）一岗多人培训。

在 ERP 的实施过程中，企业要充分考虑人员流失的问题。例如，企业可以针对每个岗位培养多个关键人员，这样，即使其中某个员工离职，也会有其他员工进行顶替，不会对企业造成太大影响。

（2）注重培训效果。

企业在进行 ERP 软件培训时，一定要重视课后测验，对培训人员进行考核，只有通过考核，才能让其开始相关岗位的工作。如果考核不合格，其还要进行再培训、再测试，直至通过考核。

（3）注重实际操作。

在 ERP 的实施过程中，肯定会出现各种问题，企业要总结这些问题，然后将其用书面形式记录下来，以便下次培训时重点讲解，并及时提供解决步骤及方法等。培训完成后，企业还要进行测验，针对具体问题采用不同的测验方法，让员工在使用 ERP 软件的过程中不再犯同样的错误。

2. 基础数据的采集

ERP 软件为企业信息的集成提供了一个有效的平台，企业在运用 ERP 软件之前要做好相应的准备工作，制订正确的实施策略，以保证其顺利实施。其中，基础数据的采集是最重要的准备工作之一。下面介绍基础数据的采集方法。

（1）根据 ERP 项目范围确定哪些数据需要采集，然后指定部门和人员进行收集整理。

（2）ERP 软件对数据的管理是通过编码实现的，编码可以对数据进行唯一的标识，便于以后的查询和应用，所以企业应建立编码规则，为庞杂的数据确定数据库可以识别的唯一标识。

（3）建立公用信息，包括公司、子公司、工厂、仓库、部门及员工信息等基本信息，这些数据会在其他基础数据中被引用。

（4）收集第一手资料，将原有的离散数据从不同部门集中起来。在这些离散数据中，仅物料基本信息一项的字段就包括生产、采购、销售、库存、财务等信息。在收集离散数据时，企业应利用统一格式的表格在各部门间进行流转，让各部门将与自己相关的数据填入表格，完成后传递给下一个部门。

第 2 章

ERP 系统基础

重要概念

物料清单、物料主文件、工作中心、库存记录、工艺路线、供应商主文件、客户主文件、物料需求计划、闭环物料需求计划原理、制造资源计划、企业资源计划、企业经营规则、销售与运作规划、主生产计划、物料需求计划、车间作业计划

知识目标

/ 掌握 ERP 系统中关键术语的含义。
/ 了解 ERP 理论的形成过程。
/ 熟悉 ERP 的不同计划层次。

扫一扫

知识框架

能力目标

/ 能够理解 ERP 系统中关键术语的含义与作用。
/ 能够运用 ERP 理论指导企业的生产实践活动。
/ 能够运用 ERP 层次结构中的相关知识,规范和管理 ERP 的相关活动。

📋 引导案例

ERP 饭局模拟

商美达集团的 ERP 项目负责人张云下班回家后，对妻子说："最近，我在公司学到了新的管理知识，周六晚上我想请几位同事来家里吃饭，同时应用这些先进的 ERP 管理理念来完成这次宴请，你看可以吗？"妻子说："没问题，客人来几位、几点来、想吃什么菜？"张云说："客人们 6 点来，要准备的菜有回锅肉、清蒸螃蟹、麻婆豆腐、老鸭汤、凉拌三丝，这些都是你的拿手菜，你看可以吗？"妻子说："没问题。"

张云说："我已经把这些菜的做法存入 ERP 的物料清单中了，下一步，我们就把物料清单展开，看看具体需要哪些食材。猪肉 2 斤、螃蟹 5 斤、豆腐 1 块、鸡蛋 10 个、鸭 1 只、调料若干、啤酒 1 箱，看，这就是物料需求计划。与此同时，我把咱家冰箱里的东西存入了 ERP 的库存模块，现在就看看库存还有多少，还需要购买哪些食材。目前我们还需要 6 个鸡蛋、1 块豆腐、5 斤螃蟹等。"张云把这些数据记录到 ERP 的采购模块中，开始进行供应商对比，说："螃蟹去超市购买最便宜，鸡蛋、豆腐去家附近的自由市场购买。看，这就是采购计划，就照这个去买。"第二天，妻子吃过午饭就根据采购清单将所需的食材采购回家。张云将合格产品办理入库——放入冰箱，然后将所用金额一一计入 ERP 的财务模块，并统计出此次采购的金额、物料成本信息。妻子说："经过你这么一规划，家里就不会出现食材浪费的情况了，真是跟以前大不一样呀。接下来，我应该做什么呢？"张云说："厨房就相当于车间，你以前是怎么做菜的，每个工序需要多长时间，每道工序的开工提前期是多少，你应该有经验吧。"但妻子有点发蒙，她以前从没有被要求在这么短的时间内做这么多菜。这么多工作该从何入手？是一道菜一道菜地做，还是两道菜一起做？在妻子的追问下，张云对着计算机操作了一通，还是没有找到答案。

这时，儿子打电话回来，询问晚上可不可以请几个同学来家里吃饭。妻子说："不行，儿子，妈妈今天要准备很多饭菜，时间实在来不及了，下次早点说，一定给你准备好。"张云对着计算机想着妻子提出的问题，但在 ERP 系统中始终没有找到答案。为了保证"工期"，避免"违约"，妻子决定马上开工，准备晚餐。

【思考】

（1）张云应用 ERP 管理理念组织的饭局能否成功？

（2）张云制订的物料需求计划有哪些缺陷？

（3）想一想，在整个饭局的准备与实施过程中，有哪些步骤与 ERP 流程类似？

2.1 ERP 系统的关键术语

🔍 情景导入

在 ERP 的实施过程中，华舟集团采取了很多必要措施，例如统一物料代码、规范工艺路线等来确保数据的完整性和准确性。ERP 系统涉及的数据有很多，其中基础数据是最重要的。

> 　　主管："小李，上周让你整理基础数据信息，进度如何？"
>
> 　　小李："整理得不是很顺利，由于原来的物料编码太复杂，并且供应商和客户信息也放在了物料编码中，导致很多问题无法处理，需要重新编码。这次我采用的是顺序编码法，你看行吗？"
>
> 　　主管："可以。给物料编码时要遵循统一性、简单性、唯一性、严谨性、清晰性等原则。除了物料编码外，对于物料清单、库存记录、供应商、客户等基础数据也需要进行统一管理。"

2.1.1　物料清单

　　物料清单（Bill Of Material，BOM）是定义产品结构的技术文件，它表明了从产品的总装件、分装件、组件、部件、零件到原材料之间的结构关系，及其所需的数量。每个制造企业都有物料清单，其在化工、制药或食品行业可能被称为配方、公式或包装，虽然名称不同，但所表达的含义是相同的，即如何利用各种物料来生产产品。

　　图 2-1 所示的计算机的产品结构便可以说明物料清单的概念。

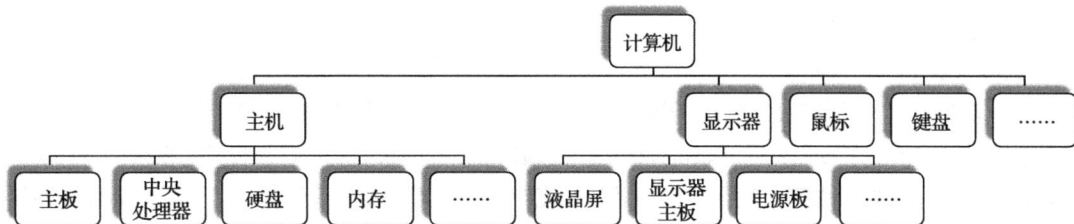

图 2-1　计算机的产品结构

　　图 2-1 列举了计算机产品的层次结构，这是一个 3 层的树状结构，第 0 层（父项）是最终产品计算机本身，第 1 层（子项）是它的直接组件，第 2 层（子项）是组成直接组件的零件。将上述产品结构转换成计算机能够识别的文件，如表 2-1 所示。

表 2-1　计算机物料清单

品名	层级	数量
计算机	0	1
主机	1	1
主板	2	1
中央处理器	2	1
硬盘	2	1
内存	2	1
显示器	1	1
液晶屏	2	1
显示器主板	2	1
电源板	2	1
鼠标	1	1
键盘	1	1

物料清单用来描述产品的结构，凡是在产品生产过程中需要用到、需要进行计划的物料项目，都应作为产品结构不同层次上的子项置于物料清单中。为了使 ERP 系统正常运行，物料清单要完整、准确，否则就不能让采购人员在正确的时间以正确的数量采购物料。此外，企业还需要安排专门的人员按照一定的要求来制作物料清单，这样才能充分发挥物料清单在 ERP 系统中的衔接作用。

1. 物料清单的准确性

在 ERP 系统的所有基础数据中，物料清单的影响最大，因此，对它的准确性的要求也最高。一般说来，一个管理良好的企业，其物料清单的准确性至少应达到 98% 才能满足要求。物料清单如果不准确，ERP 系统就完全失去了意义。为了保证物料清单的准确性，企业应使用一定的检测方法，常用的检测方法有以下几种。

（1）现场审查。

企业的产品工程师要主动到装配现场，将实际的装配情况与物料清单进行比较，并和工长及装配工密切合作，一旦发现错误及时纠正。

（2）办公室审查。

企业应设立一个由工程师、工长、物料计划员及成本核算人员组成的小组，由该小组审核物料清单，一旦发现错误及时纠正。

（3）非计划的出入库。

当出现生产人员从库房领取过多零件的情况时，企业要引起重视，造成这种情况的原因通常可能是生产过程中产生了废品，也可能是开始生产时领料不足。如果是后者，则可能是物料清单有误，引起领料单出错。如果生产人员在一项产品装配完毕后又把某些零件送回库房，则说明同样是物料清单错误引起了领料单的错误。如果出现这两种情况，就要立即纠正，这样才能确保物料清单的准确性。

（4）产品拆零。

企业工程师可以把一件最终产品拆开，然后把零件种类及件数和物料清单所列项目进行比较，一旦发现错误及时纠正。这是一种最有效、最直接的方法。但如果产品过于庞大，这种方法就不太适用了。

2. 物料清单的制作要求

ERP 系统本身是一个计划系统，而物料清单是这个计划系统的框架，物料清单的制作质量将直接决定 ERP 系统的运行质量。因此，物料清单的制作是整个数据准备工作的重中之重。物料清单的制作要求主要包括以下 3 个方面。

（1）覆盖率。

正在生产的产品都需要制作物料清单，覆盖率要求达到 99% 以上。因为作为生产制造企业，如果没有产品物料清单，就不可能计算出采购需求计划和制造计划。

（2）及时性。

物料清单的制作和更改应在制作物料需求计划之前完成，否则将会影响整个生产采购计划和成本核算统计的准确性，同时还会影响车间的生产作业。物料清单制作的及时性包括制作及时和改进及时两层含义，且两者环环相扣。

（3）准确率。

物料清单的准确率至少要达到 98% 以上。准确率的测评要求：随意拆卸一件实际组装件与物料清单进行对比，以单层结构为单元进行统计，有一处不同时，该层结构的物料清单准确率即为 0。

物料清单是接收客户订单、选择装配、编制生产和采购计划、跟踪物料、追溯任务、计算成本等环节不可缺少的重要文件。上述工作涉及企业的销售、计划、生产、供应、财务、设计等部门。由此可见，物料清单不仅是一个技术文件，同时也是一个管理文件，它是联系企业各部门的纽带。

3. 物料清单的建立方法

（1）成立编制小组。除设计人员外，还需要有工艺和生产人员一起组成专门的小组来进行物料清单的制作。

（2）确定编制原则。在建立物料清单之前，有一些原则需要在项目经理的主持下，经讨论决定后记入工作准则与工作规程中。例如，哪些物料应包括在物料清单内、替代物料及替代原则、划分产品结构层次的原则等。

（3）建立的顺序。产品是由多个结构单元，即单层物料单组成的，只要建好了所有单层物料单，产品物料清单就会由 ERP 系统自动建成。因此需要明确建立单层物料单的顺序。

实战演练——分析物料清单

实战目的： 根据提供的产品信息，判断表 2-2、表 2-3 哪个是物料清单。

实战操作： （1）观察表 2-2 和表 2-3 中的数据信息；（2）根据物料清单的含义判断哪一个表是物料清单；（3）对最终的分析结果进行阐述。

表 2-2 数据清单 I

物料代码	说明	数量	计量单位
1400	PCB 已焊接	1	件
D100	电源板	1	个
1401	变压器	1	个
G100	灯泡	1	个
M100	灯罩	1	个
1200	熔丝	20	件
1301	开关	1	件
1302	面盖	1	件

表 2-3 数据清单 II

物料代码	说明	数量	计量单位
S100	开关总成	1	件
D100	电源板	1	个
G100	灯泡	1	个
M100	灯罩	1	个
1200	PCB 总成	1	件

分析结果描述： _____

_____

2.1.2 物料主文件

在 ERP 系统中，"物料"一词是对所有产成品、半成品、在制品、原材料的总称。物料主文件也叫物料代码文件，用于标识和描述生产过程的每一项物料的基本属性和业务数据，是 ERP 系统最基本的数据之一。

物料主文件中的数据项有物料代码，以及与工程设计管理、物料库存管理、物料采购、物料销售、物料计划管理和成本管理有关的信息，相关内容如下。

1. 物料代码

物料代码是物料的标识，是对每种物料的唯一编号。物料代码主要用于记录在生产活动中流动的物料，它是人与计算机使用所有其他数据元素的基础。生产控制要求每项生产活动和库存变化都要记入计算机，处理量很大，因此物料代码应尽量简短，以防止或减少输入和处理的错误。

物料代码的位数有一定限制，一般不超过 20 位。另外，物料代码只是标识符，而不是描述符。

拓展阅读

物料代码编制方法一般有两种：顺序编码和赋义编码。扫描右侧二维码了解具体的编制方法。

扫一扫
物料代码编制方法

---

2. 其他属性

除物料代码之外，物料主文件中还有许多其他的属性。ERP 系统主要通过以下几方面的信息描述这些属性。

（1）与工程设计管理有关的信息。例如，物料名称、品种、规格、型号、计量单位、默认工艺路线、设计修改号、重量单位、单位体积、版次、生效日期及失效日期等。

（2）与物料库存管理有关的信息。例如，物料类型（自制、外购、虚拟件等）、库存单位、物品库存类别、最大库存量、安全库存量及是否为消耗件（如图纸可设置为产品结构的非消耗件）等。

（3）与物料采购有关的信息。例如，订货点数量、订货批量、主供应商、次供应商及供应商对应代码等。

（4）与物料销售有关的信息。此类信息用于物料的销售和相关管理，主要有信用周期、信用额度、物品销售类型等。

（5）与物料计划管理有关的信息。在进行主生产计划和物料需求计划计算时，要读取物料的计划管理信息，例如各种提前期（运行、准备、检验、累计等）、需求时界、计划时界、工艺路线、独立需求或相关需求等。

（6）与成本管理有关的信息。例如，成本核算方法、增值税代码、材料费、人工费、外协费、间接费、标准成本和计划价格等。

2.1.3 工作中心

工作中心是指用于生产产品的生产资源，包括机器设备和人，它是各种生产或能力加工单元的总称。一个工作中心可以由一台或多台功能相同或相近的机器设备组成，也可以由一个或多个直接生产人员组成。需要注意的是，ERP 系统中的工作中心不同于企业加工中心，一个车间、一条生产线也可以由多个工作中心组成。

1. 工作中心的划分原则

工作中心的合理性是实现 ERP 系统管理的重要因素。在 ERP 项目的实施过程中，要确保工作中心的划分与管理本企业所需的控制程度及计划能力相适应。因此，企业在确定 ERP 系统中的工作中心时，应该遵循以下几项原则。

（1）按照机器设备的合理布局确定工作中心。

（2）按照机器设备功能的相同或相似性进行划分。

（3）对一些可能形成瓶颈工序的工作中心进行单独标识。

（4）同一型号的机器的新旧程度会影响工作效率时，企业应有所区别，不应将其划分为一个工作中心。

（5）定义工作中心数据后应尽量减少变更，但确实需要变更的也要改变。例如，新工艺、生产过程，以及对效率和利用率的调整都是引起工作中心数据调整的主要因素。

（6）对于外协工序，应将相应的协作单位作为一个工作中心来处理。采用成组技术，将若干机床组成一个成组单元，有利于简化工作中心的划分和能力计划。

2. 工作中心的数据

在 ERP 系统中，工作中心的数据是工艺路线的核心组成部分，是计算物料需求计划、能力需求计划的基础数据之一。同时，工作中心也是成本发生的基本单元和车间作业控制的基本单元。

（1）工作中心能力数据。

工作中心的能力用一定时间内完成的工作量来表示。工作量可表示为标准时（以时间表示）、米（以长度表示）、件数（以数量表示）等，为方便理解，一般采用以工时表示的形式。工作中心包含的数据项包括每班可用的人员数、机器数、机器的单台定额、每班可排产的小时数、一天开动的班次、工作中心的利用率、工作中心的效率等。相关计算公式如下。

$$工作中心的额定能力 = 每日工作班次数 \times 每班工作小时 \times 工作中心效率 \times 工作中心利用率（工时 / 日）$$

$$工作中心利用率 = \frac{实际使用时间}{可用时间} \times 100\%$$

$$工作中心效率 = \frac{完成标准工时数}{实际投入的标准工时数} \times 100\%$$

上述公式中，工作中心效率与工人的技术水平和设备使用年限有关；工作中心利用率与工作出勤率、设备的完好率、停工率等因素有关，均是统计平均值。工作中心的额定能力应是能持续保持的能力。为使工作中心的额定能力可靠有效，需要经常将其与实际能力相比较，用实际能力来修正额定能力。

拓展阅读

在 ERP 系统中，有一类工作中心比较重要，即关键工作中心，它需要专门标识出来。扫描右侧二维码了解关键工作中心的相关内容。

扫一扫

关键工作中心

（2）工作中心成本数据。

ERP 系统中计算成本用到的各项数据包括单位时间的费率（工时或机时费率、间接费率等）、工人人数、等级等。

$$工作中心费率 = \frac{在工作中心上发生的所有费用之和}{发生费用的持续时间}$$

3. 工作中心的作用

工作中心在 ERP 系统中具有重要作用，主要体现在以下 4 个方面。

（1）作为平衡任务负荷与生产能力的基本单元。计算能力需求计划（Capacity Requirement Planning，CRP）时以工作中心为计算单元，分析能力需求计划执行情况时也是以工作中心为单元进行投入或产出分析的。

（2）作为分配车间作业任务和编排详细进度的基本单元。派工单是按每个工作中心来说明任务优先顺序的。

（3）作为计算加工成本的基本单元。例如，零件的标准加工成本，是通过将工作中心数据记录中的单位时间费率（元/工时、台/台时）乘以工艺路线上该工序占用该工作中心的时间定额计算出来的。

（4）作为定义物料工艺路线的前提。工艺路线中的每道工序都需要相应的工作中心来加工，在定义工艺路线之前，要先定义好相关工作中心的数据信息。

经典理论

约束理论（Theory Of Constraints，TOC），是物理学家及企业管理专家艾利·高德拉特（Eliyahu M. Goldratt）在其开创的最优生产技术（Optimized Production Technology，OPT）的基础上发展而成的。约束理论是企业识别并消除实现目标过程中存在的制约因素（即约束）的管理理念和原则，其管理思想是首先抓"重中之重"，使最严重的制约因素凸显出来，从技术上消除"避重就轻""一刀切"等管理弊病发生的可能，避免管理者陷入大量的事务处理当中。例如，企业只能在关键工作中心的能力满足生产需求后，才进一步安排详细的生产计划，否则将会造成在制品积压和生产现场的管理混乱。这便是约束理论的最好体现。

2.1.4 库存记录

库存记录是 ERP 系统的主要数据之一，这里的库存是指各种物料的实际储存情况。库存记录中要说明现有库存余额、安全库存量、未来各时区的计划接收量和已分配量。其中，已分配量是指虽未出库但已分配了某种用途的计划出库量。

在库存记录中既要说明当前时区的库存量，又要预见未来各时区的库存量及其变化。为保证 ERP 系统的运行，企业库存记录的准确度应达到 95% 以上。

2.1.5 工艺路线

工艺路线是说明各项自制件的加工顺序和各个工序中的标准工时定额情况的文件。工艺路线是一种计划管理文件，而不是企业的工艺文件，它不会详细说明加工技术条件和操作要求，而主要强调加工的先后顺序和生产资源等计划信息。

在 ERP 系统中，工艺路线主要包括物料编码、工序号、工序说明、所使用的工作中心、各项时间定额（如准备时间、加工时间、传送时间等）、标准外协费和工序检验标识等字段。除此之外，工艺路线还要说明可供替代的工作中心、主要的工艺装备编码等，作为发放生产订单和调整工序的参考。表 2-4 所示为某产品的工艺路线。

表 2-4 某产品的工艺路线

物料编码：60031——滑车架

操作	部门	工作中心	描述	准备时间（小时）	每件加工时间（小时）
20	09	1	下料	0.5	0.020
30	22	2	粗车	2.0	0.035
40	22	3	精车	4.5	0.056
50	18	—	检验	—	—

1. 工艺路线的作用

工艺路线是 ERP 系统的主要数据之一，它代表一项作业在企业中的运行方式。如果说物料清单用于描述物料是按怎样的层次结构连在一起的，那么工艺路线则用来描述制造每一种物料的生产步骤和过程。工艺路线的主要作用如下。

（1）用于计算自制件的生产提前期，提供运行物料需求计划的计算数据。ERP 系统根据工艺路线和物料清单计算出最长的累计提前期，企业的销售部门便可根据这个信息与客户洽谈交货期限。

（2）用于提供运行能力需求计划的计算数据。ERP 系统可以根据工艺路线中每个工作中心消耗的工时定额，计算各个时区工作中心的负荷。

（3）用于计算加工成本。根据工艺路线的工时定额（外协费用）及工作中心的成本费率可以计算出标准成本。

（4）用于跟踪在制品。根据工艺路线、物料清单及生产车间、生产线的完工情况生成各个工序的加工进度等整体情况，可以对在制品的生产过程进行跟踪和监控。

2. 工艺路线的准确度

对工艺路线数据的准确性的要求和物料清单一样，也应在 98% 以上。如果工序顺序错误、工时定额不准，必将直接影响物料需求计划和能力需求计划的运算结果，造成生产订单过早或过迟下达。

如果一项作业出现在发到某部门的派工单上，而事实上该作业并不属于该部门，或一项作业属于该部门却不在发来的派工单上，都可能是工艺路线错误导致的。工艺路线错误还会引起工作中心负荷不均衡、在制品积压、物流不畅等问题。通过统计每周下达到车间的工艺路线数和每周工长反馈的错误路线数，可以测出工艺路线的准确度。

工艺路线通常由工程设计部门负责建立和维护，例如所使用的工作中心、设备安装时间、单件生产时间定额等都由工程设计部门来确定。同时，工程设计部门还应经常比较实际工作和工艺路线的执行情况，对生产过程进行详细审核。当工艺发生变更时，工程设计部门应及时对工艺路线进行修改，建立新的工艺路线，以满足企业的生产需求。

2.1.6 供应商主文件和客户主文件

ERP 系统的运行除了需要上述的物料清单、物料主文件、工作中心、库存记录及工艺路线等基础数据外，还要有供应商主文件和客户主文件数据，用于支持采购管理和销售管理功能。

1. 供应商主文件

供应商主文件数据主要包括供应商代码、名称、电话、地址、联系人；所供应的商品名称、供方物料代码、规格；商品价格和批量要求；折扣和付款条件、结算方式、货币种类；发货地点、运输方式等。除此之外，还应该包括供应商的信誉记录，例如按时交货情况、质量及售后服务情况等。

2. 客户主文件

客户主文件数据主要包括客户代码、名称、电话、地址、联系人；客户方物料代码、所需产品名称、客户规格；价格、折扣、付款条件、结算方式、货币种类；收货地点、结算地点；客户信誉记录等。

2.2 ERP 理论的形成

🔍 **情景导入**

在了解了 ERP 系统的关键术语的含义后，还需对 ERP 理论的形成过程进行分析。

小李："我发现在介绍 ERP 系统的'工艺路线'这个关键术语时，提到了物料需求计划这个概念，它与 ERP 系统有什么关系呢？"

主管："ERP 理论就是在物料需求计划的基础上发展而来的。ERP 的形成大致经历了 4 个阶段，分别是物料需求计划阶段、闭环物料需求计划阶段、制造资源计划阶段及企业资源计划阶段。每一个阶段都有不同的特征。"

2.2.1 物料需求计划概念

物料需求计划（Material Requirement Planning，MRP）是在库存订货点法的基础上形成的。库存订货点法是彼此孤立地推测每项物料的需求量，不考虑它们之间的联系，而物料需求计划则通过产品结构把所有物料的需求联系起来，并考虑不同物料的需求之间的相互匹配关系，从而使各种物料的库存在数量和时间上均趋于合理。

物料需求计划把所有物料按需求性质区分为独立需求项和非独立需求项，并分别进行处理。其中，独立需求是指需求量和需求时间由企业外部需求（如客户订单）决定的那部分物料需求；非独立需求则由企业内其他物料的需求量来确定，例如原材料、零件、组件等都是非独立需求项目，非独立需求项目的需求量和时间由物料需求计划系统决定。

物料需求计划的基本功能是实现物料信息的集成，保证及时供应物料、减少库存、提高生产效率。其运行原理是在已知主生产计划（根据客户订单结合市场预测制订的各产品的生产计划）的条件下，根据产品结构或产品物料清单、制造工艺路线、产品交货期及库存记录等信息，由计算机编制出各个时段、各种物料的生产及采购计划。物料需求计划的运行逻辑如图 2-2 所示。

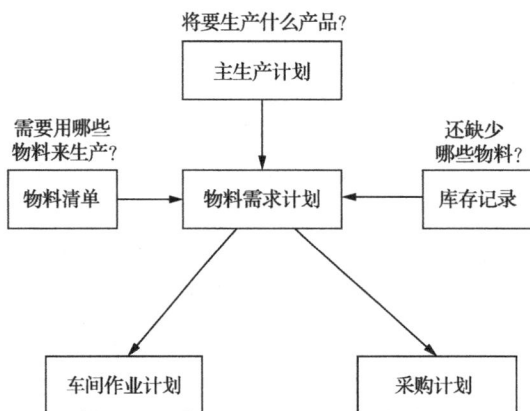

图 2-2 物料需求计划的运行逻辑

2.2.2 闭环物料需求计划原理

物料需求计划只局限在物料需求方面，还不够完善，其主要缺陷是没有考虑到生产企业现有的生产能力和采购的有关条件的约束。因此，其计算出来的物料需求日期可能会因设备和工时的不足而没有能力实现，或者因原料的不足而无法实现。为了解决以上问题，物料需求计划系统在 20 世纪 70 年代发展为闭环物料需求计划系统。所谓闭环有以下两层含义。

（1）把能力需求计划（Capacity Requirements Planning，CRP）、车间作业计划（Production Activity Control，PAC）、采购作业计划和物料需求计划集成起来，形成一个实现物料计划的计划系统。

（2）计划的执行总会出现偏差，于是，企业在计划执行的过程中，要收集来自车间、供应商和计划人员的反馈信息，并利用这些反馈信息及时进行计划的平衡调整，才能使生产计划中的各种子系统得到协调和统一。

闭环物料需求计划系统的工作过程，实质上是一个"计划—执行—反馈—计划"的过程，如图 2-3 所示。

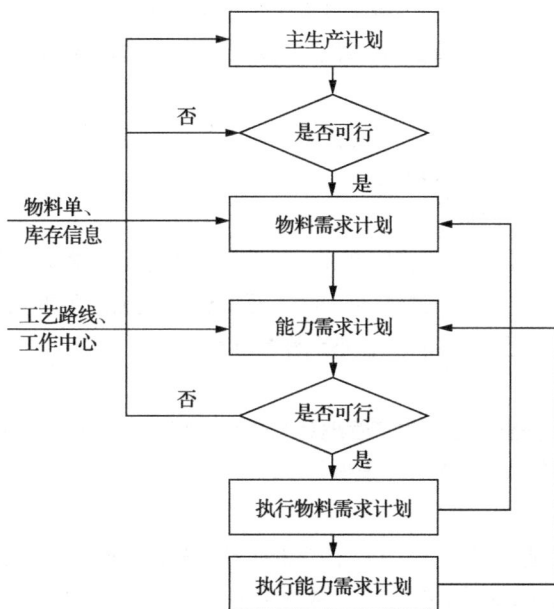

图 2-3 闭环物料需求计划的工作过程

以上所有计划及其执行活动之前的协调和平衡、信息的追踪与反馈都需要借助计算机实现。正是现代计算机技术的发展和应用才使闭环物料需求计划成为可能。闭环物料需求计划是一种保证物料既不出现短缺，又不积压库存的计划方法，解决了制造业所关心的缺件与超储的矛盾。所有 ERP 系统都把闭环物料需求计划作为生产计划与控制的功能模块，其是 ERP 不可缺少的核心功能。

2.2.3 制造资源计划概念

制造资源计划（Manufacturing Resource Planning，MRP Ⅱ），它是在闭环物料需求计划的基础上发展起来的。它将物料需求计划的信息共享程度扩大，使生产、销售、采购、财务、工程紧密结合在一起，共享有关数据，组成一个全面生产管理的集成优化模式。制造资源计划是由美国著名的管理专家奥利弗·怀特（Oliver Wight）提出的概念，由于它的英文缩写也是 MRP，为了便于区分，就称它为制造资源计划。

制造资源计划的基本思想是基于企业经营目标制订生产计划，围绕物料转化组织制造资源，实现按需、按时生产，使企业内各部门的活动协调一致，形成一个整体，提高企业的整体效率和效益。采用制造资源计划之后，企业一般可以在以下几个方面取得显著效果。

（1）库存资金减少 15% ~ 40%，资金周转次数增加 50% ~ 200%。

（2）库存盘点误差率降低到 1% ~ 2%，短缺件减少 60% ~ 80%。

（3）成本降低 7% ~ 12%，采购费用减少 5% 左右。

（4）劳动生产率提高 5% ~ 15%，加工工作量减少 10% ~ 30%。

（5）按期交货率达 90% ~ 98%，利润增加 5% ~ 10%。

1. 制造资源计划与物料需求计划的区别

制造资源计划与物料需求计划的主要区别是，制造资源计划运用了管理会计的概念，实现了物料信息同资金信息的集成，用货币形式说明了执行企业"物料计划"带来的经济效益。即制造资源计划把传统的账务处理同发生账务的事务结合起来，不仅说明账务的资金现状，而且追溯资金的来龙去脉，例如，将体现债务债权关系的应付账、应收账同采购业务和销售业务集成起来。

2. 制造资源计划的特点

制造资源计划的特点可以从以下几个方面来说明，每一个特点都含有管理模式变革和人员素质或行为变革等内容，这些特点是相辅相成的。

（1）计划的一贯性与可行性。

制造资源计划是一种计划主导型管理模式，计划层次从宏观到微观、从战略到技术、从粗到细逐层优化，但始终保证与企业经营战略目标一致。要做到这一点的前提是，企业全体员工必须以实现企业的经营战略目标为自己的行为准则，不允许各行其是。

（2）管理的系统性。

制造资源计划是一个完整的经营生产管理计划体系，它把企业所有与生产经营直接相关的部门联结成一个整体，各部门都从系统整体出发做好本职工作。

（3）数据共享性。

制造资源计划是企业的管理信息系统，让企业各部门都依据同一数据信息进行管理，任何一种数据的变动都能及时地反映给所有部门，做到数据共享。

（4）动态应变性。

制造资源计划是一个闭环系统，它要求管理人员不断跟踪、控制和反馈瞬息万变的实际情况，使企业的管理层能够对企业内外部环境的变化迅速做出反应，及时调整决策，从而提升企业在市场中的应变能力和竞争力。

（5）模拟预见性。

制造资源计划具有模拟功能，即通过对经营生产数据的分析，企业可以预见可能发生的问题，并事先采取措施做出合理决策，保障经营活动的平稳运行。这将使管理人员从忙碌的事务中解脱出来，致力于实质性的分析研究，提供多个可行方案供领导决策。

（6）物流、资金流的统一。

制造资源计划包含了成本会计和财务功能，可以把实物形态的物料流动直接转换为价值形态的资金流动，保证生产和财务数据的一致性。

案例分析——S 集团制造资源计划案例

S 集团主要生产小家电、电暖器、空调扇等电器产品。S 集团占地约 5 000 平方米，共有员工 800 人，其中高级技术职称人员占 30%。S 集团现有 3 个事业部，分别为小家电、空调和电暖器，各个事业部以利润为中心进行相关产品的开发、生产、销售。随着 S 集团迅速发展，企业决策层和管理层对规范化创新管理的要求越来越高，于是决策层决定通过实施制造资源计划系统来全面适应企业创新管理的需求。由于实施制造资源计划系统是一项庞大且复杂的系统工程，它涉及企业的方方面面，为了慎重起见，S 集团决定在集团内部先挑选一个管理基础较好、实施条件成熟的公司进行试点，待试点公司实施成功后，再把其经验推广至集团内的其他公司。

S 集团的小家电公司率先实施了制造资源计划系统，该系统包括的管理模块有库存管理、物料需求计划、订单管理、能力需求管理、成本管理、工程管理、财务管理等。小家电公司的制造资源计划实施分为 3 个组，分别为制造组、销售组和财务组。实施组的成立使制造资源计划的实施目标和责任落实到了个人，做到了"谁负责的部门谁负责实施，谁负责的部门出现了问题由负责人去协调、解决"。小家电公司通过实施制造资源计划系统，使供销存运作体系内管理的层次减少了，使物流、资金流和信息流实现了集中统一管理，让物料计划做到工作地、流水线，减轻了车间计划员的工作。除此之外，小家电公司从销售计划到生产计划、从生产执行情况到完工入库的一系列状态，都准确具体地展现在各级管理人员的面前，增强了其生产销售的快速反应能力和面对各种突发事件的应变能力。

点评： S 集团旗下的小家电公司通过实施制造资源计划系统，在人、财、物运作体系之间避免了作业重叠，提高了企业的整体效率，使企业的管理发生了质的飞跃。小家电公司制造资源计划系统的实施无疑是成功的。随后，S 集团可以将该公司的成功经验运用到集团旗下的其他公司之中，从而实现 S 集团管理效率的飞跃。

2.2.4　企业资源计划概念

随着市场竞争的不断加剧，企业的竞争范围变得更广，面向企业内部资源的制造资源计划理论的局限也逐渐凸显出来，企业迫切需要一种能有效利用和管理整体资源的理论思想来替代制造资源计划，企业资源计划便随之产生了。

1. ERP 功能标准

高德纳咨询公司通过一系列功能标准界定了 ERP 系统，提出 ERP 具备的功能标准应包括以下 4 个方面的内容。

（1）超越制造资源计划范围的集成功能。

制造资源计划主要侧重对企业内部的人、才、物等制造资源进行管理，而 ERP 系统在此基础上扩展了管理范围，包括质量管理、流程作业管理、产品数据管理、维护管理和仓库管理等内容。

（2）支持混合方式的制造环境。

所谓混合方式的制造环境包括生产方式混合、经营方式混合，以及生产、分销和服务等业务的混合 3 种情况。

● **生产方式混合**。生产方式混合是指流程型制造和离散型制造的混合，也是指单件生产、面向库存生产、面向订单装配及大批量重复生产方式的混合。

● **经营方式混合**。经营方式混合指国内经营与跨国经营的混合。经济全球化、市场国际化的趋势使得纯粹的国内经营逐渐减少，而外向型经营越来越多。

● **生产、分销和服务等业务的混合**。生产、分销和服务等业务的混合指多种经营形成的技、工、贸一体的集团企业环境。

（3）支持能动的监控能力。

ERP 的能动式功能具有主动性和超前性。ERP 的能动式功能主要表现在它所采用的控制和工程方法、模拟功能、决策支持和用于生产及分析的图形能力。例如，把统计过程控制的方法应用到管理事务中，以预防为主，就是过程控制在 ERP 中的具体应用。

（4）支持开放的客户机 / 服务器计算环境。

支持开放的客户机 / 服务器计算环境包括客户机 / 服务器体系结构、图形用户界面、计算机辅助设计工程、关系数据库、面向对象技术等。

2. ERP 主要功能模块

ERP 是将企业所有的资源进行整合和集成管理，将企业的物流、资金流、信息流进行一体化管理的信息系统。ERP 系统不仅可以应用在制造型企业中，还可以用在其他类型的企业中。下面以制造型企业为例，介绍 ERP 系统的主要功能模块。

一般情况下，ERP 系统都会包括生产控制、供应链管理和财务管理三大核心模块。这三大核心模块各自具有一些子系统模块，例如销售管理、生产计划、采购管理、仓库管理、质量管理、成本管理等，各子系统模块之间的数据是完全共享和集成的。

（1）销售管理。销售管理是企业所有业务活动的源头。在企业生产经营活动中，销售预测、销售订单是企业进行生产计划和生产作业活动的源头，企业的生产作业活动必须通过销售管理才能实现。

（2）生产计划。生产计划在企业中有承上启下的作用。通过预测销售情况，形成企业生产作业计划和采购作业计划，然后通过执行生产作业计划和采购计划，实现产品增值，最后把增值后的产品通过销售管理销售出去，获得利润。ERP 系统中的生产计划一般包含主生产计划、物料需求计划和车间作业生产计划等。

（3）采购管理。生产计划不仅派生出零部件及其产品的生产计划，同时还派生出原材料、包装材料等外购件的采购作业计划。采购计划下达后，采购人员就开始进行采购作业活动，包括提出采购申请、采购询价、签订采购订单（合同）、采购收货、采购结算等一系列活动。

（4）仓库管理。仓库管理是指企业为了生产、销售等经营活动的需要而对计划存储、流通的有关物品进行相应的管理。在 ERP 系统中，仓库管理模块与其他模块有密切的联系，例如生产计划模块在进行生产计划计算时，需要考虑仓库中现有物料的可用库存情况。

（5）质量管理。ERP 系统应该全面支持 ISO9000 质量管理体系，做到既要有质量保证，也要有质量控制的管理功能。质量控制管理应包括的指标有进料检验、产品检验、过程检验控制等；质量保证管理应包括的指标有质量方针目标、质量分析、客户投诉、质量改进等。

（6）成本管理。在产品生产之前，ERP 系统将进行产品成本模拟；在产品生产过程中，ERP 系统需要对成本进行控制；在产品完工后，ERP 系统将进行成本核算和成本分析，以明确完工产品的实际成本和获得的效益。这些业务都可以通过 ERP 系统的成本管理模块进行。

2.3　ERP 的计划层次

情景导入

　　小李："通过了解 ERP 系统的关键术语和 ERP 理论的形成，现在我对于 ERP 已经有了初步认识。"

　　主管："那就太好了，因为接下来我准备给你介绍更深层次的 ERP 知识，这样你理解起来就更加容易了。ERP 系统中通常有 5 个计划层次，分别是企业经营规划、销售与运作规划、主生产计划、物料需求计划、车间作业计划。"

2.3.1　企业经营规划

　　经营规划是企业的战略规划，用于确定企业的经营目标和策略，主要包括产品开发、市场占有率、质量标准、职工培训等。经营规划通常是在企业高层主持下，会同其他部门负责人共同制订的，是层次计划的依据。

　　经营规划的内容主要包括以下 4 个部分。

　　（1）产品开发方向及市场定位、预期的市场占有率。

　　（2）营业额、销售收入与利润、资金周转次数、销售利润率和资金利润率。

　　（3）长远能力规划（3—7 年）、技术改造、企业扩建或基本建设。

　　（4）员工培训及员工队伍建设。

案例分析——企业经营规划的制订

　　奥特棕产业有限公司是一个小型家电制造企业，主要生产的产品包括电风扇、电饭煲、电磁炉等，销售方式为线上线下结合。为了对未来的市场发展情况进行预测，公司以过去 5 年的市场占有情况为数据基础，规划出未来 3 年的市场占有率目标、年度生产目标和财务目标。

　　（一）市场占有率目标

　　参照公司过去 5 年的市场占有率情况，奥特棕产业有限公司未来 3 年的市场占有率目标如表 2-5 所示。

表 2-5　未来 3 年的市场占有率目标

年度	2021 年	2022 年	2023 年
目标（市场占有率）	8%	8.8%	9.3%

　　（二）年度生产目标

　　奥特棕产业有限公司采取年度生产产品组合的方式，使产品组合结构朝高附加值方向转变，以便于公司未来的发展。奥特棕产业有限公司未来 3 年的年度生产目标如表 2-6 所示。

表 2-6　未来 3 年的年度生产目标

年度	2021 年	2022 年	2023 年
电风扇（万件）	500	600	750
电饭煲（万件）	600	680	790
电磁炉（万件）	300	400	550

（三）财务目标

奥特棕产业有限公司根据市场预测、生产计划、市场计划等预测结果，以及为配合企业其他功能业务，基于财务策略制订了以下财务目标。

① 自有资本以不低于 40% 为目标。

② 利率以不低于 15% 为目标。

③ 投资报酬率以不低于 10% 为目标。

点评：企业经营规划目标通常是以货币或金额来表达的，这是企业的总体目标，是 ERP 系统其他各层次运行的依据。本案例中的销售目标、生产目标和财务目标均通过具体的数字来表达，同时通过对经营规划的进一步细化，让下层计划人员在执行经营规划的过程中，更加明确每一阶段的任务，便于编制具体的行动计划，以便企业最终实现经营目标。

2.3.2　销售与运作规划

销售与运作规划是 ERP 系统的第二个计划层次，其基本目的在于连接经营规划与销售计划的执行过程，以及控制其他计划，主要由高层管理人员在 ERP 系统进行录入。但由于销售与运作规划主要是以人工方式进行决策并录入数据的，不是 ERP 系统运算得出的结果，因此，并非所有的 ERP 软件都包括该层计划。

充分运用销售与运作规划的企业，会在以下几个方面体会到销售与运作规划为企业带来的便利。

（1）更好地预见和解决未来的资源问题，从而得到更稳定的生产率，提高生产效率，并将供需平衡延伸到企业的整个供应链。

（2）通过销售与运作规划流程，将市场销售、生产、物料和财务等不同职能部门的管理人员联系在一起，加强了团队合作。

（3）通过销售与运作规划流程，对经营规划进行以月为间隔的定期审查和修订，从而对年度财务计划有更好的洞察力和执行力。

（4）通过销售与运作规划流程，为企业的高层领导提供一个面向未来的"窗口"，以及管理与控制企业的"手柄"，提升了企业高层领导对企业的掌控力和前瞻性的决策力。

（5）通过销售与运作规划流程，形成企业运营过程中制度化的对话沟通机制，而最终形成的销售与运作规划是整个企业的对策计划，通过一组共同支持的数据指导企业的运营，从而更好地实现企业运营过程中的协同。

注意，销售规划不一定和生产规划完全一致，例如，销售规划需要反映季节性需求，而生产规划则要考虑均衡生产。在不同的销售环境下，生产规划的侧重点也有所不同。

（1）现货生产类型的产品。对于现货生产类型的产品，生产规划在确定月产率时，要考虑已有库存量。如果要增加成品库存资金周转次数，年末库存水准应低于年初库存水准，因此，生产规划的月产量就低于销售规划的预测值，不足部分用消耗库存量来弥补。

（2）订货生产类型的产品。对于订货生产类型的产品，生产规划要考虑未交付的拖欠订单量。如果要减少拖欠量，那么生产规划的月产量要大于销售规划的预计销售量。

✏️ **价值引导**

　　作为一名销售规划的制订者，应该具有强烈的法制观念，自觉奉公守法，并严格要求公司的销售人员遵守基本的职业道德，明礼诚信、团结友善、敬业奉献；一定要及时制止不合法的销售手段，更不能利用工作之便以公谋私。

2.3.3　主生产计划

主生产计划（Master Production Schedule，MPS）在 ERP 系统中是一个重要的计划层次，它根据客户合同和预测，把经营计划或生产大纲中的产品系列具体化，确定出厂产品，使之成为开展物料需求计划的主要依据，起到从宏观计划向微观计划过渡的承上启下作用。

主生产计划的基本原则是根据企业的能力确定要做的事情，通过均衡地安排生产实现生产规划的目标。主生产计划中不能有超越可用物料和可用能力的项目，它必须是一种可执行的目标。只有目标是可执行的，才能使企业全体员工认真负责地去完成计划。因此，主生产计划的编制和控制是否得当，在很大程度上关系到 ERP 系统的效果。

主生产计划的计划对象是生产规划中的产品系列具体化以后的出厂产品，通常称为最终产品。最终产品一般是独立需求件，但由于销售环境不同，作为计划对象的最终产品的含义也有所不同。从满足最少项目数的原则出发，下面基于 3 种制造环境分别考虑主生产计划应选取的计划对象。

（1）对于为库存而生产（Make To Stock，MTS）的公司，用很多种原材料和部件制造出较少品种的标准产品，则产品、备品、备件等独立需求项目是主生产计划的计划对象的最终产品。

对于产品系列下有多种具体产品的情况，有时需要根据市场分析估计产品占系列产品总产量的比例。此时，生产规划的计划对象是系列产品，而主生产计划的计划对象是按预测比例计算的。产品系列同具体产品的比例结构形式类似于一个产品结构图，通常称为物料清单。

（2）对于为订单而生产（Make To Order，MTO）的公司，最终产品一般就是标准定型产品或按订货要求设计的产品，主生产计划的计划对象可以放在 T 型或 V 型产品结构的底层，以减少计划物料的数量。如果产品是标准设计或专项，最终产品一般就是产品结构中 0 层的最终产品。

（3）对于为订单而装配（Assemble To Order，ATO）的公司，产品是一个系列，结构相同，表现为模块化的产品结构，都是由若干基本组件和一些通用部件组成。每项基本组件又有多种可选件，有多种搭配选择(如计算机)，从而可形成一系列规格的变形产品,可将主生产计划设立在基本组件级。在这种情况下，最终产品指的是基本组件和通用部件。这时主生产计划是基本组件（如主板、硬盘、内存、显示器等）的生产计划。

2.3.4　物料需求计划

物料需求计划是一种工业制造企业内的物资计划管理模式，它根据产品结构中各层次物品的从属和数量关系，以每个物品为计划对象，以完工时期为时间基准倒排计划，按提前期长短区别各个物品下达计划的先后顺序。物料需求计划的输入信息源主要包含主生产计划、独立需求预测、零部件客户订单、物料清单及库存记录文件、物料清单；主要输出信息包含未来一段时间的计划订单、下达计划订单的建议信息、提前或推迟已下达订单的完工日期的建议信息、撤销订单的建议信息及未来的库存量预报和库存状态信息等。

物料需求计划是一种比较精确的生产计划系统，也是一种有效的物料控制系统，它在保证满足物料需求的同时，使物料的库存水平保持在最小范围内。物料需求计划是对主生产计划的进一步展开，它根据主生产计划、物料清单和物料可用量，计算出企业要生产的全部加工件和采购件的需求量，然后按照产品出厂的优先顺序，计算出全部加工件和采购件的需求时间，并提出建议性的计划订单。在物料需求计划展开的过程中，物料的底层代码起着控制作用。

制订物料需求计划之前，计划人员需要获得以下基础数据。

（1）主生产计划。主生产计划指明了在某一计划时间段内应生产出的各种产品和备件，它是制订物料需求计划时一个最重要的数据来源。

（2）物料清单。物料清单指明了物料之间的结构关系，以及每种物料需求的数量，它是物料需求计划系统中最为基础的数据。

（3）库存记录。库存记录一定要完整，要把每种物料目前现有库存量和计划接受量的实际状态反映出来。

（4）提前期。提前期决定着每种物料何时开工、何时完工。

上述 4 项数据至关重要、缺一不可，缺少其中任何一项或任何一项的数据不完整，制订的物料需求计划都将是不准确的。因此，计划人员在制订物料需求计划之前，应将上述 4 项数据都完整地整理好，并且要保证数据的可靠性和可执行性。

拓展阅读

计划编制是周期性、动态的。成功编制计划后，由于客户需求改变、产品工艺变动等因素的影响，需要计划人员实时修改计划。扫描右侧二维码了解物料需求计划的修改方法。

扫一扫
物料需求计划的修改方法

2.3.5 车间作业计划

车间作业是指在车间内部，根据生产计划和产品工艺路线等组织的日常生产活动。车间作业计划（Production Activity Control，PAC）是在物料需求计划所产生的加工制造订单的基础上，按照交货期的前后和生产优先级选择原则及车间的生产资源情况（如设备、人员、物料的可用性等），将零部件的生产计划以订单的形式下达给适合的车间。在车间内部，会根据零部件的工艺路线等信息制订车间生产的日计划，组织日常的生产。

车间作业计划是企业资源计划执行层的计划，只是执行计划，不能改动计划。具体来说，车间作业计划的主要内容如下。

（1）按物料需求计划生成车间任务。

物料需求计划为计划生产订单指定了物料代码、数量和计划下达日期等数据信息，经过能力需求计划后，便可进一步指明加工工序、工序完成日期、标准工时和工作中心，最终形成生产订单，如表 2-7 所示。

表 2-7 生产订单

生产订单号：17885

物料编码：83200（螺帽）

数量：200　　　　　　　　　　需求日期：2021-03-02　　　　　　　　下达日期：2021-02-10

工序	部门	工作中心	说明	准备工时（小时）	单位工时（小时）	标准工时（小时）	完成日期
5	10	1	下料	0.5	0.020	5.6	2021-02-13
6	22	2	粗加工车间	2.0	0.030	15.3	2021-02-20
7	22	3	精加工车间	2.5	0.045	28.6	2021-02-28
8	24	—	检验	—	—	—	2021-03-02

（2）执行生产订单。

执行生产订单的工作是从得到计划人员下达的生产订单开始。生产订单下达后，就说明该份生产订单可以执行了。具体来说，就是这份订单的完工日期、订货数量已经确定，并指明了零件的加工工序和标准工时，可以领料、下达派工单，也可以做完工入库的登记了。

执行生产订单的过程，除了下达生产订单和工作中心派工单之外，还应该提供车间文档，包括领料单、图纸、工艺过程卡片及某些需要特殊处理的说明文件等。

（3）收集信息，监控在制品的生产。

如果生产顺利，那么产品将成功通过生产处理流程，并很快投入市场。但实际在生产过程中，总是会发生各种各样的问题，此时就需要生产计划人员对生产流程加以监控，以便及时解决实际生产过程中发生的问题。为此，生产计划人员应做好以下各项工作。

- 通过投入 / 产出报告显示能力计划的执行情况。
- 监控工序状态、完成工时、物料消耗和废品率。
- 控制投料批量、控制在制品数量和控制物料排队时间。
- 预计是否会出现拖期或物料短缺的情况。

（4）采取调整措施。

根据监控的结果，如果生产计划人员认为将会出现物料短缺或拖期现象，则应采取相应措施进行调整，例如重新调整同订单的工序优先级，或通过加班、转包等方式来调整生产能力及负荷，以满足最后交货日期的要求。

如果经过努力，生产计划人员发现仍然不能解决问题，则应该及时向上一级反馈信息，要求修改物料需求计划，有时甚至会修改主生产计划。

（5）生产订单完成。

生产订单完成后，生产计划人员应通过 ERP 软件统计实际耗用的工时和物料、计算生产成本、执行产品完工入库事务等。

2.4 项目实训——分析企业供需失衡

2.4.1 实训背景

李力是华舟集团某子公司的销售经理，负责对公司的产品做销售预测。现在是第二季度，他要对 S 系列产品的销售预测进行季度检查。他发现销售规划表中上个季度 3 个月的实际销量都低于预测，并呈下滑趋势。李力马上检查了几份最近从地区销售人员处得到的销售汇总表，发现 S 系列产品的客户订单基本已转移到了公司新推出的另一个产品系列上。于是，李力决定降低 S 系列产品的销售预测，并将修改后的销售规划发送给了生产部的王经理。

王经理收到邮件后，立即检查了他正在执行的关于 S 系列产品的生产规划。他发现此次李力不但调低了预测，而且降低了 S 系列产品的需求量，可生产部门已经将生产能力提升上去了，这可如何是好？王经理不得不将这一问题向李力反映，但最终还是只能降低产量，于是王经理重新修订了生产规划。就在销售经理和生产经理为他们各自的问题感到头痛时，公司财务总监沈女士找到王经理，要求他将 S 系列产品的库存减少，因为 S 系列产品的库存成本太高了，已经超过预算的 40%。王经理沮丧地说："我们一时也很难减少库存。"王经理向沈女士说明了所有情况，他们决定下午找李力面谈，看能不能解决各自的问题。

2.4.2 实训要求

（1）分析是什么原因导致该公司供需失衡。

（2）说一说为什么该公司需要销售与运作规划。

2.4.3 实训实施

（1）该公司出现 S 系列产品库存过多的原因主要有以下两点。

⊙ **销售预测审查力度不够**。对于大多数企业来说，3 个月的时间内会发生太多不确定因素，这些因素都是动态变化的，若不能及时调整修正，就会产生严重后果。本实训中销售经理没有及时发现销售量下降的问题，导致产量骤减、库存增加，最终供需失衡。降低产量，会造成库存积压，不降低产量，又会影响公司现金流，这让企业处于两难之中。

⊙ **团队成员之间缺乏沟通**。该企业的运营管理团队缺乏全局观，销售经理只考虑企业已经出现预测不足，而不考虑给生产和库存环节带来的影响；财务总监介入这件事情，也只是因为企业已经出现现金流不足的问题；而生产第一线的管理人员总是处于被动的局面中。当问题无法解决时，就只能将其提交到企业决策层，而这又会增加决策层的工作量。

由此可见，该公司缺乏一个面向整个管理团队、及时审查供需状态、及时地做出决策，从而保持供需平衡的运作机制，需要借助销售与运作规划手段。

（2）由销售与运作规划的作用可知，销售与运作规划可以改善该公司当前面临的供需失衡的状态，让该公司能更好地预见和解决未来的资源问题。销售与运作规划的作用主要表现在以下几点。

⊙ 把经营规划中用货币表达的目标转换为用产品系列的产量来表达。

⊙ 作为编制主生产计划的依据。

⊙ 控制拖欠量或库存量。

⊙ 设置一个均衡的月产率，以便均衡地利用资源，保持稳定生产。

2.5 课后思考

1. 什么是物料清单？在 ERP 系统中，物料清单的准确度至少应为多少？

2. 说一说工作中心的作用。

3. 工艺路线的作用是什么？工艺路线的准确度至少应为多少？

4. 什么是主生产计划？

5. ERP 系统有哪些计划层次？

6. 什么是车间作业计划？

7. 物料需求计划的主要输入和输出信息有哪些？

8. 阅读以下材料并回答问题。

阅读材料——江鑫龙公司的经营规划

江鑫龙公司通过近两个月的深入考察和研究，决定在江邑组建一个汽配厂。为了完成此项任务，项目负责人张明特制订了如下的企业经营规划。

（1）建厂宗旨和经营战略。

江鑫龙公司和江邑城汽车厂是多年的重要战略合作伙伴，但两厂相距较远，给准时交付、三包服务、信息交流带来诸多不便，再加上居高不下的货运成本也制约着双方的经营绩效。因此，为了节省不必要的耗费，将更多的精力和财力投入质量升级和服务优化中，江鑫龙公司决定在江邑建立汽配厂，实现双方更高层次和更高效率的互动共进、互惠共荣。

（2）投资规模与发展规划。

借助江邑良好的投资环境，租用现成厂房和生产线，租金约为 10 万元 / 年。依托江邑汽车产业的发展，大力加速新品开发和质量升级，以良好的性价比和完善的售后服务拓展市场份额，预计未来 3 年的市场份额平均增幅达 10% 以上。

（3）质量提升与交付保证。

江邑汽配厂领导班子经严格的竞聘选拔而来，并按专业技能、管理经验及性格特征进行优选搭配。以江鑫龙公司现有的供应商体系为基础，逐步甄选和利用江邑当地的优良资源，并适量聘请资深行家作为技术顾问，保证产品的品质。距离拉近后，能为实现信息对称、沟通及时提供便利条件，双方将尝试三包服务的有机融合，努力建成高素质、高效率的服务队伍。

回答：（1）江鑫龙公司为什么要制订企业经营规划？

（2）张明制订的企业经营规划合理吗？请说一说原因。

★ 管理工具推荐　　　　　　　　● ● ● ●

数据收集工具

ERP 系统的基础数据在收集、整理之前是分散在企业的各个部门中的，因此，数据整理员在收集基础数据的过程中，应利用基础数据收集模板或工具，根据基础数据收集流程来执行收集任务。企业数据分为内部数据和外部数据两种，内部数据可通过各部门定期提交的电子表格来获取，而外部数据则需要借助第三方软件来获取，常见的数据采集工具为八爪鱼。

八爪鱼网页数据采集器是一款使用简单、功能强大的网络爬虫工具，完全可视化操作，无须编写代码，能够在短时间内轻松从不同网站上抓取大量的数据信息。八爪鱼的使用方法很简单，首先需下载软件安装程序，将软件安装到计算机中，八爪鱼的操作主界面如图 2-4 所示。然后启动八爪鱼软件，单击"新建"按钮新建一个采集任务，并设置采集任务的基本信息，设置完成后单击"下一步"按钮设置采集流程，即按照需要的采集顺序划分具体步骤，每个步骤对应一个采集动作，设定好采集流程后单击"下一步"按钮，配置执行计划。最后保存执行计划即可开始采集数据。

图 2-4　八爪鱼的操作主界面

第3章
生产计划管理

重要概念

毛需求量、净需求量、预计可用库存量、计划投入量、可供销售量、计划投入时间、能力、负荷、工作中心能力、顺排、倒排、甘特图法、约翰逊法、优先规则法

知识目标

/ 熟悉主生产计划的设计原则。
/ 掌握主生产计划的编制方法。
/ 了解物料需求计划的基本思想。
/ 掌握物料需求计划的计算过程。
/ 熟悉能力需求计划的编制方法。
/ 了解能力需求计划的调整与控制内容。
/ 熟悉车间作业排序的内容。
/ 熟悉车间作业计划的编制步骤。

扫一扫
知识框架

能力目标

/ 能够运用主生产计划将企业的经营目标具体化。
/ 能够运用物料需求计划和能力需求计划保证生产订单的准确下达和按时完成。
/ 能够运用车间作业计划控制生产作业在执行中不偏离计划。

📋 引导案例

生产计划对施工项目的影响

A公司是一家集土建、钢结构、装饰装修为一体的大型综合性建筑企业。公司经济实力雄厚，下设钢结构、装饰工程、园林绿化等6个分公司。A公司自成立以来，恪守"质量第一、客户至上"的服务宗旨，通过10年的不懈努力，在省内外建筑市场占有一席之地，赢得了广大客户的好评。

近年来，随着建筑业的不断发展，建筑市场的巨大潜力日益凸显，竞争对手也越来越多。A公司为了更好地适应变化，在山东建立了一个房建分公司。在多施工项目、多承包商模式下，A公司生产计划的制订越来越复杂，仅依靠传统的经验方法已无法适应新的生产模式。为此，A公司急需科学的管理方法，从根本上改变现有的粗犷式管理模式，完善市场需求预测方法，建立系统的主生产计划体系，解决生产管理上的诸多问题，最终实现为企业创造效益的目的。

【思考】

（1）A公司急需怎样的管理方法？

（2）案例所说的生产计划的制订是指什么？包含哪些内容？

3.1 主生产计划

🔍 情景导入

上个月，由于恶劣天气的影响，华舟集团某车间生产所需的一个重要零件无法准时送达，造成该生产线暂时停工。这一停工影响了ERP软件的正常运行，为此，主管不得不修改主生产计划，保证ERP软件正常运行。

小李："一旦时界确定，主生产计划不是就不能修改吗？"

主管："主生产计划一般是不进行改动的，但遇到客户取消订单、供货方失约、无法提供计划用的原料等特殊情况时，就不得不修改了。"

小李："原来是这样，看来我对ERP软件的主生产计划模块的理解还是不透彻。主管，你能再给我讲讲主生产计划的其他知识吗？"

主管："没问题，之前你已经了解了什么是主生产计划以及主生产计划的对象，接着我们就看看主生产计划的作用、设计、编制、维护与控制等知识。"

3.1.1 主生产计划的作用

在现代企业的运作中，生产计划具有极其重要的作用，它根据销售合同和生产预测，把企业的生产目标具体化。在制造业中，过去没有主生产计划的概念，但如今，关于主生产计划已经有了强有力的工具和成熟的知识体系。

主生产计划的管理目的在于提升企业计划的应变能力、减轻管理人员的工作强度、提高企业的服务水平和竞争力。运用好主生产计划，将会使企业的运作更加高效。主生产计划的作用具体表现在以下几个方面。

（1）主生产计划以周或天作为计划周期，可以及时对多变的市场和不准确的预测做出反应。

（2）主生产计划是一种先期生产计划，它给出了特定的项目或产品在每个计划周期的生产数量，是一个实际的详细制造计划。

（3）主生产计划使用计划时界和需求时界，这样既便于主生产计划员对计划进行维护，又能合理地拒绝一些不应该被满足的客户需求。

（4）主生产计划是计划系统中的关键环节。一个有效的主生产计划能充分利用企业资源协调生产与市场，并实现生产计划大纲中所表达的企业经营目标。

（5）以物料单位表示的主生产计划很容易转换成以货币单位表示的成本信息，例如生成财务信息。

（6）主生产计划可以极大地提高物料管理人员的工作效率，它把员工从烦琐的数据整理工作中解放出来，使员工可以做好更重要、更本质的管理工作。

3.1.2 主生产计划的设计

主生产计划是 ERP 软件中的一个重要环节，它可以帮助企业解决计划生产什么产品、什么时候生产、生产多少的问题。一个设计恰当合理、切合实际的主生产计划能够帮助企业有效地减少库存，提高生产效率和交货的及时率。那么如何设计主生产计划呢？要先分析需求，再设计主生产计划子系统。

1. 主生产计划的需求分析

通过对企业的调研发现，制造企业的业务以生产计划为主线，生产计划对企业制造的各种资源进行统一的计划和控制，实现企业的信息流、资金流、物流的畅通流动及动态反馈。

企业接受订单或做出销售预测计划后，会形成销售计划，然后根据销售计划进行主生产计划的制订。通过人工干预和均衡安排，企业在一段时间内的主生产计划量和预测及客户订单在总量上相匹配，即使需求发生很大的变化，只要需求总量不变，就可以保持主生产计划不变，从而得到一份相对稳定和均衡的生产计划。

（1）系统的功能需求。首先采用动态管理技术对数据进行动态管理，才能及时、准确地反映事物的实际参数；其次要利用数据库技术、计算和统计方法，对数据进行加工处理，从而形成有价值的数据。

（2）系统的数据需求。系统开发时要考虑数据的安全性、完整性以及数据集中控制原则。基于此，主生产计划应设计采用最新的 Web 技术和目前流行的浏览器、应用服务器、数据库服务器的 3 层体系结构，客户端只安装浏览器，这样的结构易于统一管理和维护。

2. 主生产计划的设计

分析主生产计划系统的基本功能需求后，企业可根据每一类具体功能，分析实现该功能所需要的数据，并开发具有兼容性的主生产计划子系统。

（1）主生产计划的数据流。

ERP 软件归根到底是对数据进行管理，数据流动是它的灵魂。因此，主生产计划数据流动正确与否将直接影响整个软件运行质量的好坏。同时，数据流也是主生产计划系统实现的重要依据。主生产计划系统的数据流如图 3-1 所示。

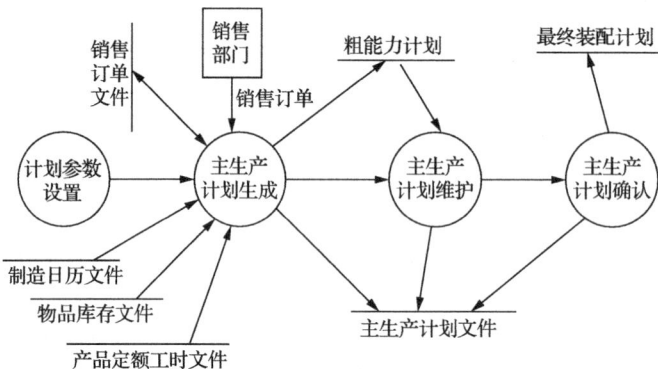

图 3-1　主生产计划系统的数据流

（2）系统功能模块的划分。

主生产计划系统主要包括基础数据、计划过程、信息查询3个模块。基础数据分为计划参数设置、主生产计划统计期生成等；计划过程分为主生产计划生成、模拟主生产计划查询确定、主生产计划调整等；信息查询则分为任务跟踪查询、主生产计划查询等，具体内容如图3-2所示。

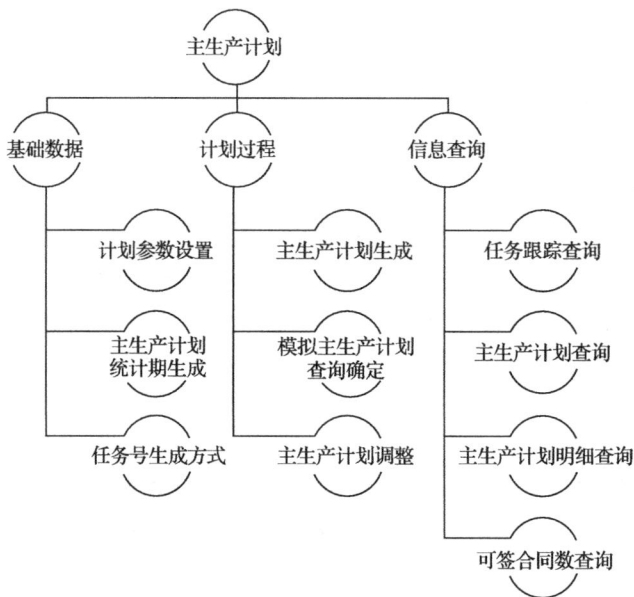

图 3-2　主生产计划系统的功能模块

⬤　基础数据是主生产计划系统的基石，是该系统的必要数据输入部分，多以预测、销售订单、物料清单等数据为基础数据，其准确性将会影响系统的运行效果。

⬤　在计划过程中，先对销售订单、产品物料清单、产能参数等数据进行处理，再以粗能力计划平衡负荷，编制主生产计划。从主生产计划的编制过程可以看出，这是一个多次计算、反复修正的过程，系统提供多次模拟，最终由主生产计划员根据实际情况选定一个切实可行的主生产计划。

⬤　在信息查询模块中，使用者被限制了查询权限，仅能对主生产计划明细、任务跟踪情况和可签合同情况等信息进行查询，无法对这些信息的销售订单、产品物料清单等相关基础数据进行修改，因此不会对其他模块中已生成的数据产生影响。

3.1.3　主生产计划的编制

主生产计划是确定某一个最终产品在每一具体时间段内的生产数量的计划，它是实现生产计划大纲中所表达的企业经营目标的重要保障。一个有效的主生产计划可以使企业在各种条件的限制下让每个客户得到好的服务。因此，为了编制好主生产计划，主生产计划员需要对市场和生产过程有深刻的理解，并在编制过程中注意编制原则、编制步骤、关键指标的含义等内容。

1. 主生产计划的编制原则

主生产计划的基本原则是根据企业的能力确定要做的事情，即通过均衡地安排生产，实现生产规划的目标。在编制主生产计划时，主生产计划员还应遵循以下几项原则。

（1）最少项目原则。

用最少的项目数进行主生产计划的安排。如果主生产计划中的项目数过多，就会使预测和管理变得困难。因此，主生产计划员要根据不同的制造环境，选取产品结构不同的层级进行主生产计划的编制。

（2）独立具体原则。

主生产计划员要列出实际的、具体的可构造项目，而不是一些项目组或计划清单项目。产品要分解成可识别的零件或组件。

（3）全面代表原则。

计划的项目应尽可能全面地代表企业的生产产品。主生产计划应覆盖被该主生产计划驱动的物料需求计划中尽可能多的组件，反映关于制造设施，特别是瓶颈资源或关键工作中心尽可能多的信息。

（4）关键项目原则。

主生产计划中应列出对生产能力、财务指标或关键材料有重大影响的项目。对于生产能力而言，关键项目是指那些对生产和装配过程有重大影响的项目；对于财务指标而言，关键项目指与公司的利润效益密切相关的项目，例如高费用的生产工艺或有特殊要求的部件项目，也包括那些作为公司主要利润来源的、相对费用较低的项目；而对于关键材料而言，关键项目是指提前期很长或供应商有限的项目。

（5）适当裕量原则。

编制主生产计划时，主生产计划员一定要适当留有余地，并考虑预防性维修设备的时间。可把预防性维修作为一个项目安排在主生产计划中，也可以按预防性维修的时间，削弱工作中心的能力。

（6）适当稳定原则。

主生产计划制订后，在有效的期限内应适当保持稳定，那种只按照主观意愿随意改动计划的做法，将会使系统原有合理的、正常的优先级计划被破坏，从而削弱 ERP 软件的计划能力。

2. 主生产计划的编制步骤

主生产计划的编制主要包含以下几个步骤，具体流程如图 3-3 所示。

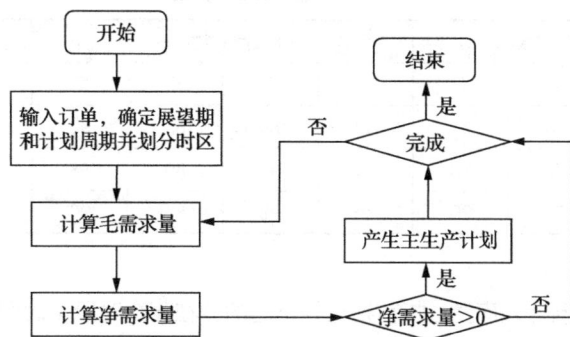

图 3-3　主生产计划的编制步骤

（1）根据生产规划和计划清单确定每个最终项目的生产预测。它反映了某类产品的生产规划总生产量中预期分配到该产品的部分，可用于指导主生产计划的编制。

（2）确定时间界限，包括展望期、时区、时界和时段。

（3）根据生产预测、已收到的客户订单、配件预测以及该最终项目作为非独立需求项的需求数量，计算各时段的毛需求量。

（4）根据当前库存、已存在的客户订单、期望的安全库存量和其他实际需求等数据计算净需求量。如果净需求量为正值，则根据事先确定好的批量规则，以及安全库存量和期初预计可用库存，计算各时段的计划产出量和预计可用库存量；如果净需求量为负值，则不必再安排主生产计划量。

（5）如此往复，直至整个展望期结束。

拓展阅读

主生产计划要有足够的展望期才能保证 ERP 软件正常运行。那么什么是展望期，又该如何设定时间范围。扫描右侧二维码了解计划展望期和计划时区的设置方法。

扫一扫

计划展望期和计划时区

3. 主生产计划关键指标的含义

在 ERP 软件中，与主生产计划相关的指标包括毛需求量、计划接收量、安全库存量、净需求量、预计可用库存量、批量规则、计划产出量、计划投入量、可供销售量等，下面分别介绍各指标的含义。

（1）毛需求量。

毛需求量是指未扣除现有库存及计划接收量时的需求，包括销售订单、销售预测对物料的独立需求和上层物料对下层物料的相关需求。主生产计划员在计算主生产计划项目的毛需求量时，要充分考虑项目所在的时区（需求时区、计划时区和预测时区），不同时区（时区即计划的最小时间单位）对毛需求量的取舍方法是不同的，一般计算方法如下。

- 对于预测时区，毛需求量为预测量。
- 对于计划时区，需要将预测量和订单量加以比较，此时毛需求量通常为预测量和订单量两者中的较大值
- 对于需求时区，毛需求量为订单量，如表 3-1 所示。

需要注意的是，在 ERP 软件中，各时区毛需求量的计算方法也可由企业根据自身情况来设置。

表 3-1 毛需求量计算表

时区	需求时区			计划时区				预测时区		
计划周期	1	2	3	4	5	6	7	8	9	10
预测值	70	80	85	80	89	85	90	70	85	80
订单量	65	78	90	75	92	80	88	72	80	86
毛需求量	65	78	90	80	92	85	90	70	85	80

（2）计划接收量。

计划接收量也称为预计入库量，指前期已经下达的，在某个时段（时间）内的产出数量，即以前计划的产出量。对计划产出量，经确认，根据 ERP 软件的设置将显示为计划接收量。

（3）安全库存量。

安全库存量是指为了防止由于不确定因素（如突发性大量订货或供应商延期交货）影响订货需求而准备的缓冲。

（4）净需求量。

毛需求量是为了满足市场预测或客户订单的需求而产生的对该项物料的需求量，这是一定要提供的需求量。净需求量则是满足毛需求量和安全库存量后，多余的目标数量。计算净需求量要综合毛需求量和安全库存量，并考虑期初的结余和本期计划产出的数量，具体计算公式如下。

净需求量 = 本时段毛需求量 − 前一时段末的可用库存量 − 本时段计划接收量 + 安全库存量

当"预计可用库存量的初始值≥安全库存量"时，净需求量 =0；

当"预计可用库存量的初始值＜安全库存量"时，计算公式如下。

净需求量 = 安全库存量 − 预计可用库存量的初始值

（5）预计可用库存量。

预计可用库存量指前一时段末的可用库存量，加上本时段计划接收量，再扣除本时段毛需求量后的库存量，计算公式如下。

预计可用库存量 = 前一时段末的可用库存量 + 本时段计划接收量 − 本时段毛需求量

需要注意的是预计可用库存量第 1 时段的计算方法和往后各期的计算方法有差别，上述公式只适用于第 1 时段预计可用库存量的计算，往后各时段则是通过计划产出量和净需求量来计算，具体计算过程如表 3-2 所示。其中，假设安全库存为 20，计划产出量为 50，固定批量为 80，计划接收量为 40，预计可用库存量（期初）为 16。

表 3-2　预计可用库存量计算过程

类别	期初	需求时区			计划时区				预测时区		
计划周期	—	1	2	3	4	5	6	7	8	9	10
预测值	—	70	80	85	60	30	30	30	60	50	50
订单量	—	65	78	90	40	22	40	40	72	55	40
毛需求量	—	65	78	90	60	30	40	40	60	50	50
计划接收量	—	40	—	—	—	—	—	—	—	—	—
预计可用库存量初值	50	25	−53	−63	−43	7	−33	7	−53	−23	7
预计期末库存量	—	25	27	17	37	7	47	7	27	57	7
净需求量		0	73	83	63	0	53	0	73	43	0
计划产出量	—	—	80	80	80	—	80	—	80	80	—

第 1 时段预计可用库存量 = 预计可用库存量初值 + 第 1 时段计划接收量 − 第 1 时段毛需求量 =50+40-65=25

第 1 时时段净需求量为 0，因为第 1 时段预计库存量为 25，大于安全库存量 20，所以净需求量为 0。

第 2 时段预计可用库存量的计算应分为以下 3 步。

● **第 1 步**。计算第 2 时段预计可用库存量初值。第 2 时段预计可用库存量 = 第 1 时段预计期末库存量 − 第 2 时段毛需求量 =25-78=-53。

● **第 2 步**。考虑安全库存量，再计算净需求量。由于第 2 时段预计可用库存量初值 -53 小于安全库存量，所以净需求量为 73[20-（-53）]。净需求量 >0，又已知固定批量为 80，所以第 2 时段计划产出量为 80。

● **第 3 步**。计算第 2 时段预计期末库存量。考虑计划产出量之后，第 2 时段期末库存量 = 第 1 时段预计期末库存量 + 计划产出量 - 第 2 时段毛需求量 =25+80-78=27。

按此方法依次计算各时段的净需求量、计划产出量和预计期末库存量。注意，表 3-2 中的"预计库存量初值"是一个中间变量，是为计算净需求量提供方便，也是为了更容易理解计算过程而设置的，实际操作中该项是可以省略的。

（6）批量规则。

为了降低企业的生产成本，企业可以根据生产的具体情况来选择符合自身企业发展的生产批量。在实践中，常用的决定生产批量的方法有经济订货批量法、固定批量法、直接批量法、固定周期批量法 4 种，前两种属于静态方法，后两种属于动态方法，各方法的具体含义和计算方法，可参考本书第 4 章 4.1.5 小节的内容。

（7）计划产出量。

计划产出量是为了满足净需求，ERP 软件根据设定的批量策略计算得出的供应数量。此时计算的是建议数量，不是计划的投入数量。

（8）计划投入量。

计划投入量是根据计划产出量、物料的提前期及物料的成品率等计算得出的投入数量和投入时间。

（9）可供销售量。

在某一个时段内，物料的产出数量可能会大于订单的数量，这个差值就是可供销售量。这个信息主要是供销售部门决策使用的，它是销售人员同临时客户洽谈供货条件时的重要依据。可供销售量的计算方法如下。

可供销售量 = 某时段计划产出量（包含计划接收量）- 下一次出现计划产出量之前各时段合同量之和

一般情况下，没有计划产出量，就没有可供销售量，但第 1 时段有所不同。第 1 时段可供销售量的计算公式如下。

第 1 时段可供销售量 = 第 1 时段计划产出量 + 第 1 时段计划接收量 + 本时段初可用库存量 -

下一次出现计划产出量之前各时段合同量之和

假设成品率为 1，那么计划投入量等于计划产出量。同时，因为提前期为 7 天，所以需提前计划产出量一个时段开始投入，具体数据如表 3-3 所示，计算过程如下。

第 1 时段可供销售量 = 第 1 时段计划产出量 + 第 1 时段计划接收量 + 本时段初可用库存量 - 下一次出现计划产出量之前各时段合同量之和 =40+50-65=25。

第 2 时段可供销售量 = 第 2 时段计划产出量 - 下一次出现计划产出量之前各时段合同量之和 =80-78=2。

第 3 时段可供销售量 =80-90=-10。

第 4 时段可供销售量 =80-40-22=18。

以此类推，计算出其他时段的可供销售量。注意理解公式中所指的"下一次出现计划产出量之前各时段合同量之和"。在此处计算第 4 时段可供销售量时，下一次就是指第 6 时段之前，也就是第 4 时段和第 5 时段的合同量之和。

表 3-3　可供销售量计算过程

类别	期初	需求时区			计划时区				预测时区		
计划周期	—	1	2	3	4	5	6	7	8	9	10
预测值	—	70	80	85	60	30	30	30	60	50	50
订单量	—	65	78	90	40	22	40	40	72	55	40
毛需求量	—	65	78	90	60	30	40	40	60	50	50
计划接收量	—	40	—	—	—	—	—	—	—	—	—
预计可用库存量	50	25	27	17	37	7	47	7	27	57	7
净需求量	—	0	73	83	63	0	53	0	73	43	0
计划产出量	—	—	80	80	80	—	80	—	80	80	—
计划投入量	—	80	80	80	—	80	—	80	80	—	—
可供销售量	—	25	2	-10	18	—	0	—	8	-15	—

一般情况下，销售部门需要的是累计可供销售量。因此，ERP 软件应具备累计可供销售量的计算功能，并能随着时间的推移，把早期未售出的可供销售量自动转入当期。

案例分析——初步编制主生产计划

A 公司要生产一个灯架，其主生产计划的条件如表 3-4 所示，现要求主生产计划员根据上述指标的含义，编制主生产计划表。

表 3-4　主生产计划的条件

物料编码：S1005	物料名称：灯架	型号规格：DS	计划时期：2020/12/25
现有库存量：50	安全库存量：30	批量规格：固定批量	批量增量：80
提前期：1 周	需求时界：第 3 时段	计划时界：第 7 时段	—

分析： 主生产计划员首先要设置计划展望期，划分时段、时区。计划展望期为第 1～10 时段，每个时段均为 7 天，第 1～3 时段为需求时区，第 4～7 时段为计划时区，第 8～10 时段为预测时区。主生产计划员要填写各时段的预测量和订单量（已知数据），然后根据上述公式依次计算毛需求量、预计可用库存量、净需求量和计划产出量等指标，完成后的主生产计划如表 3-5 所示。

表 3-5　主生产计划表

类别	当期	1 01/01	2 01/08	3 01/15	4 01/22	5 01/29	6 02/05	7 02/12	8 02/19	9 02/26	10 03/02
预测值	—	50	60	60	45	60	60	55	60	50	50
订单量	—	80	80	50	30	65	80	50	80	60	40
毛需求量	—	80	80	50	45	65	80	55	60	50	50
计划接收量	—	80	—	—	—	—	—	—	—	—	—
预计可用库存量初值	50	50	-30	0	35	-35	-30	-5	15	90	40
预计可用库存量	—	50	50		35	50	50	75	140	90	40
净需求量	—	0	60	30	0	65	60	35	45	0	0
计划产出量	—	—	80	80	—	80	80	80	80	—	—
计划投入量	—	80	80	—	80	80	80	80	—	—	—
可供销售量	—	50	0	0	—	15	0	30	-100	—	—

3.1.4 主生产计划的维护与控制

虽然经营规划、预测和生产规划可为主生产计划的编制提供合理的基础，但随着时间的推移和市场的变化，主生产计划的改变是不可避免的。主生产计划员应根据时界对主生产计划进行维护，并对修改后的主生产计划进行控制。

1. 计划时界和需求时界

在主生产计划中引入时界的概念，其目的是为主生产计划员提供一个控制计划的手段。时界是客观存在的，它指出在不同的时域，对主生产计划的改变要付出不同的代价。

时界的作用主要包括以下两个方面。

（1）主生产计划员可以根据时界来确定在不同的时域维护主生产计划的权限。例如，在需求时界，对主生产计划的任何改变都要得到企业高层管理人员的批准；在计划时界，要由主生产计划员对主生产计划进行手工维护；而在预测时界，则可以由 ERP 软件对主生产计划自动进行维护。

（2）时界还可以提醒主生产计划员在适当的时间做出必要的决定。随着时间的推移，原来位于计划时界之外的主生产计划数据将会进入计划时界之内。而一旦主生产计划数据进入计划时界，再改变就会付出极大的代价。因此，主生产计划员需要根据目前的市场和销售情况，决定是否对即将进入计划时界的主生产计划数据进行适当的修改。

常用的时界包括计划时界（Planning Time Fence，PTF）和需求时界（Demand Time Fence，DTF）两种，它们一般都是通过天数来表示的。一般来说，计划时界的天数等于或略大于最终产品的累计提前期，而需求时界的天数则等于或略大于最终产品的总装配提前期。

计划时界和需求时界将整个计划展望期分为 3 个时域。在计划展望期内最近的计划期，即从当前时区到需求时界的计划期，称为需求时区；稍后的计划期，即需求时界和计划时界之间的计划期，称为计划时区；计划时界以后的计划期称为预测时区，如图 3-4 所示。

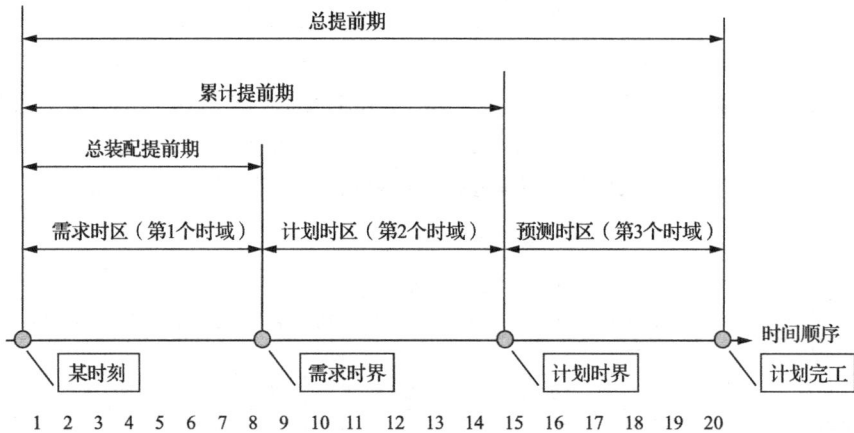

图 3-4 某产品时区与时界图示

一般来说，距离当前时刻越近，客户订单信息就越准确；距离当前时刻越远，客户订单信息就越模糊。所以，主生产计划员可以在 3 个不同的时区，按不同的规则来考虑预计和客户订单，以确定最终的需求量。

需求时界提醒主生产计划员，早于这个时界的主生产计划，即第 1 个时域的主生产计划，已在进行最后总装，不宜再做变动；计划时界提醒计划人员，在这个时界和需求时界之间的主生产计划，即第 2 个时域的主生产计划已经确认，主生产计划的变化大，ERP 软件不能自动更改，只能由主生产计划员来控制；在计划时界以后的时域，即第 3 个时域，主生产计划还没有确认，允许变动。

2. 控制对主生产计划的修改

主生产计划员需要随时保证主生产计划的可行性。在保证主生产计划可行性的过程中，主生产计划员经常遇到的问题是由于客户需求改变而使得原有的主生产计划失去意义。为了避免这种情况，主生产计划员就要重排主生产计划，但频繁地重排主生产计划会使计划系统很不稳定。所以，主生产计划员在重排主生产计划之前，应遵循相应的原则，同时也要认真分析一些关键问题。

（1）重排原则。

为了减少对主生产计划的重排操作，主生产计划员应当熟知一些控制主生产计划重排的原则，例如，仅对需要对原承诺日期改变 1 周以上的订单进行重排。如果工厂的生产能力已经达到饱和状态，要把一份订单提前，则需要将其他的订单推后，否则，就会出现超负荷的主生产计划。

（2）关键问题分析。

主生产计划一旦形成，最好不要轻易更改，如果确实需要更改，则主生产计划员应在更改之前认真思考和分析以下问题。

① 分析需求变化。

主生产计划的一个重要目标是满足客户需求，需求的变化必然引起计划的变化。但是，主生产计划是相对稳定的计划，主生产计划员不能一味地根据需求的变化进行改变，而应对需求变化的原因进行分析，再采取相应的措施。有时如果客户仅仅把一份订单提前了，而总需求并没有变，此时就不能更改主生产计划。

② 是否影响生产规划。

如果确实需要修改主生产计划，而且这种修改使得主生产计划的汇总与生产规划不一致，那么，主生产计划员在修改主生产计划之后还要修改生产规划。

③ 物料是否可用

为了生产产品，物料是必不可少的。在正确的时间以正确的数量得到正确的物料，才能保证生产按计划执行。如果要增加需求，则应该配备足够的可用物料；如果要减少需求，则需要考虑增加库存空间来存贮暂时不需要的物料。

④ 能力是否受限

主生产计划的修改要受到生产能力的限制。主生产计划员在决定修改主生产计划之前，一定要确保有足够的生产能力来支持修改后的主生产计划。

3.2　物料需求计划

🔍 情景导入

主管："小李，你有没有发现最近仓库反映库存积压的情况明显减少了呀？"

小李："嗯，是的，以前每个月我都会收到两三次某物料积压严重的反馈信息，但现在好几个月都没有收到这样的信息了。这是为什么呢？"

主管："这当然是 ERP 软件发挥的作用了。ERP 软件中的物料需求计划系统会对物料进行实时监控，并及时协调物料需求和库存之间的差距，从而保证物料时常处于流动状态，不会在某个存储点长期滞留，自然就不会出现库存积压的现象了。当然，在熟练操作物料需求计划系统之前，我们首先要了解物料需求的基本思想、工作原理、计算模型等内容。"

3.2.1 物料需求计划的基本思想

物料需求计划的基本思想是围绕物料转化组织制造资源，实现按需要准时生产。物质资料的生产实质上就是将原材料转化为产品的过程。转化需要不同的制造资源，例如资金、机器设备、场地、工艺装备、人力资源等。有了各种物料的投入产出时间和数量，就可以确定制造资源的需求量和需求时间，这样就可以围绕物料的转化过程来组织制造资源，实现按需要准时生产。

按照物料需求计划的基本思想，从产品销售到原材料采购、从自制零件的加工到外协零件的供应、从人员的安排到资金的筹措与运用等各个方面，都要围绕物料需求计划进行，从而形成一整套新的方法体系，将企业的每一个部门、每一项活动联系起来。

3.2.2 物料需求计划与主生产计划的关系

主生产计划只是帮助企业解决了要生产什么产品的问题，而在生产中如何配置和协调资源，有效保证产品和零部件的交货期和交货量，使企业的库存量保持在最低水平，同时使企业生产过程的组织和控制规范化，提升企业管理者对生产过程的控制能力，便是物料需求计划要解决的问题。

物料需求计划是对主生产计划需求的进一步展开，也是实现主生产计划的保证和支持。物料需求计划根据主生产计划、物料清单和物料可用量，计算企业要生产的全部加工件和采购件的需求量，然后按照产品出厂的优先顺序，计算全部加工件和采购件的需求时间，企业管理者可根据计算结果提出建议性的计划订单。

3.2.3 物料需求计划的工作原理

物料需求计划是一种利用计算机来自动计算生产过程中各种物料的需求数量和需求时间的系统，其基本原理是根据主生产计划和主产品的层次结构，逐层逐个地计算主产品所有零部件的出产时间、出产数量。其中，如果零部件依靠企业内部生产，就需要根据各自的生产周期来提前安排投产时间，形成零部件投产计划；如果零部件需要从企业外部采购，则需要根据各自的订货提前期来确定订货时间、采购数量，形成采购计划。

逐层计算原则是指物料需求计划在计算物料需求时，采用自上而下的原则，按照产品结构层次逐层计算物料的需求量。同时，逐层计算原则是物料需求计划工作原理的重要组成部分，它揭示了物料需求计划计算物料需求量的基本过程，是理解物料需求计划的工作原理的基础。

3.2.4 物料需求计划的计算模型

物料需求计划计算主要是根据产品结构树，将主生产计划中产品的生产计划分解成零部件的生产计划和采购件的采购计划。物料需求计划的计算步骤如图3-5所示，相关计算方法如下。

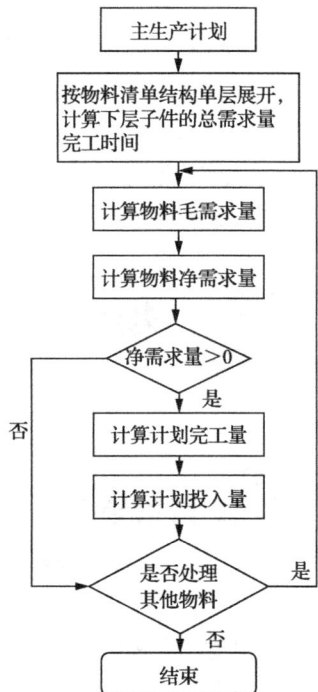

图 3-5 物料需求计划的计算步骤

（1）计算物料毛需求量。物料的毛需求量包括市场对其本身的独立需求量，以及其父项根据产品结构展开的对该物料的相关需求量，计算公式如下。

$$毛需求量 = 物料的独立需求量 + 父项产生的相关需求量$$

假设物料 A 既是产品 1 的组件，又是产品 2 的组件，物料清单如图 3-6 所示。物料 A 的需求为相关需求，此外，物料 A 作为配件又有独立需求。因此，物料 A 的毛需求量应为其独立需求和相关需求之和，具体计算结果如表 3-6 所示。

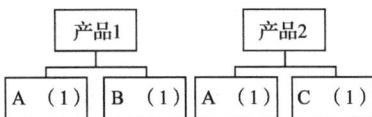

图 3-6　物料清单图

表 3-6　物料 A 的毛需求量计算表

类别	计划周期											
	1	2	3	4	5	6	7	8	9	10	11	12
产品 1	—	—	—	25	—	30	—	—	15	—	—	30
产品 2	—	—	—	—	—	—	40	—	15	—	—	—
相关需求量（产品 1-A）	—	—	25	—	30	—	15	—	—	—	—	—
相关需求量（产品 2-A）	—	—	—	40	—	15	30	—	—	—	—	—
独立需求量	15	15	—	—	—	—	—	—	—	—	—	—
物料 A 的毛需求量	15	15	25	40	30	15	45	—	—	—	—	—

（2）计算物料净需求量。毛需求量加上已分配量和安全库存量为总需求量。现有可用库存量加上计划接收量为当前可达到的供给量，总需求量减去可达到的供给量就是真正的需求量，即净需求量。因此，净需求量的计算公式如下。

$$净需求量 = 毛需求量 + 安全库存量 - 计划接收量 - 可用库存量$$
$$可用库存量 = 现有可用库存量 - 已分配量$$

其中，已分配量是指分配给某使用者，但还没有从仓库中领走的物料数量。这些物料在仓库中存放着，但不能使用。净需求量为负数时，表示没有净需求。

（3）计算计划完工量。根据净需求量，考虑批量规则，生成计划完工量（即订单数量）和时间。完工时间即为净需求所在时段。

（4）计算计划投入量。根据计划完工量，考虑损耗系数，计算计划投入量；考虑提前期，计算计划投入时间。

$$计划投入量 = 计划完工量 \times 损耗系数$$
$$计划投入时间 = 计划产出时间 - 提前期$$

（5）根据计划完工和计划投入，产生计划订单。

案例分析——编制项目 P、Q 的物料需求计划

已知产品 A 的物料清单如图 3-7 所示，物料需求计划的 4 个输入数据如表 3-7 所示，现要求根据表格内容编制项目 P、Q 的物料需求计划（假设项目 P 和项目 Q 的安全库存量均为 0，不予考虑）。

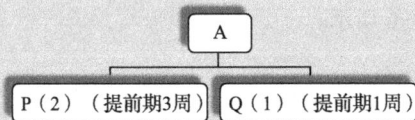

图 3-7　产品 A 的物料清单

表 3-7a　产品 A 的主生产计划

周期	1	2	3	4	5	6	7	8	9
计划完工量	—	10	10	10	10	10	10	10	10
计划投入量	10	10	10	10	10	10	10	10	—

表 3-7b　项目 Q 的独立需求计划

周期	1	2	3	4	5	6	7	8
项目 P	6	6	6	6	6	6	6	6

表 3-7c　物料清单

项目	层次	用量
A	0	—
P	1	2
Q	1	1

表 3-7d　库存信息表

项目	计划收到（时段）								现有可用库存量	已分配量	提前期（周）	订货批量
	1	2	3	4	5	6	7	8				
P	—	—	—	40	—	—	—	—	75	0	3	40
Q	—	—	20	—	—	—	—	—	30	0	1	30

分析： 表 3-7a 是产品 A 的投入数据。根据上述物料清单和独立需求计划可以反推出项目 P、Q 的物料需求计划的需求日期、需求数量，并根据提前期确定订单下达日期。例如，按照物料清单计算出项目 Q 的毛需求量。由物料清单可知一个 A 需要一个 Q，且项目 Q 本身还有独立需求，所以第 1～8 时段项目 Q 的毛需求量为 16（10×1+6），同时，项目 Q 的毛需求量时段对应 A 的投入时段。然后根据可用库存量、计划接收量、订货批量等数据和上述公式求净需求量，例如，项目 P 第 6 时段的净需求＝毛需求量－可用库存－计划接收量＝20－15－0＝5，考虑批量策略，项目 P 的固定批量为 40，所以计划完工量为 40；项目 P 的提前期为 3 个时段，所以在第 3 时

段开始执行物料 P 的生产或采购，计划投入量为 40。完成后的物料需求计划如表 3-8 和表 3-9 所示。

表 3-8 项目 P 的物料需求计划表

周期	期初	1	2	3	4	5	6	7	8
毛需求量	—	20	20	20	20	20	20	20	20
计划接收量	—	—	—	40	—	—	—	—	—
预计可用库存量	75	55	35	15	35	15	35	15	35
净需求量	—	—	—	—	—	—	5	—	5
计划完工量	—	—	—	—	—	—	40	—	40
计划投入量	—	—	—	40	—	40	—	—	—

表 3-9 项目 Q 的物料需求计划表

周期	期初	1	2	3	4	5	6	7	8
毛需求量	—	16	16	16	16	16	16	16	16
计划接收量	—	—	—	20	—	—	—	—	—
预计可用库存量	30	14	28	32	16	0	14	28	12
净需求量	—	—	2	—	—	—	16	2	—
计划完工量	—	—	30	—	—	—	30	30	—
计划投入量	—	30	—	—	30	30	—	—	—

实战演练——计算毛需求量及发出订货计划

实战目的： 已知主生产计划为在第 8 时段产出 150 件 A 产品，根据提供的 A 产品物料清单，如图 3-8 所示，求出物料 B 和物料 C 的毛需求量和发出订货计划。

实战操作： （1）观察物料清单中的数据，判断物料 B 和物料 C 的毛需求量；（2）将计算结果填列在表 3-10 中（注意，上一层物料的"发出订货计划"时间即为下一层物料的"毛需求量"时间）。

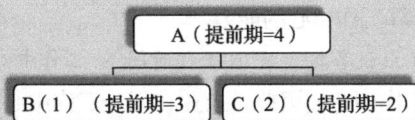

图 3-8 A 产品物料清单

表 3-10 毛需求量和发出订货计划表

提前期	项目	计划时段	1	2	3	4	5	6	7	8
4	A	毛需求量	—	—	—	—	—	—	—	150
		发出订货计划	—	—	—	150	—	—	—	—
3	B	毛需求量	—	—	—	150	—	—	—	—
		发出订货计划	150	—	—	—	—	—	—	—
2	C	毛需求量	—	—	—	300	—	—	—	—
		发出订货计划	—	300	—	—	—	—	—	—

3.3 能力需求计划

情景导入

小李："物料需求计划帮助企业确定了原材料、采购件的订货日期和入库日期、自制件的投入日期与完工日期等，那么接下来是不是就应该安排生产了呢？"

主管："有了物料需求计划后还不着急投入生产。在此之前，要先制订一个能力需求计划，该计划可以帮助企业在现有生产能力的基础上，及早发现可用能力的瓶颈，并提出切实可行的解决方案，从而为企业实现生产计划提供能力方面的保证。"

3.3.1 能力需求计划的相关概念

通过制作物料需求计划，企业可以推导出零部件及原材料的需求数量和需求日期，并输出计划订单。有了订单后，企业就要开始生产，而生产与能力相关，所以企业需要借助 ERP 软件中的能力需求计划模块将物料需求转换为能力需求。能力需求计划的对象就是生产能力，它把物料需求计划的计划生产订单和已下达生产订单所需能力，转换为每个工作中心在各时区的负荷。

能力需求计划涉及许多基本数据，例如工作中心、工艺路线、物料清单等，除此之外，能力需求计划还涉及一些常用的基本概念，如能力与负荷、有限能力与无限能力、顺排与倒排等。

1. 能力与负荷

能力需求计划通过能力与负荷的对比，确定该工作中心在计划的时段上是否有能力满足实际生产计划的需要。

（1）能力。

能力是指一个工作中心在某特定时段可以完成的工作量，也就是可用能力。在能力需求计划中，工作中心是能力的载体。各个工作中心的能力需要统一转化为工时数来进行统计和分析。如果工作中心既有设备又有人员，那么，企业可以自行指定是按照人员还是按照设备进行能力计算。例如，指定按照人员进行能力计算，则可以把设备的生产能力折合为约当的人数。

一般可以通过以下公式来计算工作中心的能力。

工作中心能力 = 约当人数（或设备数）× 日工作时间 × 工作中心效率 × 工作中心利用率

影响能力的决定性因素是工作中心，因此，企业在划分工作中心时需保持谨慎。定义工作中心的关键是确保工作中心的划分和管理与所需的管理力度相适应。

（2）负荷。

负荷是指在一定时间内分配给某一工作中心的工作量。与能力相同，负荷同样需要进行定量分析，而负荷定量分析是建立在一定的管理要求基础上的。也就是说，一段时间内的成品或半成品的加工任务可以分解为不同工序的多个作业计划，同时这些作业计划占用的能力是可以测算的。

在对负荷进行计算时，企业需要考虑作业计划所对应工序的准备时间、排队时间、加工时间、等待时间和传送时间。各工作中心的负荷的计算公式如下。

工作中心的负荷 = 工艺路线准备时间 × 工作中心约当人数（或设备数）+ 加工时间 × 订单数量

单个工作中心的总负荷的计算公式如下。

总负荷 = 计划负荷 + 已确认负荷 + 已下达负荷

● **计划负荷**。计划负荷是指通过物料需求计划或者主生产计划自动生成的生产计划所占用的负荷，这部分生产任务因为还没有最终确定，因此调整余地较大。

● **已确认负荷**。已确认负荷是指确认的生产任务所占用的负荷，该部分订单虽然已经确认需要生产，但还没有最终到达车间进行生产，因此调整余地适中。

● **已下达负荷**。已下达负荷是指下达状态的生产任务所占用的负荷，该部分订单因为已经下达到车间并实际安排生产，因此调整余地较小。

2. 有限能力与无限能力

能力模式主要是针对工作中心负荷的计算。一般情况下，能力模式分为有限能力与无限能力两种，不同能力模式的计算方法是不同的。

（1）有限能力。

有限能力是指工作中心的能力是不变的，计划是按照优先级别安排的，即先把能力分配给优先级高的物料，当工作中心负荷已满时，优先级低的物料会被推迟加工。

各时段的工作中心负荷可能来自多个生产计划，在有限能力下，针对某生产计划计算工作中心负荷时，应考虑其他生产计划所占用的负荷。该方法计算的计划可以不进行负荷与能力平衡，一般情况下大多企业采用此种模式。

（2）无限能力。

无限能力是指工作中心的能力是无限的，可以安排任意数量的任务。各时段的工作中心负荷可能来自多个生产计划，在无限能力下，针对某生产计划计算工作中心负荷时，不考虑其他生产计划所占用的负荷。一般只有在计划订单优先级很高时，才选择无限能力模式进行计算。

✎ **价值引导**

企业在不断提升工作中心能力的同时，也要注重员工能力的提升。通过提升员工的能力，帮助员工成长，让员工以最高的工作热情和积极性发挥其自身能力，以此来提高企业的综合生产力。企业提升员工能力的方式有多种，例如，发掘员工的个人价值，尊重员工的想法和意见，鼓励员工大胆发言；给予员工充足的培养，让员工越学越想学、越干越想干；给予适时的称赞和奖励等。

3. 顺排与倒排

人们通过物料需求计划，能计算出零部件的生产计划。能力需求计划就是根据这些生产计划的计划开工日期和计划完工日期编制零部件的工序进度计划。企业在对生产计划进行排产时，分为顺排与倒排两种方式。

顺排是从零部件计划订单的开工日期开始的，按工艺路线顺序推算各工序的开工和完工日期；倒排是从零部件计划订单的完工日期开始的，按反工艺路线逆序推算各工序的完工和开工日期。两种制作方式各有优劣，具体内容如表 3-11 所示。

表 3-11　顺排和倒排方式的优缺点

排产方式	开工日期	完工日期	优点	缺点
顺排	最早开工日期	最早完工日期	可防止因为生产计划拖期而延误交货	增加在制品，延长制造提前期
倒排	最晚开工日期	最晚完工日期	减少在制品，缩短制造提前期	可能会因生产计划拖期而延误交货

在排产时，企业可根据自身特点和需求选取能力需求计划的排产方式。对管理不是很严的企业而言，在计划实施的前期阶段，如果基础数据（如提前期、工作中心、工艺路线等）不够准确，可采用顺排方式编制能力需求计划，这样编制的进度计划留有一定的富裕时间，待条件成熟后，企业再选用倒排方式编制能力需求计划，这样可以使生产进度计划更加紧凑，缩短交货期，降低成本。

3.3.2 能力需求计划的分类

能力需求计划是对物料需求计划所需的能力进行核算的一种计划管理方法，它能帮助企业在分析物料需求计划后产出一个切实可行的能力执行计划，即根据各个工作中心的物料需求计划和各物料的工艺路线，对各生产工序和各工作中心所需的各种资源进行计算，得出人力负荷、设备负荷等资源负荷情况，然后再根据工作中心各个时段的可用能力，对各工作中心的能力与负荷进行平衡，以实现企业的生产计划。

广义的能力需求计划分为粗能力需求计划（又被称为产能负荷分析）和细能力需求计划（又被称为能力需求计划）两种类型。

1. 粗能力需求计划

粗能力需求计划是与主生产计划相伴运行的能力需求计划，它可用来检查主生产计划的可行性，并将主生产计划转换成对关键工作中心的能力需求。粗能力需求计划只考虑主生产计划中所涉及的各关键工作中心的能力，计算量较小，花费时间少，是一种简略的能力核定方法。

拓展阅读

　　粗能力计划主要用于判断主生产计划是否可行。扫描右侧二维码了解粗能力计划的具体编制方法。

扫一扫
编制粗能力计划

在运行粗能力需求计划之前，需要明确以下5个方面的信息。

（1）主生产计划单，由主生产计划生成，是粗能力计划计算负荷的主要数据来源，包含的数据有生产数量、计划开工日期、计划完工日期等信息。

（2）工艺路线中物料在关键工作中心的作业时间。

（3）工厂日历中关于工作日和非工作日的定义。

（4）工作中心的能力数据，应根据工作中心设备数、利用率、效率、班次、工时等计算得出。

（5）在给定的时间内，关键工作中心被占用的工时数。

根据前面两项可以得出生产计划所需要的能力，即分配到各工作中心的负荷；而根据后面两项，则可以得出目前该工作中心的可用能力。

2. 细能力需求计划

细能力需求计划可用来检查物料需求计划的可行性，它根据物料需求计划、工厂生产能力进行能力模拟，同时根据各工作中心的能力负荷状况判断计划的可行性。相对于粗能力需求计划而言，细能力需求计划管理的精度更高，涉及的基础数据更详细。

在 ERP 软件中，细能力需求计划一般会涉及以下4个方面的基础数据。

（1）工作中心数据。每个工作中心的人数、设备、工作中心效率、工作中心利用率等涉及工作中心能力计算的数据。

（2）工艺路线数据。各个工序对应的工作中心，每个工序的准备时间、加工时间等涉及所需能力计算的数据。

（3）物料的提前期和提前期余量信息。

（4）工厂日历数据。工厂日历应根据不同的车间进行设置，甚至可以按照工作中心设置不同的工厂日历。

在 ERP 软件中，主生产计划阶段和物料需求计划阶段都要求进行能力平衡，编制能力需求计划。由于物料需求计划和主生产计划之间有内在联系，因此粗能力需求计划和细能力需求计划之间也是一脉相承的，但也有一些细微的差别，如表 3-12 所示。

表 3-12　粗能力需求计划与细能力需求计划的对比

项目	粗能力需求计划	细能力需求计划
计划阶段	主生产计划阶段	物料需求计划阶段
能力计划对象	关键工作中心	物料需求计划涉及的所有工作中心
负荷计算对象	独立需求物料	相关需求物料
工作日历	工厂工作日历或工作中心日历	工作中心日历
现有库存量	不扣除	扣除
计划提前期考虑	以计划周期为最小单位	物料的开工与完工时间，精确到天或小时

3.3.3　能力需求计划的编制

一般情况下，编制能力需求计划的方式分为无限能力负荷计划和有限能力负荷计划两种。无限能力负荷计划在不限制能力负荷的情况下进行能力计算，即从订单交货期开始，采用倒排的方式根据各自工艺路线中的工作中心安排及工时定额进行计算。

如果企业不能按时完成订单，就需要采用顺排生产计划、加班、替代工序等方式来保证交货期。此时，企业就要采用有限能力负荷计划。有限能力负荷计划就是假定工作中心的能力是不变的，把拖期订单的当期日期剩下的工序作为首序，向前顺排，然后对后续工序在能力允许的情况下采取连续顺排，不断地实现生产计划，以挽回订单交货期。

能力需求计划最终通过图形或表格来表示各工作中心计划承担的负荷大小。通常，能力需求计划编制的过程主要包括收集数据、编制工序计划和编制负荷图。

1. 收集数据

能力需求计划是在物料需求计划运行之后，对物料需求计划进行验证的处理过程。通常，能力需求计划在具体计算时，可将物料需求计划下达的计划订单中的数量及需求时间段，乘以各自的工艺路线中的定额工时时间，形成需求资源清单，再加上车间中尚未完成的订单中的工作中心工时，形成总需求资源。因此，能力需求计划的输入数据包括以下内容。

（1）物料需求计划。

（2）已下达的车间订单。

（3）工艺路线文件。

（4）工作中心文件。

（5）车间日历。

2. 编制工序计划

编制工序计划主要分为以下 4 步。

（1）根据订单、工艺路线和工作中心文件计算每道工序的负荷。

（2）计算每道工序在每个工作中心的负荷。

（3）计算每道工序的交货日期和开工时间。

（4）按时间周期计算每个工作中心的负荷。

3. 编制负荷图

生产计划员为所有生产订单编制工序计划后，就可以对各个工作中心按时区累计负荷，产生所有工作中心的负荷报告，如图 3-9 所示。工作中心的负荷报告显示了在一定的时区内计划订单和已下达订单的能力需求。

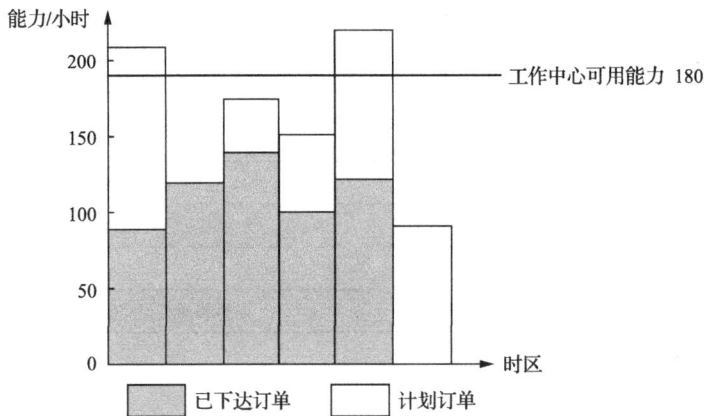

图 3-9　工作中心的负荷图

案例分析——编制能力需求计划

假设一个闹钟由 2 个物料 A 和 1 个物料 B 组成，闹钟 CD-G2 的物料需求计划如表 3-13 所示（这里只列出计划产出量和计划投入量的相关数据，其他数据省略）。闹钟 CD-G2 的加工、装配涉及两个工作中心，每个工作中心每天工作 8 小时，每个工作中心有一名操作员。每个工作中心的利用率、效率不完全相同，具体可用能力如表 3-14 所示。已知闹钟 CD-G2 的工艺路线和额定工时如表 3-15 所示，各物料在各个工作中心的等待时间、移动时间和排除时间等基础数据如表 3-16 所示。试编制工作中心能力需求计划表，并用负荷图显示。

表 3-13　闹钟 CD-G2 的物料需求计划（简表）

物料名称	时段	当期	1	2	3	4	5	6	7	8	9	10
CD-G2	计划产出量	90		90	90	90	120	120	120	120	150	150
	计划投入量			90	90	120	120	120	120	150	150	
A	计划产出量		—	300	150	150	300	300	150	300	300	—
	计划投入量		300	150	150	300	300	150	300	300	—	—
B	计划产出量		—	100	100	100	200	100	100	200	—	
	计划投入量		100	100	100	100	200	100	100	200	—	—

表 3-14　工作中心的可用能力

工作中心编码	每天工作时间（小时）	利用率（%）	效率（%）	可用能力（小时/天）
NP02	8	100	98	7.84
NP06	8	98	99	7.76

表 3-15　闹钟 CD-G2 的工艺路线和额定工时

物料编码	工序编码	工作中心编码	单位加工时间（小时）	准备时间（小时）
CD-G2	5	NP02	0.02	0.42
A	5	NP06	0.04	0.52
B	10	NP02	0.05	0.55

表 3-16　工作中心的等待时间、移动时间和排队时间

工作中心编码	等待时间（小时）	移动时间（小时）	排队时间（小时）
NP02	0	1	2
NP06	1	1	1
库房	0	1	0

分析： 根据收集到的数据信息，首先通过订单、工艺路线和额定工时计算工作中心的工序负荷，其次计算各个工序占用工作中心的时间，同时利用工作中心的等待时间、移动时间和排队时间等基础数据计算每道工序的交货日期和开工时间，最后按时间周期计算每个工作中心的负荷（即能力需求计划）。

1. 计算工作中心的工序负荷

根据额定工时数据，可以计算每一个工作中心的工序负荷，计算公式如下。

工作中心的工序负荷 = 加工件数 × 单位加工时间 + 准备时间

例如，物料 A 工序 5 的订单数量为 150 时的工序负荷为：150×0.04+0.52=6.52（小时）。工序负荷也称为能力负荷。按照相同的计算方法，计算工作中心的其他工序负荷，最终结果如表 3-17 所示。

表 3-17　工作中心的工序负荷计算结果表

物料编码	工序编码	工作中心编码	订单数量（个）	能力负荷（小时）
CD-G2	5	NP02	90	2.22
			120	2.82
			150	3.42
A	5	NP06	150	6.52
			300	12.52
B	10	NP02	100	5.55
			200	10.55

2. 计算各个工序占用工作中心的时间

各个工序占用工作中心的时间，即生产作业时间，计算公式如下。

作业天数 = 能力负荷 ÷ 工作中心可用能力

由于一般情况下，生产作业时间采用的单位为小时，所以按每天 8 小时工作制将作业天数转换为小时（小数向上取整）。例如，物料 A 工序 5 的生产作业时间为 6.52÷7.76=0.84（天），然后按每天 8 小时工作制转换为小时为 0.84×8=6.72（小时）。按照相同计算方法，计算各个工序占用工作中心的时间，最终结果如表 3-18 所示。

表 3-18 各个工序占用工作中心的时间表

物料 编码	工序 编码	工作中心 编码	可用能力 （小时/天）	订单数量（个）	能力负荷 （小时）	生产作业 时间（天）	生产作业 时间（小时）
CD-G2	5	NP02	7.84	90	2.22	0.28	3
				120	2.82	0.36	3
				150	3.42	0.44	4
A	5	NP06	7.76	150	6.52	0.84	7
				300	12.52	1.61	13
B	10	NP02	7.84	100	5.55	0.71	6
				200	10.55	1.35	11

3. 分析各个工序的开工日期和完工日期

根据表 3-18 提供的数据，采用倒排的方式分析工序开工时间。假设每周工作 5 天，每天工作 8 小时，每天早上 9 点上班，下午 5 点下班。分析物料 A 的开工时间和完工时间。由于物料 A 的提前期为 1 周，其在第 2 周的计划产出量为 300，这些物料的最后完工时间是第 1 周的最后一个工作日，即工序 5 应该在第 1 周周五下午 5 点之前完成。由于从工序 5 的 NP06 工作中心转移到其他工作中心的等待时间和移动时间都是 1 小时，因此，工序 5 在 NP06 工作中心的加工操作最晚应在周五下午 3 点之前完成；同时工序 5 在 NP06 工作中心的加工时间为 7 个小时，因此，最晚物料必须在周四下午 2 点开始在 NP06 工作中心加工；又因为物料在到达 NP06 工作中心之前，需要排队 1 个小时，所以物料 A 应该在周四上午 11 点之前到达 NP06 工作中心。按照相同的方法，分析其他物料的开工时间和完工时间，最终结果如表 3-19 所示。

表 3-19 其他物料的开工时间和完工时间

物料编码	工序编码	工作中心编码	等待时间 （小时）	移动时间 （小时）	排队时间 （小时）	开工时间	完工时间
CD-G2	5	NP02	0	1	2	每周周一上 午 9 点	当周周五下 午 5 点
A	5	NP06	1	1	1	第 1 周周四 下午 4 点	第 1 周周五 下午 3 点
B	10	NP02	0	1	2	第 1 周周五 上午 10 点	第 1 周周五 下午 4 点

基于上述计算结果，得到表 3-20 展示的闹钟 CD-G2 的能力需求计划表。

表 3-20　闹钟 CD-G2 的能力需求计划表

物料编码	工作中心编码	当期	1	2	3	4	5	6	7	8	9	10
CD-G2	NP02	—	2.22	2.22	2.22	2.82	2.82	2.82	2.82	3.42	3.42	—
A	NP06	—	12.52	6.52	6.52	12.52	12.52	6.52	12.52	12.52	—	—
B	NP02	—	5.55	5.55	5.55	5.55	10.55	5.55	5.55	10.55	—	—

4. 编制负荷图

根据表 3-20 中的能力需求数据，将其按照工作中心汇总在一起，即可得到表 3-21 展示的能力需求计划数据，即工作中心能力需求计划表，并可以通过负荷图直观地展示工作中心能力与负荷的对比情况，如图 3-10 所示。

表 3-21　工作中心能力需求计划表

工作中心编码	当期	1	2	3	4	5	6	7	8	9	10
NP02	—	7.77	7.77	7.77	8.37	13.37	8.37	8.37	13.97	3.42	—
NP06	—	12.52	6.52	6.52	12.52	12.52	6.52	12.52	12.52	—	—

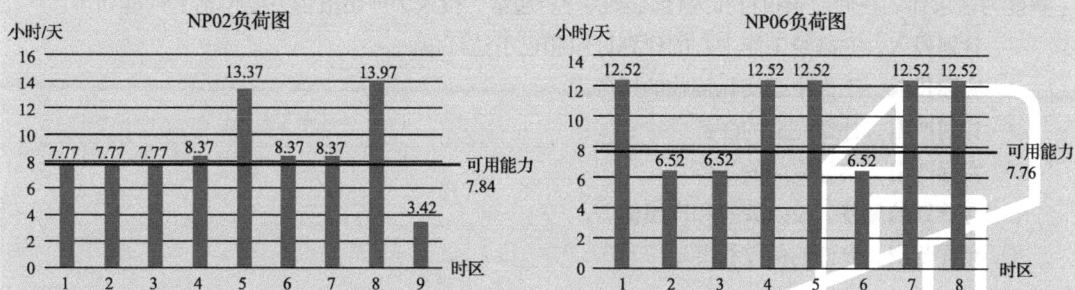

图 3-10　工作中心能力与负荷的对比情况

3.3.4　能力需求计划的调整与控制

在 ERP 软件中，执行能力需求计划后，各个工作中心在某一时段中，能力与负荷出现的情况有以下 3 种。

（1）能力等于负荷，这是企业最想实现的一种状况，也是最不容易实现的。

（2）能力大于负荷，表明该工作中心在该时段中还有剩余的生产能力。

（3）能力小于负荷，即超负荷。出现该情况时，需要由生产计划员对能力与负荷进行平衡匹配。调整能力和调整负荷是进行能力负荷平衡的主要方式，调整方法如下。

● **调整能力**。调整能力的措施主要有调整劳动力分配、安排加班、重新安排工艺路线等。

● **调整负荷**。调整负荷的措施主要有调整订单、减少准备提前期、分批生产、重叠作业等。

为了保证能力需求计划的正常执行，企业除了可以对能力计划进行调整外，还可以加强对能力计划的控制，以便发现问题并预见潜在问题。能力计划的控制主要通过报告来实现，例如劳动力统计报告、设备性能分析报告、投入 / 产出报告等。

（1）劳动力统计报告。

劳动力统计报告能够反映员工的出勤情况、加班情况和劳动情况。因为人力的利用率和员工的工作效率在一定程度上影响着企业的生产能力，所以企业要通过劳动力统计报告来记录和分析，以便发现问题。

- **出勤情况**。人员缺席多，自然会影响生产能力；人员流动大，生产效率势必会降低；生产人员被安排做非生产工作，生产能力也会减少。
- **加班情况**。加班有可能会降低生产率。
- **劳动情况**。记录实际效率是否符合计划的需求。

（2）设备性能分析报告。

企业除了可以通过劳动力统计报告对劳动力进行分析和控制外，还应对设备性能加以检查、记录和定期分析，以便发现潜在的问题。设备性能检查和记录的主要项目如下。

- **预防性维修规程**。通过预防性维修规程，预判潜在的维修规则功能故障，进行适当的维修。设备越陈旧，维修应越频繁，否则会增大停机风险。
- **停机时间**。停机时间长，说明机器或机器的检修有问题。
- **维修历史**。记录机器维修的原因和时间，特别应记录和分析非计划维修，找出潜在的原因。

（3）投入／产出报告。

投入／产出报告可以显示各工作中心计划的投入和产出与实际的投入与产出之间的偏差，从而了解能力需求计划在何时未执行和为什么未执行。通常，投入／产出报告主要包括的内容如下。

- **计划投入**。安排给工作中心的计划订单和已下达订单。
- **实际投入**。工作中心实际接收的任务。
- **计划产出**。计划完成的任务。
- **实际产出**。实际完成的任务。
- **与计划的偏差**。投入偏差和产出偏差。
- **允许范围**。允许的偏差程度。

经典理论

> 偏差是指个别测定值与测定的平均值之差，它可以用来衡量测定结果的精密度。偏差分为绝对偏差、相对偏差、标准偏差等。而误差是测量值与真值之间的差值。误差用来衡量测量结果的准确度，偏差用来衡量测量结果的精密度；误差是以真实值为标准的，偏差是以多次测量结果的平均值为标准的。

3.4 车间作业计划

情景导入

主管："通过能力需求计划，我们知道了企业现有生产能力的实际状况，并能及时发现能力瓶颈，为企业完成生产任务提供能力方面的保障。那你知道生产计划管理中另一个模块——车间作业计划的作用吗？"

小李："既然是车间作业计划，我想应该与车间管理有关，它是不是可以帮助企业执行生产订单呀？"

主管："不错，车间作业计划就是围绕生产订单展开的。车间作业计划的具体任务是根据物料需求计划、制造工艺路线与各工序的能力数据，编制工序加工计划，下达生产任务单，并控制计划进度。"

3.4.1 车间作业计划的作用

车间作业计划位于企业资源计划层次中的执行层，其不仅要控制计划的执行过程，保证计划实现，还要提供所有真实的执行数据。车间作业计划只是执行计划，不能改变计划。车间作业计划的作用主要体现在以下几个方面。

（1）帮助企业建立正常的生产秩序和管理秩序。

（2）帮助生产车间在空间上、时间上、计划单位上细分生产任务，起着具体落实生产计划的作用。

（3）车间作业计划使人力和物料资源的平衡试算更细致，有利于充分利用生产能力。

（4）车间作业计划有利于实现均衡生产。

（5）车间作业计划是企业计划管理的重要环节，确保企业的年度经营计划能顺利实现。

3.4.2 车间作业排序

企业运用物料需求计划确定各项物料的生产、采购计划后，下一步还需要具体确定每台设备、每位员工每天的工作任务，工件在每台设备上的加工顺序以及每台设备加工每个工件的开始和完成时间，这一过程就称为车间作业排序。

车间作业排序的方法有多种，不同的加工顺序得出的结果差别也很大，因此，企业需要采用一些方法和技术，尽可能地选出最优的加工顺序。

1. 车间作业排序的分类

车间作业排序主要是以加工工件来划分的，主要划分方式有以下 3 种。

（1）按工件到达车间的情况。

按工件到达车间的情况，车间作业排序可以分为静态排序和动态排序。静态排序是指进行排序时，所有工件都已经到达，可以一次性对它们进行排序；如果工件是陆续到达车间的，则要随时调整它们的加工顺序，这就是动态排序。

（2）按机器的种类和数量。

按机器的种类和数量，车间作业排序可以分为单台机器排序和多台机器排序。按工件加工路线的特征，多台机器排序又可以分为单件车间排序和流水车间排序。单件车间排序的基本特征是工件的加工路线不同，而完全相同的工件加工路线是流水车间排序的基本特征。

（3）按目标函数的特征。

按目标函数的特征，车间作业排序可分为单目标排序和多目标排序。

2. 车间作业排序方法

常用的车间作业排序方法主要包括甘特图法、约翰逊法、优先规则法 3 种。

（1）甘特图法。

甘特图是在 1917 年由亨利·甘特提出的，其特点是简单、醒目、便于编制。它是通过一幅线条图，即横轴表示时间，纵轴表示活动或项目，线条表示在整个期间上计划和实际的活动完成情况，直观地表明任务计划在什么时候进行，以及实际进展与计划要求的对比，如图 3-11 所示。

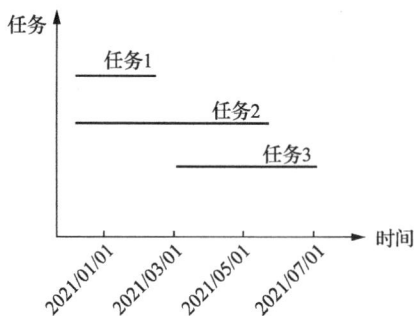

图 3-11 甘特图

拓展阅读

当多项物料在同一时区分派给同一个工作中心进行加工时，需确定物料的加工顺序。扫描右侧二维码了解工序优先级的确定方法。

扫一扫
工序优先级的确定方法

甘特图是作业排序中最常用的一种工具，它基于作业排序的目的，将活动与时间联系起来。甘特图在作业排序中分为作业进度图和机器图两种。其中，作业进度图用于展示一项工作的计划开始日期、计划完成日期和现在的进度。而机器图主要用于描述不同工作在每一台机器上的工作次序，常被用于管理生产进度。

（2）约翰逊法。

约翰逊法要求得到全组零件具有最短生产周期的生产进度表，它一般适用于静态排序方法。约翰逊法适用的条件是 n 个工件经过有限台设备加工，所有工件在有限设备上加工的次序相同。

● **约翰逊法的排序规则**。如果满足 $\min\{t_{1k}, t_{1h}\} < \min\{t_{2k}, t_{2h}\}$，则将 k 工件排在 h 工件之前。公式中，t_{1k}，t_{2k} 为 k 工件第 1 工序和第 2 工序的加工时间，t_{1h}，t_{2h} 为 h 工件第 1 工序和第 2 工序的加工时间。

● **约翰逊法的进行步骤**。列出零件组的工序矩形，在工序矩阵中选出加工时间最短的工序，然后将已排序的工件从工序矩形中移除，继续按照上述操作步骤进行排序，直至所有工件排序结束。

（3）优先规则法。

计划人员在进行作业排序时，需要用到优先调度规则。这些规则仅需要一种数据信息，例如加工时间、交货日期等就可以对作业进行排序。目前，人们提出的优先调度规则有多种，最常用的是以下几种。

● **先到先服务（First Come First Served，FCFS）规则**。按工件到达车间的先后顺序安排加工，优先加工最先到达的工件。

● **最短加工时间优先（Shortest Processing Time，SPT）规则**。优先加工加工时间最短的工件，然后是加工时间次短的工件，依次排列，直到加工时间最长的工件。

● **最早完工期限（Earliest Due Date，EDD）规则**。优先加工加工期限最近的工件。

● **临界比最小（Smallest Critical Ratio，SCR）规则**。优先加工临界比最小的工件，临界比系数为工件允许停留时间与工件余下加工时间之比。按临界比的大小，从小到大安排作业顺序。

● **后到先服务（Late Come First Served，LCFS）规则**。优先加工后到达车间的工件。后到达车间的工件往往放在工件堆的最上层，操作人员一般是从最上层拿起工件进行加工的，所以称为后到先服务。

● **余下工序数最多的（Most Operations Remaining，MOPNR）规则**。优先加工余下加工工序最多的工件。

每种优先调度规则都各有特色，例如，最短加工时间优先规则可使工件平均流动时间最短，从而减少在制品数量，而临界比最小规则可以使工件延误时间最小等。计划人员应根据不同的目标选择合适的排序规则。当计划人员运用一个优先规则不能确定下一个应选择的工件时，可以对多个优先规则进行组合使用。

经典理论

最优化原理是解决多阶段决策问题的理论。该理论是美国的理查德·贝尔曼（Richard Bellman）在 1956 年提出的，具体表述内容为一个过程的最优策略具有这样的性质，即无论其初始状态及初始决策如何，其后决策对前面的决策所形成的状态而言，一定构成最优策略。这个原理的实质是不管过去的过程如何，只从当前的状态和系统的最优化要求出发，做出下一步的最优决策。

3.4.3　车间作业计划的编制

车间作业计划的编制一般可以分为以下 5 步。

1. 核实物料需求计划的制造订单

ERP 软件中的物料需求计划为制造订单规定了计划下达日期，但在生产管理人员将这些订单正式批准下达投产之前，还需要检查物料、能力、提前期以及工具的可用性等信息，具体内容如下。

（1）确定加工工序。

（2）确定所需的物料、能力、提前期和工具，以及物料、能力、提前期和工具的可用性。

（3）解决物料、能力、提前期和工具的短缺问题。

2. 生成车间任务

生产管理人员将核实后的订单下达至车间，车间接到下达的生产任务后，先对任务进行细分，即将生产控制落实到每道工序上，并编制作业计划，然后再下达生产指令。

3. 建立工序计划单

工作中心接到生产指令后，就可以领料开始生产，其表现形式为工序计划单。工序计划单是编制车间工作任务后，ERP 软件自动生成的该任务的工序作业计划，包括物料的加工工序、工作中心和工作进度等信息。工序计划单一般是以报表的形式下达的，如表 3-22 所示。

表 3-22　工序计划单

加工单号：02　　　　　　　　　　计划员：李明　　　　　　　　　　　计划日期：2020/12/05
物料编码：63　　　　　　　　　　需求数量：300　　　　　　　　　　　需求日期：2021/01/10

工序	工作中心	工时定额		本批订单时间（小时）	计划进度	
		准备（小时）	加工（小时）		开工日期	完工日期
1	NP06	0.2	0.1	10.5	2020/12/05	2020/12/20
2	NP08	0.15	0.3	12.6	2020/12/21	2021/01/09

4. 优先级确定

当一系列工作任务被分配到一个工作中心时，生产计划员就需要决定任务的优先顺序。各种任务的组合编排是比较复杂的，企业可根据自身的情况来设置排序方案。一般来说，常采用优先级来确定待加工物料的先后顺序，即根据优先规则法确定待加工物料的先后顺序。

5. 下达派工单

当工序排产计划和工序优先级确定后，生产计划员就要及时下达派工单。派工单是说明某时段工作中心的加工任务与各任务的优先级别的文件，它的作用是安排加工任务，使任务的执行状态转为"开始"。

派工单往往也是以报表的形式下达的，该表一般应包括车间编码、工作中心编码、派工日期、物料编码、生产任务单号、工序编码、需求数量以及优先级别等内容，如表 3-23 所示。

表 3-23　派工单

车间编码：DCFI02　　　　　　　　　工作中心编码：WE02　　　　　　　　　派工日期：2020/12/31

物料编码	生产任务单号	工序编码	需求数量	最早开工日期	最早完工日期	最迟开工日期	最迟完工日期	优先级别
M02	C0251	1	10	2021/01/01	2021/01/03	2021/01/03	2021/01/05	1
P15	C0253	1	20	2021/01/01	2021/01/05	2021/01/05	2021/01/10	2

案例分析——生产计划员小周的一天

　　周一上午，江华云制造公司的生产计划员周明正准备去吃午饭，此时电话铃响了，是销售部王经理的电话，他希望正在车间加工的 A 产品可以提前 2 周交货，这样公司就可以和另一家公司签订 A1 产品这张大订单了。这本身是一件好事，但提前交货周期的要求让周明有点为难，他决定检查主生产计划后再给王经理确切的答复。于是，周明挂断电话后，立即来到办公桌前检查 A 产品的主生产计划。周明发现，最近几周的生产线都已经排满了，而且，A 产品的累计提前期是 2 周，看来需要修改计划了。周明又重新检查了 A 产品的主生产计划，他发现有几套 A 产品正处于不同的生产阶段，它们是为其他客户加工的。现在，周明需要综合考虑当前可用的能力和物料，尽自己最大的努力让公司赢得这个订单。经过 1 小时的努力，周明成功解决了问题。

　　周明打电话告诉王经理："您可以通知销售代表去签订 A1 产品这份订单了，2 周后，A1 产品将准时出现在仓库。"

　　"太好了小周！你是怎么解决的呀？"王经理高兴地问道。

　　"事情是这样，我们有一套 A 产品正在生产过程中。我请您的助手与这批 A 产品的客户代表沟通，看能否推迟 2 周交货。如果客户同意推迟 2 周交货，我们将为客户延长产品保修期。客户同意了，公司的财务部门也批准了。所以，我就修改了生产计划，调整了工序的优先级，并利用现有的物料和能力把 A 产品升级为 A1 产品，这样就可以按时交货了。"

　　点评：在本案例中，生产计划员周明利用 ERP 软件的主生产计划模块得到关于 A 产品的物料、车间生产能力等信息。在此基础上，他还清楚如何将 A 产品升级为 A1 产品，并重新做出生产计划的安排。这样既实现了本公司的目标，又让客户满意，取得了双赢的结果。

3.5 项目实训——分析 ERP 软件中生产计划管理的实施

3.5.1 实训背景

M 公司是一个制造公司，公司以生产自行车为主。公司成立近 5 年来，产品的销量一直保持递增的趋势。上周，M 公司的销售代表李玉就签订了一份合同，要求 M 公司在 2020 年 12 月 31 日之前交付 500 台自行车给 A 公司。

3.5.2 实训要求

（1）确认订单数量和交货日期。

（2）利用 ERP 软件进行生产计划管理。

3.5.3 实训实施

（1）在 ERP 软件的生产订单模块中录入订单信息，包括订单编号、订货单位、订单数量、交货日期、客户信息等内容。

（2）通过 ERP 软件的物料清单管理、采购管理、生产管理等模块，对自行车的生产过程进行控制和监督。

● 根据生产计划、预测及客户订单编制主生产计划。

● 建立自行车产品的物料清单，如表 3-24 所示。

表 3-24 自行车产品的物料清单

序号	物料编码	物料名称	单位	数量
1	ER120	车架	件	1
2	WE130	车轮	个	2
3	ET220	车把	套	1

● 根据主生产计划、物料清单和库存记录编制物料需求计划。

● 将物料需求计划的计划生产订单和已下达生产订单所需能力，转换为每个工作中心在各个时区的负荷，即编制能力需求计划。

● 通过 ERP 软件的生产管理模块下达生产工单，并执行生产订单。

3.6 课后思考

1. 主生产计划的作用有哪些？

2. 主生产计划的编制原则是什么？具体编制步骤是什么？

3. 如何计算物料毛需求量和净需求量？

4. 什么是能力？什么是负荷？

5. 物料需求计划的基本思想是什么？

6. 如何计算工作中心的负荷？

7. 车间作业排序分类有哪些？

8. 如何编制车间作业计划？

9. 请阅读以下材料并回答问题。

阅读材料——鑫晟绩有限公司的生产管理

鑫晟绩有限公司是一家专业从事清洁剂生产和销售的公司，公司成立至今已有 10 年。目前，鑫晟绩有限公司有两个主要的销售部门，分别是宾馆机构部和食品饮料部，这两个部门的发展势头良好，业务遍及全国各大城市。为了满足不断增长的销售需求，鑫晟绩有限公司还在重庆和成都分别建立了 2 个工厂和 4 个配送中心，它们承担着公司 80% 的产品生产和配送任务。但在多配送中心、多工厂模式下，工厂与产品的生产对应关系变得更加多样化。这使得生产计划的制订比一般的模式更为复杂，由此造成公司的生产管理出现了很多问题，例如产品预测数据不准确、没有建立预测和配送中心之间的联系等。

另外，公司的配送中心调货计划都是根据经验和当前仓库库存制订的，没有建立主生产计划和调货量之间的关系需求预测。由此可见，传统的经验方法已经不能适应新的企业环境，鑫晟绩有限公司急需科学的管理方法，建立系统的主生产计划体系以解决当前生产管理上的许多问题。

回答：（1）鑫晟绩有限公司应该如何建立主生产计划体系？

（2）鑫晟绩有限公司如何才能将整个生产过程有机地结合起来？

10. 已知一个产品的计划展望期为 10 周，需求时界为第 3 周，计划时界为第 7 周，期初库存为 16，安全库存量为 5，第 1 周计划接收量为 10，批量规则为固定批量为 50，提前期为 7 天，销售预测量和订单量如表 3-25 所示，试编制主生产计划初步方案。

表 3-25　销售预测量和订单量　　　　单位：个

类别	周期									
	1	2	3	4	5	6	7	8	9	10
	01/01	01/08	01/15	01/22	01/29	02/05	02/12	02/19	02/26	03/05
销售预测量	15	30	10	30	18	30	32	25	30	20
订单量	20	25	20	5	20	26	35	40	28	25

★ 管理工具推荐　　　　　　　●●●●●

1. 时间管理小工具

根据"二八法则"，在人们每天所做的事情之中，大约只有 20% 的事情是真正重要的事情，它们将为人们的成长提供 80% 的贡献。因此，人们有必要根据图 3-12 展示的时间矩阵图将事情按轻重缓急加以分类，以便对时间进行有效管理。

2. 滚动计划法

滚动计划法是一种将短期计划、中期计划和长期计划有机结合起来，然后根据计划的实际执行情况和环境变化情况，定期修订计划并逐期向前推移的计划制订方法。由于计划很难准确地预测将来影响企业生存与发展的政治、经济、文化等各种变化因素，而且随着计划期限的延长，这种不确定性会越来越强。因此，企业若是机械地按过去编制的计划运作，则可能出现巨大的损失。滚动计划法就可以避免这种不确定性带来的不良后果。

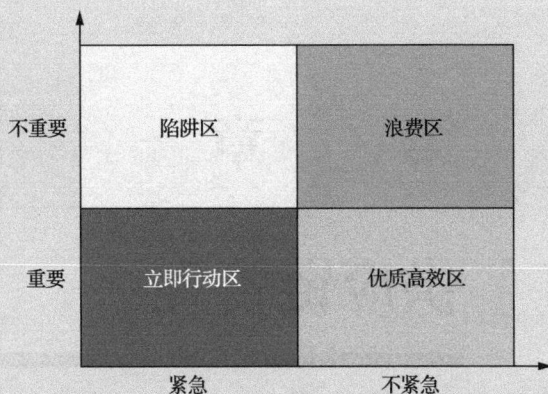

图 3-12　时间矩阵图

　　企业在制订计划时，同时应制订未来若干期的计划，计划内容近细远粗，在计划期的第 1 阶段完成后，根据实际情况与计划进行比较分析，然后修订计划，使之向前滚动一个阶段，以后各期根据同样的原则逐期滚动，如图 3-13 所示。

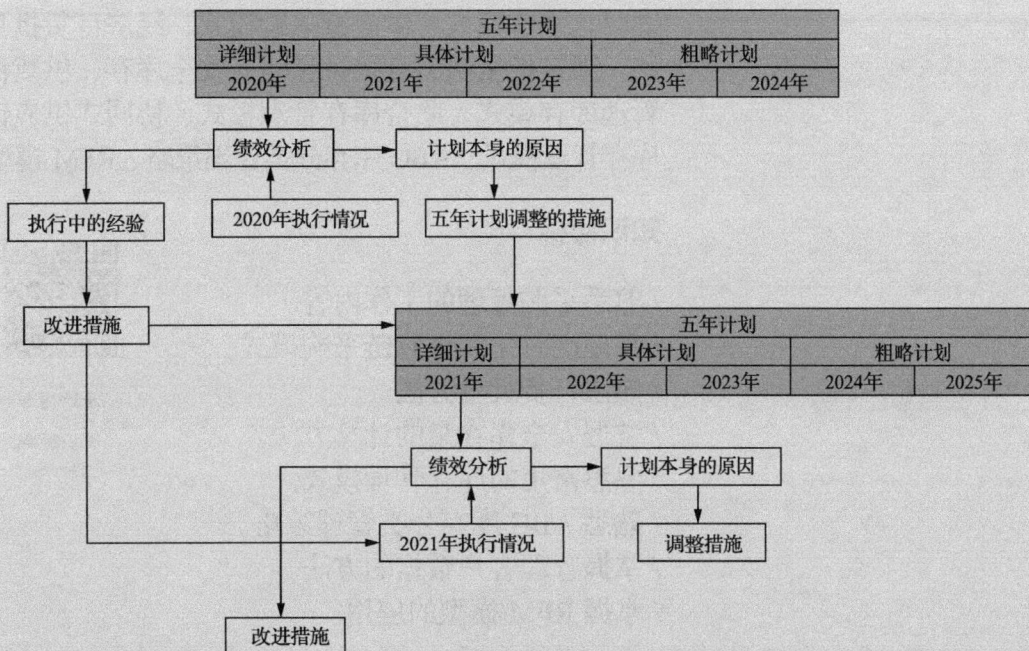

图 3-13　滚动计划法

第 4 章

供应链管理

重要概念

准时化采购模式、供应链采购模式、经济订货批量法、固定批量法、直接批量法、安全库存、供货商管理库存模式、联合库存管理模式、协同式供应链库存管理模式、ABC 库存分类管理策略、RFM 模型

知识目标

/ 熟悉采购管理的工作内容。
/ 掌握准时化和供应链采购模式。
/ 熟悉订货批量方法。
/ 掌握安全库存量的计算方法。
/ 熟悉常用的库存管理模式。
/ 熟悉 ABC 库存分类管理策略。
/ 掌握管理客户数据的方法。
/ 掌握 RFM 模型的应用。

扫一扫

知识框架

能力目标

/ 能够使用不同的采购模式采购物料，并能熟练应用各种订货批量方法。
/ 能够计算物料的安全库存量，并能运用各种库存管理模式和分类管理策略管理物料。
/ 能够收集并分析客户数据，并能使用 RFM 模型划分客户重要级别。

引导案例

企业发展将对供应链管理提出更高要求

　　M 集团是一家乳制品企业，从最初的单一产品品种发展到现在近 1 000 个产品品种，迅猛的发展速度使 M 集团很快成为行业中的佼佼者，但与此同时，M 集团也暴露出了一些管理问题。例如，集团初期仅仅以"奶农—M 集团—经销商—零售商"这种简单的供应链为管理模式，结构比较简单，无法实现规模化生产，更无法满足消费者日益增长的需求。因此，集团领导决定重新调整现有的供应链管理模式。首先，优化上游供应链，通过当地政府的协调与奶农合作，共同建设奶源基地，将原来单一的从奶农处采购原料的方式扩展为奶农和奶源基地"双线并行"，以此来适应日趋庞大的市场需求；其次，对于供应链下游的销售环节，M 集团采取了更为多样化的销售方式，例如将代销转为直销，同时为重要城市的经销商提供配送服务，以降低成本、缩短产品的周转时间、减少库存。

　　然而，经过对供应链管理模式的调整，M 集团的营业利润不升反降。究其原因，主要在于扩张生产导致的存货周转不畅，让一些之前的优势指标下降到了行业平均水平以下。M 集团总结了以下两点调整供应链管理策略失败的原因。

　　（1）采购源（即奶源）过于分散，难于管理和控制质量。

　　（2）供应节点杂乱，信息沟通不顺畅，导致企业的资金流、信息流和物流脱节。

　　针对上述情况，M 集团利用 ERP 软件的供应链管理系统，进一步将销售、采购和库存有机地集成起来进行管理，同时还建设了信息沟通平台，保证物流、信息流顺畅且快速地流动。这一举措成功扭转了颓势，帮助 M 集团扭亏为盈。

　　【思考】

　　（1）M 集团初期的供应链管理模式有无问题？

　　（2）M 集团是如何调整供应链的上游和下游的？

　　（3）M 集团的供应链管理系统集成了哪些模块？这一系统解决了什么问题？

4.1　采购管理

情景导入

　　华舟集团是一家优秀的电子设备生产企业，成立短短 10 年时间，就将销售额从 50 万元提升至 1 亿元，这个数字还在不停地往上攀升。随着华舟集团的不断扩张，企业引进了一套先进的 ERP 系统来进行管理，这使企业在市场上获得了更高的声誉，整体运营水平也大大提升。

　　主管："小李，生产部门常用的原材料——半导体，我们不是一直选择申华作为供应商吗？怎么这次换了另一家供应商呢？"

　　小李："这个是我通过 ERP 系统中各供应商的历史信息，如综合价格、供货质量、服务等指标筛选出的最合适的供应商。"

4.1.1　采购管理的工作内容

采购管理是指对从采购计划下达、采购订单生成、采购订单执行、到货接收、检验入库、采购发票收集到采购结算的采购活动全过程进行严密的跟踪与监督，最终实现企业对采购活动执行过程的科学管理。采购管理的一般作业流程如图 4-1 所示。

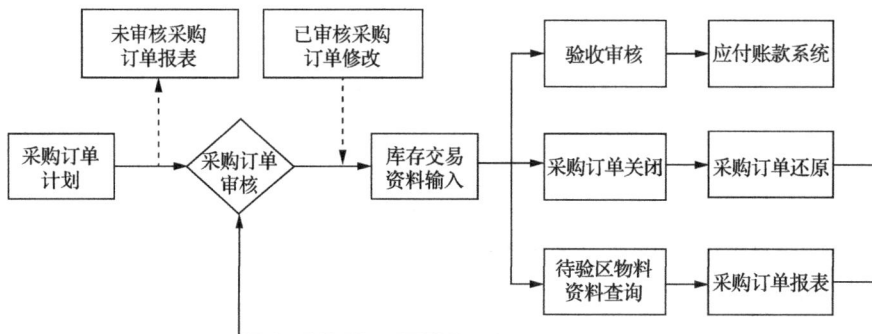

图 4-1　采购管理的一般作业流程

为了保障物资供应、建立友好的供货商关系、及时掌握资源市场信息，采购管理需要执行一系列的工作内容。例如，采购计划管理、请购管理、订单管理、供货商管理、收退货管理、采购订单完成管理、委外加工管理等都属于采购管理。

1. 采购计划管理

采购计划管理是指对企业的采购计划进行制订和管理，从而为企业提供及时、准确的采购计划和执行路线。采购计划管理的主要功能是采购计划与用款计划的生成。

（1）生成采购计划。

采购计划是采购管理工作的源头，也是采购系统的业务起始点。采购计划应根据物料需求计划以及库存子系统的物料需求来生成。采购计划一般包括物品名称、型号、规格、数量、需求日期等信息。

为了保证 ERP 系统的采购管理模块生成数据的合理性和采购的可行性，采购员可以修改其中的数量、日期等信息，并综合考虑物料的订货批量、库存量、采购提前期、运输方式以及计划外的物料申请，进行系统自动物料合并或人工干预与修改。

对于采购提前期很长的物料采购计划，应经过销售、财务与计划等部门的综合讨论和评估后，再确定采购的日期和数量，最后制订出物料的中期或长期采购计划。

价值引导

采购是一项复杂且要求很高的工作，采购人员应具备相应的工作能力，例如较强的分析能力、表达能力和较高的专业知识水平等。另外，采购工作极具诱惑性，采购人员一定不要迷失自我，要遵守企业的采购制度，保持职业操守。

（2）生成用款计划。

完善的采购计划是生成用款计划的前提。生成采购计划后，ERP 系统将根据物料的价格信息自动生成用款计划，并根据询价结果进行维护，然后提交财务部门，由财务部门对用款计划的合理性进行确认，确认通过后经上级领导批示，再由财务部门将意见回馈给采购部门。若用款计划通过，则形成正式的用款计划，并下达采购计划；若未通过，则需要重新生成采购计划。

2. 请购管理

请购管理主要是指根据下达的采购计划自动生成请购单，如图 4-2 所示。采购业务人员在请购单中填写请购信息，确定供货商、采购单价、需用日期等内容，经主管审核通过后，合并请购信息并下达采购订单，最终生成采购订单。对于未通过审批的请购单，将暂停生成采购订单。

请购单									
申请部门：								年　月　日	
序号	名称	规格型号	单位	请购数量	单价	总价	需用日期	请购原因及用途	
请购人：		主管确认：		采购经办人：		财务：		核准：	

图 4-2　请购单

3. 订单管理

订单管理的内容主要是根据通过审核的请购单生成采购订单，并经主管确认后执行采购工作，采购业务人员应对下达的采购订单按计划进行全程跟踪。生成采购订单和采购订单跟踪管理是订单管理的主要功能。

（1）生成采购订单。

订单管理模块可以根据订货数量、采购提前期、库存量、运输方式、用款计划以及计划外的物料申请进行物料合并，生成采购订单，经过确认后进行订单输出，最后下达给供货商。对于临时追加的采购任务，采购业务人员可以通过与供货商协商的方式直接下达采购订单。

（2）采购订单跟踪管理。

采购订单跟踪管理通常是指采购业务人员跟踪并查询供货商的生产进度和质量情况，控制采购进度，从而确保订单按期、保质、保量地完成。采购业务人员对下达的采购订单除了可以按计划进行跟踪外，还可以设置跟踪的时间周期，形成订单跟催计划。

采购订单的生成流程如图 4-3

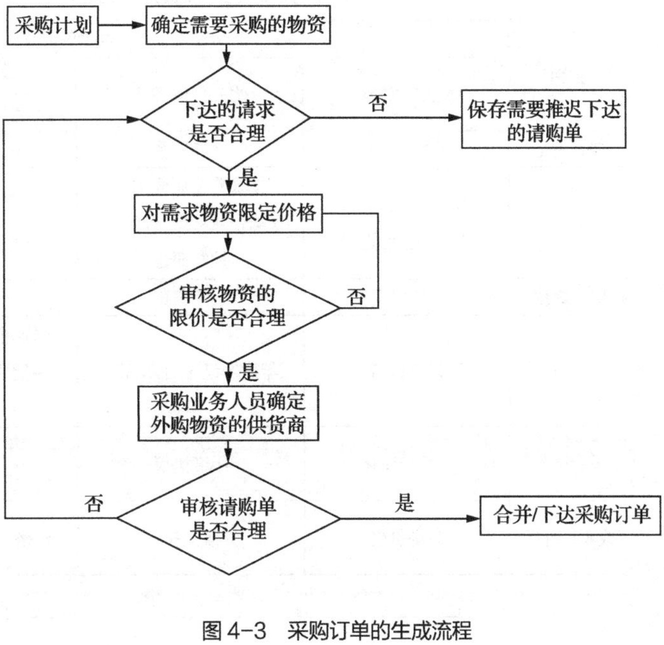

图 4-3　采购订单的生成流程

所示。

4. 供货商管理

供货商管理是对供货商的了解、选择、开发、控制等综合性管理工作的总称，它是采购管理中十分重要的环节，对实现准时化采购起关键性作用。供货商管理的目的是建立起稳定可靠的供货商队伍，并为企业生产提供可靠的物资供应。

在 ERP 系统环境下，企业与供货商不再是讨价还价的关系，而是一种合作伙伴关系，提倡一种双赢机制。因此，企业在管理供货商时可以从以下两方面着手。

（1）供货商细分。

供货商细分是对不同供货商进行分别管理的首要环节，只有在供货商细分的基础上，企业才能根据供货商的不同类别实施恰当的供货商管理策略。企业可以从不同的角度将供货商细分为以下 4 种类型。

- 根据供货商与企业的关系，供货商可分为公开竞价型、供货商网络型、供应链管理型。
- 根据供货商对企业的重要程度，供货商可分为战略供货商和普通供货商。
- 根据供货商在企业内部所处的地位，供货商可分为重点商业型、商业型、优先型、伙伴型。
- 根据供货商与企业合作的深浅程度，供货商可分为短期目标型、长期目标型、渗透型、联盟型、纵向集成型。

企业在对供货商进行细分时，通常可使用定性分析法，即通过对各个供货商的调查，结合历史采购资料完成供货商的细分工作。

案例分析——供货商细分的应用

A 制造企业根据所处行业的特点和自身的运营情况，将主要的供货商细分为商业型供货商、优先型供货商和伙伴型供货商，其中，又将伙伴型供货商进一步细分为供应伙伴和战略伙伴。A 制造企业对不同供货商采取了不同的管理策略，具体如表 4-1 所示。

表 4-1 A 制造企业细分的供货商及对应的管理策略

类别	供货商类型			
	商业型供货商	优先型供货商	伙伴型供货商	
			供应伙伴	战略伙伴
关系特征	运作联系	运作联系	战术考虑	战略考虑
品质	按采购企业要求，由采购企业选择	按采购企业要求，采购企业与供货商共同控制质量	供货商保证，采购企业审核	供货商保证，供货商早期介入产品设计及产品质量标准制订
时间跨度	1 年以下	1 年左右	1～3 年	1～5 年
供应	订单订货	年度协议 + 订单订货	采购企业定期向供货商提供物料需求计划	由电子数据交换系统对接
合同	按订单变化	年度协议	年度协议质量协议	设计合同质量协议
成本 / 价格	市场价格	价格 + 折扣	价格 + 降价目标	公开价格与成本结构，不断降低成本

　　分析： A 制造企业对供货商进行细分，不仅使自己能够更好地管理并控制不同的供货商，也使得不同的供货商能够最大限度地发挥作用，以获得其想要得到的回报。例如，想要获得 A 制造企业的年度协议，就需要通过控制产品质量，成为优先型供货商；想要参与 A 制造企业早期产品设计，并介入产品质量标准的制订，就需要努力成为 A 制造企业的战略伙伴。

　　（2）供货商评价。

　　企业在对不同的供货商进行细分后，还需要通过相应的量化指标来客观地评价和选择供货商。对供货商的评价和选择是一个多指标的综合评价问题，企业可以参考以下 7 项指标进行考核。

　　● **产品质量**。产品质量是对供货商进行评价的最重要因素。企业在开展采购工作的一段时间内，要加强对产品质量的检查。产品质量检查可以分为全部检查法和抽样检查法。由于全部检查法的工作量太大，因此企业一般可采用抽样检查法。产品质量可以用质量合格率来描述。例如，在供货商的一次交货中一共抽检了 N 件产品，其中有 M 件是合格的，则该产品的质量合格率为 P。用公式表示为：

$$P = \frac{M}{N} \times 100\%$$

　　● **价格**。价格是指供货商供货的价格水平。企业评价供货商的价格水平时，可以将它与市场上同档次产品的平均价格和最低价格进行比较，分别用市场平均价格比率和市场最低价格比率来表示。用公式分别表示为：

$$市场平均价格比率 = \frac{供应商的供货价格 - 市场平均价}{市场平均价} \times 100\%$$

$$市场最低价格比率 = \frac{供应商的供货价格 - 市场最低价}{市场最低价} \times 100\%$$

　　● **交货期**。交货期也是企业评价供货商的重要指标之一。该指标主要考查供货商的准时交货率。准时交货率可以用准时交货的次数与总交货次数之比来衡量。用公式表示为：

$$准时交货率 = \frac{准时交货次数}{总交货次数} \times 100\%$$

　　● **交货量**。企业评价供货商的交货量主要是考核其按时交货量。按时交货量可以用按时交货量率来评价，按时交货量率是指给定交货期内的实际交货量与给定交货期内应完成交货量的比率。用公式表示为：

$$按时交货量率 = \frac{给定交货期内实际完成交货量}{给定交货期内应完成交货量} \times 100\%$$

　　● **工作质量**。企业评价供货商的工作质量时，可以用交货差错率和交货破损率来描述，用公式分别表示为：

$$交货差错率 = \frac{给定交货期内交货差错量}{给定交货期内交货总量} \times 100\%$$

$$交货破损率 = \frac{给定交货期内交货破损量}{给定交货期内交货总量} \times 100\%$$

　　● **信用度**。信用度主要考核供货商履行承诺、以诚待人、不欠账和不故意拖账的程度。用公式表示为：

$$信用度 = 1 - \frac{给定交货期内失信的次数}{给定交货期内交往总次数} \times 100\%$$

◉ **配合度**。配合度主要考核供货商的协调精神。企业在与供货商相处的过程中，常常会因为环境或具体情况的变化，需要调整变更采购任务，这种变更可能会导致供货商工作的变动，甚至可能要求供货商做出相应的让步，此时就可以看出供货商的配合程度了。供货商的配合度，主要可以由与供货商相处的采购业务人员根据自己的亲身体验来为供货商评分。

拓展阅读

对于供货商提供的不合格产品，企业可以通过退货率指标来对其进行评价。扫描右侧二维码，查看退货率的计算方法。

扫一扫

退货率的计算方法

了解供货商评价指标后，下面介绍企业评价供货商时通常采取的步骤与措施。

◉ **分析市场竞争环境**。企业通过对市场竞争环境的分析，可以了解现在的产品需求、产品类型和产品特征，以此来确认客户需求，进而确认是否有与供货商建立供应链合作关系的必要。

◉ **建立选择的目标**。供货商的评价和选择不是一个简单的过程，因此，企业有必要建立实质性的选择目标来确保供货商评价程序的有效实施。

◉ **建立供货商评价标准**。供货商评价标准可以通过若干指标体系来对供货商进行综合评价。具体指标体系可根据自身情况来确定，除上述指标外，对供货商的评价指标还包括供货商的业绩、成本控制、技术控制、客户满意度等。

◉ **建立评价小组**。企业应当建立一个专门的小组来控制和实施供货商评价，该小组的成员应来自生产、采购、质量、工程等与供应商合作密切的部门。

◉ **评价供货商**。企业评价供货商的一个主要工作是调查和收集与供货商生产运作相关的信息。在收集供货商信息的基础上，企业就可以利用一定的工具和方法进行供货商评价了。

（3）供货商选择。

不同企业在不同发展阶段，对供货商的选择和评价指标也不尽相同。但总体来说，企业应遵循全面、具体、客观的原则来选择合适的供货商。

拓展阅读

企业在选择满足要求的供货商时，应采用科学和严格的方法。扫描右侧二维码，查看具体方法。

扫一扫

选择供货商的方法

◉ **全面性原则**。建立全面的供货商运行评价体系，该体系一般包括质量（35% 评分比重）、服务（25% 评分比重）、技术（10% 评分比重）、价格（30% 评分比重）等内容。

◉ **具体性原则**。企业应综合分析和考虑供货商的业绩、设备管理、质量控制、成本控制、技术开发、使用者满意度、交货协议等可能影响供应链合作的内容。

◉ **客观性原则**。企业在评价和选择供货商时应做到透明化、制度化和科学化，保证评估体系的稳定运行，减少主观因素对供货商评价与选择的影响。

案例分析——供货商的增加是好还是坏？

A 公司是一家电子企业。随着业务规模的不断扩大，A 公司的采购比重也在逐年增加，因此 A 公司成立了集中采购部门。但很快 A 公司就发现，专门成立的集中采购部门与分散在各地区工厂的分散采购小组常常存在责任不清的情况，这导致在过去一年的供货商合格清单中，供货商数量不断上升。对此，A 公司总经理不得不召开会议，讨论供货商管理的问题。

分析： 合格供货商的不断增加，势必会增加 A 公司的供货商管理成本，同时，供货商的不断增加也反映了 A 公司的供货商绩效评估体系存在一定的问题，若不及时对供应基础进行更新和优化，将会导致公司与供货商之间合作关系的恶化。因此，供货商的增加并不一定代表企业的业务量提升，具体是好是坏，还需要在供货商管理方面做进一步分析。

5. 收退货管理

收退货管理主要是指记录收到产品的数量、单价、成本及标准成本的差异，然后建立收货单、退货单、装箱单等单据，并对这些单据进行处理。在采购管理中，收退货管理的主要业务包括采购检验和退货管理。

（1）采购检验。

采购检验是由专门的质检部门根据采购单编号，先核对品名、规格、型号、等级、交货批数等信息，并检查包装是否安全、完好，再根据质量标准对照测量报告进行验收、检验。收货检验分为抽检和全检，检查合格则收货入库，否则退货或换货。

（2）退货管理。

采购的货物由采购人员按订单与发票进行验收，并录入收货单与发票；来料也可以根据企业的实际流程，直接由货物检验人员（或物料管理员）按订单验收。

对于有订单的到货，企业的 ERP 系统将按订单生成到货单；对于没有订单的到货，需要采购人员手动录入到货单与供货商相关的信息。质检部门验收货物后，质检人员在到货单上填写合格品数量，然后主管对到货产品的价格和质量进行审核，不合格品会生成退货单，经审核退货。

退货时，ERP 系统先根据发票建立一个退货请求，待货物出库后，再根据出库结果建立退货说明并修改收货、付款情况。

6. 采购订单完成管理

采购订单完成管理包括采购订单费用结算、供货商评价、采购提前期数据的维护等内容。这里主要介绍采购订单费用结算问题，包括结账与费用核算、结清采购单两方面的内容。

（1）结账与费用核算。

结账付款工作应由采购部门配合财务部门完成。财务部门将根据物料的采购结算单据对采购过程中产生的各种费用进行分摊，从而计算出物料的采购成本。

（2）结清采购单。

在采购订单交货、收货、入库、付款后，采购业务人员要及时结清采购订单。在企业的 ERP 系统中可以设置包括交货、收货、入库、付款等不同类型的结算方式，也可以进行强制结算。

7. 委外加工管理

为了保证产品的质量和交货期，大多数企业存在着将部分零部件进行委外加工的业务，尤其是制造企业。委外加工是指企业在自己的生产能力不足或者缺乏某种技术的情况下，把某个工艺甚至整个产品委托其他厂商进行生产的一种方式。在委外加工的过程中，往往伴随着各项管理跟踪工作，例如订单、原材料、价格、生产进度管理跟踪等。企业应该跟踪委外物料的加工情况，并加强管理。

委外加工的具体流程如图 4-4 所示。

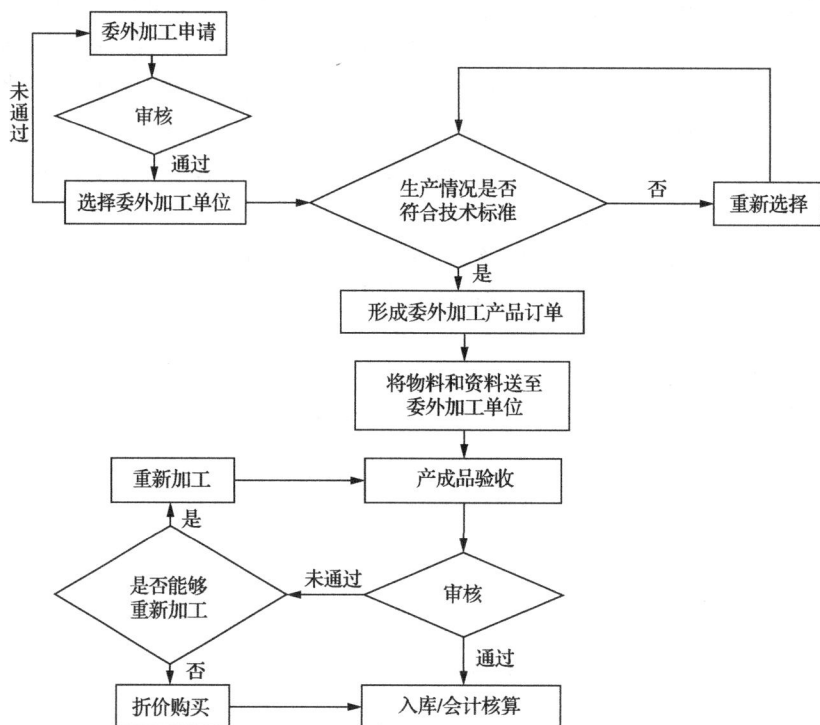

图 4-4　委外加工的具体流程

（1）选择委外加工单位。

委外加工最重要的一个环节就是选择委外加工单位。企业需要根据其需要委外加工的产品类型选择合适的委外加工单位。在对委外加工单位进行筛选时，企业需要对委外加工单位的生产状况进行调查，确保委外加工单位的生产状况符合企业产品生产的标准，从而确保产品的质量。

（2）形成委外加工订单。

当委外加工单位确定后，企业便可针对需要委外加工的产品或零部件形成相应的产品加工订单。该订单包含的内容有所期望加工产品的类别、规格、模板、技术标准、质量标准、数量等。

拓展阅读

大多数企业存在对部分零部件进行委外加工的情况，那么，企业的委外加工订单该如何分类呢？扫描右侧二维码，查看具体分类方法。

扫一扫

委外加工订单的分类方法

（3）将物料和资料送至委外加工单位。

当委外加工订单形成后，企业就需要将订单、物料和相关资料一起传送给委外加工单位，以便委外加工单位按照规定的技术标准和质量来完成加工任务。委外加工单位完成加工订单后，再将产成品运送到委托企业。

（4）产成品验收。

企业接收委外加工完成的成品后，由质量管理部门进行鉴定，将符合质量标准的产品登记入库；对于不合格的产成品，若能重新加工则要求委外单位进行重新加工，不能加工的进行折旧购买或根据合同条款不予接收。

（5）入库／会计核算。

当产成品入库后，企业的财务部门需要根据委外加工的成本来核算该产品的生产成本，完成成本核算工作和记账工作。

4.1.2　物料需求计划采购模式

物料需求计划采购模式主要应用于生产企业，它是企业根据生产计划和主产品的结构与库存情况，逐步推导出生产主产品所需要的零部件、原材料等的生产计划和采购计划的过程。该模式以需求分析为依据，以满足库存为目的，规定了采购品种、采购数量、采购时间和采购完成的时间，计划比较精确。

1. 物料需求计划采购模式的特点

（1）需求的相关性。在企业的生产系统中，需求具有相关性。例如，根据订单确定了所需产品的数量之后，由新产品结构文件即可推算出各种零部件和原材料的数量，这种根据逻辑关系推算出来的物料数量称为相关需求。不但品种数量有相关性，需求时间与生产工艺过程也是相关的，物料需求计划采购则是严格按照需求的相关性进行的一种采购模式。

（2）需求的确定性。物料需求计划采购模式的需求都是根据主产品进度计划、产品结构文件和库存文件，以及各种零部件的生产时间或订货、进货时间精确计算出来的，品种、数量和需求时间都有严格要求，不会轻易改变。

（3）计划的精细性。物料需求计划采购模式有充分的根据，从主产品到零部件、从需求数量到需求时间、从出厂先后到装配关系，都有明确的规定。同时，该模式还全面规定和安排了所有的生产活动和采购活动，以确保主产品出厂计划如期实现。

（4）计算的复杂性。物料需求计划采购模式根据主产品计划、主产品结构文件、库存文件、生产时间、采购时间，把主产品的所有零部件的需要数量、需要时间、先后关系等准确计算出来，其计算量是非常大的。特别是当主产品的零部件数量特别多且非常复杂时，计算量会变得更大。

2. 实施物料需求计划采购模式的基础

要想实施物料需求计划采购模式，一般要求企业应用物料需求计划系统，且具有良好的供货商管理环境。

如果企业没有应用物料需求计划系统，物料的需求计划就不可能由相关需求转换成独立需求，也难以生成计划订货量，如此一来物料需求计划采购就失去了依据。如果企业仅靠手工计算采购需求，计算量过大，对于复杂产品的物料相关需求而言，手工计算更是难以完成。因此可以说，物料需求计划系统与物料需求计划采购是相辅相成的。如果企业采用了物料需求计划系统，就可以对需要采购的物料实施物料需求计划采购模式。企业在实施物料需求计划采购管理模式时，在采购确定或者物料到达后，需要及时更新数据库，包括库存记录、在途的物料、已发订货单数量、计划到货量等。这些数据都会被添加到物料需求计划系统中，作为下次运行物料需求计划系统的基础数据。

另外，实施物料需求计划采购模式必须要有良好的供货商管理作为基础。在物料需求计划采购中，购货的时间性要求比较严格。如果没有良好的供货商管理环境，不能与供货商建立起稳定的合作关系，则供货的时间性要求就难以得到有效的保证。

4.1.3　准时化采购模式

企业在开展采购工作时，应遵循适时、适价、适质、适量、适地原则，即在合适的时候，以合适的价格、合适的质量、合适的数量，从合适的供货商处获得需要的产品和服务。为了提高采购质量、减小库存风险，现代采购工作逐渐变得更加灵活与高效，准时化采购模式便是较为典型的一种现代采购模式。

准时化（Just In Time，JIT）采购是由准时化生产管理思想演变而来的。准时化采购和准时化生产一样，不但能够有效地满足使用者的需要，而且可以极大地减少库存、最大限度地消除浪费，从而降低企业的采购成本和经营成本。据相关资料统计，到目前为止，绝大多数的美国企业已经开始全部或局部应用准时化采购模式，并取得了不错的效果。

1. 准时化采购模式的原理

准时化采购模式实质上就是一种采购供应的模式，即一个供货商、一个客户，双方形成一个供需节点，需方是客户（采购方），供方是供货商，供方按照需方的要求给需方进行准时化供货。它们之间的采购供应关系，就是一种准时化采购模式。准时化采购模式的原理表现为以下 6 个方面。

（1）准时化采购是一种直接面向需求的采购模式。

（2）客户需要什么，供方就提供什么，完全符合客户需求。

（3）客户需要什么质量标准，供方就达到该质量标准，拒绝次品和废品。

（4）客户需要多少就提供多少。

（5）客户什么时候需要，供方就什么时候送货，准时、准点。

（6）客户在什么地点需要，供方就送到什么地点。

准时化采购既做到很好地满足企业对物资的需求，又使得企业的库存量最小，甚至趋向于无库存的生产系统。依据准时化采购模式的原理，企业中的所有活动只有在需要的时候接受服务，才是最经济的。

2. 准时化采购模式的特点

根据准时化采购模式的原理，企业只有在需要的时候才把需要的物资采购到需要的地点，这种做法使准时化采购模式成为一种节省且高效的采购模式。准时化采购模式具有以下特点。

（1）单源供应。

准时化采购模式认为，最理想的供货商选择策略是每一种原材料或外购件只选择一个供货商，即单源供应。单源供应是准时化采购模式的基本特点之一。单源供应不仅有利于企业对供货商的管理，而且还可以加强企业与供货商之间的相互依赖关系，有利于供需双方建立长期稳定的合作关系。但是，采取单源供应也存在一定风险，例如，企业对供货商的依赖性过大，或者企业不能得到竞争性的采购价格等。

（2）小批量采购。

小批量采购是准时化采购模式的又一个特点。由于企业生产对原材料和外购件的需求是不确定的，而准时化采购模式旨在消除原材料和外购件库存，因此为了实现准时、按质、按量地供应原材料和外购件，在准时化采购模式下只能是小批量采购。

（3）准时交货。

准时化采购模式的另一个重要特点是要求准时交货，这是实施准时化生产的前提条件。准时交货取决于供货商的生产与运输条件。对于供货商来说，要想准时交货，可以不断改善企业的生产条件、提高生产的连续性和稳定性、加强物流管理，使运输更高效、快捷。

（4）确保采购质量。

实施准时化采购模式后，企业的原材料和外购件的库存很少，有时几乎为零。因此，为了保障企业生产活动的顺利进行，采购的物资的质量一定要有保证。这就需要企业的物资采购部门从根源上抓起，即质量问题由供货商负责，把质量责任返回给供货商，从根源上保证采购质量。为此，供货商有必要参与企业的产品设计过程，企业也需要帮助供货商提高技术能力和管理水平。

（5）加强信息沟通。

准时化采购要求供应与需求双方共享信息（包括生产作业计划、工程数据、质量、成本、交货期等），以此来确保双方信息的准确性和实时性。只有供需双方的沟通与交流快速且可靠，才能保证企业所需的原材料和外购件准时、按量供应。同时，充分的信息交换还可以增强供货商的应变能力，使其与企业形成双赢的合作联盟。

3. 准时化采购与传统采购的对比

准时化采购是关于物料采购的一种全新的思路，与传统采购有很大区别，具体如表 4-2 所示。

表 4-2　准时化采购与传统采购的对比

项目	准时化采购	传统采购
采购批量	小批量，送货频率高	大批量，送货频率低
供货商选择	单源供应，长期合作	多源供应，短期合作
供货商评价	价格、质量、交货期	价格、质量、交货期
运输	供货商安排运输，确保准时交货	采购方安排运输，按合同交货
协商内容	长期合作，价格合理，质量保证	获得最低价格
检查工作	逐渐减少，直至消除	收货，验货，质量检验
信息交流	快速可靠	一般要求
包装	标准化容器包装	普通包装

4. 准时化采购模式的应用环境

准时化采购是基于供应链管理环境的采购模式。在供应链上的每一环节都含有"供"和"需"两个方面。例如，A 企业的销售部门是市场的供方，如果 A 企业的产品是供给 B 企业用于生产经营的，那么 B 企业就是 A 企业的需方。

在供应链管理环境中的采购活动是以订单驱动的方式进行的：首先是在客户需求订单的驱动下产生制造订单，然后由制造订单驱动采购订单，最后由采购订单驱动供货商。这种准时化的订单驱动模式，使供应链系统可以准时响应客户的需求。订单驱动使供需双方都围绕订单运作，从而实现了准时化、同步化运作。

4.1.4　供应链采购模式

供应链采购模式是供应链内部企业之间的采购。其原理是，采购方把自己的需求信息及时传递给供货商，供货商根据采购方的需求信息，预测采购方未来的需求量，并根据该预测值来制订自己的生产计划和送货计划。

1. 供应链采购模式的特点

供应链采购模式是基于需求的采购，即需要多少就采购多少，什么时候需要就什么时候采购，这一特点与准时化采购模式十分相似。除此之外，供应链采购模式的特点还表现在以下几个方面。

（1）采购性质。供应链采购是一种供货商主动型采购，由于供应链中需求者的需求信息会随时传递给供货商，供货商能够根据采购方的需求信息及时调整生产计划、补充货物，主动跟踪采购方的需求，并适时适量地满足采购方的需求。

（2）采购环境。供应链采购是一种友好合作的采购模式，供需双方在采购过程中互相协调配合，可以提高采购效率，并最大限度地降低采购成本。

（3）库存情况。供应链采购模式是由供货商来管理采购方的库存，使采购方保持零库存，这样采购方可以大大降低库存成本，专注于提升自身的生产能力，进而提高供应链的整体效益。

（4）信息情况。供应链采购模式的一个重要特点就是供应链企业之间实现了信息互通、信息共享。供应链采购的基础是企业信息化，即建立企业内部网络和外部网络，并且和互联网连通，这样才能进行供应链各企业之间的信息沟通和业务活动。

2. 供应链采购与传统采购的对比

供应链采购与传统采购相比，物资的供需关系未改变，但由于供应链各企业之间是一种战略伙伴关系，且采购是在一种友好合作的环境中进行的，因此采购的观念和采购的操作都发生了变化，具体区别如表 4-3 所示。

表 4-3　供应链采购与传统采购的对比

项目	供应链采购	传统采购
基本性质	基于需求的采购；供应方是主动型，需求方无须进行采购操作	基于库存的采购；需求方是主动型，需求方进行采购操作
采购环境	合作模式	竞争模式
信息关系	信息互通，信息共享	信息保密
库存关系	供应方掌握库存，需求方几乎为零库存	需求方设立仓库，高库存
送货方式	小批量、多频次连续补充货物	大批量、小频次进货
检查工作	免检	严格检查

4.1.5　订货批量方法

订货批量是指企业根据物料需求数量和各项成本因素确定的每次进货量。由于进货量与仓储量和企业成本之间存在相对关系，即订货批量太大时，会导致企业储存成本上升；订货批量过小，订货次数就要增多，最终导致企业的订货成本上升。因此企业各部门之间应相互配合，共同决定最优的订货批量，从而合理平衡进货量和供货量。常用的确定订货批量的方法包括经济订货批量法、固定批量法、直接批量法和固定周期批量法 4 种。

1. 经济订货批量法

经济订货批量（Economic Order Quantity，EOQ），是固定订货批量模型的一种，可以用来确定企业一次订货（外购或自制）的数量。该方法是目前大多数企业常采用的货物订购方法。当企业通过该方法来订货时，可实现订货成本和储存成本之和的最小化。

确定经济订货批量的公式如下：

$$EOQ = \sqrt{\frac{2DS}{H}}$$

其中，D 为年总需求量，S 为每次订货费用，H 为每件存货的年存储成本。

案例分析——A 公司的最佳订购批量

A公司以单价 20 元购入某项物资 10 000 件。每次订货发生的费用为 50 元，资金年利息率为 8%，公司维持库存费按所订购物资价值的 12% 计算。为了降低订货成本和储存成本，A 公司计划使用经济订货批量法来计算最佳订购批量。

分析： A 公司的年订货量 D 为 10 000 件，单位订货费 S 为 50 元，单位维持库存费 $H=20\times8\%+20\times12\%=4$（元），根据公式 $EOQ=\sqrt{\dfrac{2DS}{H}}$ 计算如下：

$$EOQ=\sqrt{\frac{2\times10\,000\times50}{4}}=500（件）$$

经典理论

由于生产系统调整准备时间的存在，在补充成品库存的生产中存在一个"一次生产多少最经济"的问题，这就是经济生产批量。在经济订货批量模型中，相关成本最终确定为变动储存成本和变动订货成本两项。在确定经济生产批量时，以生产准备成本替代订货成本，而储存成本内容不变。

2. 固定批量法

固定批量法是指每次对订购的物料规定一个固定的批量，但加工或订货间隔期不一定相同。它一般适用于订货费用比较高的物料。固定批量是根据直观分析和经验决定的，也可以以净需求量的一定倍数作为批量。

在实际工作中，固定批量法应用得较多。例如，在物料需求计划中计算订购批量时，就会将净需求量与固定批量进行比较，若净需求量小于或等于该批量，则计划订购等于此固定批量；若净需求量大于此固定批量，则按净需求量订货，以保证计划需求。

表 4-4 给出了 A 公司甲材料的毛需求量、净需求量和计划订货量的数据，根据数据，该材料应该按照计划订货量来采购。

表4-4　固定批量法应用

时段	1月	2月	3月	4月	5月	6月	7月	8月	9月	10月	11月	总计
毛需求量	40	60	—	—	80	—	30	100	—	—	60	370
净需求量	40	0	—	—	30	—	0	80	—	—	30	180
计划订货量	100	—	—	—	100	—	—	100	—	—	100	400

3. 直接批量法

直接批量法是最简单的一种订货批量确定方法，它是指物料需求的批量等于计划订货数量，即需要多少就订购多少。直接批量法虽然能降低库存的成本，但由于订货频率较高，会产生较高的订购成本或生产成本。该方法适用于价格昂贵的项目，即不保存无用的批量库存，使订货量恰好等于净需求量，且随每次净需求量的变化而改变，如表 4-5 所示。

表4-5　直接批量法应用

时段	1月	2月	3月	4月	5月	6月	7月	8月	9月	10月	11月	总计
毛需求量	40	60	—	—	80	—	30	100	—	—	60	370
净需求量	40	60	—	—	80	—	30	100	—	—	60	370
计划订货量	40	60	—	—	80	—	30	100	—	—	60	370

4. 固定周期批量法

固定周期批量法是指订货批量等于某固定时期内的净需求总和。使用固定周期批量法订货的时间周期（一个月或一周等）是相对稳定的，但订货数量可能随需求的不同而变化。此时，时间周期为常量，而订货数量则是变量，这与固定批量法正好相反。

A 公司乙材料的毛需求量、净需求量和计划订货量的数据如表4-6所示，可见在固定周期批量法下，毛需求量与计划订货量的总和是相等的。

表4-6　固定周期批量法应用

时段	1月	2月	3月	4月	5月	6月	7月	8月	9月	10月	11月	总计
毛需求量	40	60	—	—	80	—	30	100	—	—	60	370
净需求量	40	0	—	—	30	—	0	80	—	—	30	180
计划订货量	100	—	—	—	110	—	—	100	—	—	60	370

4.2 库存管理

情景导入

华舟集团的总部设在云南，并在西南地区设立了 3 个制造工厂。为了实现"次日达"的配送需求，华舟集团在不同地区共设立了 10 个仓库。但随着仓库数量的不断增加，库存管理的问题也越来越多。

小李："公司的仓库虽然增加了，但由于库存不足，导致送货延迟、客户不满等情况比以前更多了。"

主管："我也发现了这些问题，咱们可以向经理反映最近库存管理中存在的问题，例如库存过剩、库存不足、库存成本提高等，希望可以制订加强企业库存管理的有效措施。"

4.2.1 库存的分类与安全库存

库存是仓库中实际储存的货物，包括产成品、原材料及其他相应的资源。它是联系供应、生产、销售的枢纽。无论是对生产企业还是物流企业而言，正确认识并建立有效的库存管理计划都是十分必要的。在进行库存管理之前，要先了解库存的分类与安全库存的计算等基础知识。

1. 库存的分类

按照企业库存管理的目的，可以将库存分为经常性库存、安全库存、季节性库存、投资库存、在途库存、闲置库存等 6 种类型。

（1）经常性库存。

经常性库存又被称作周转库存，是指在正常的经营环境下，企业为满足客户的日常需求而建立的库存。这种库存会随着每日的消耗而不断减少，当库存降低到某一水平时，企业就要进行订货来补充库存，这种库存的补充是按照一定的数量和时间间隔来进行的。

（2）安全库存。

安全库存是指为了防止不确定因素（如突发性大量订货）影响订货需求而准备的缓冲库存。安全库存可以用来应对意外供需差异，但安全库存的使用需谨慎。

（3）季节性库存。

季节性库存是指为了满足特定季节中出现的特殊需求而建立的库存，或指对在特定季节生产的产品，在产成的季节大量收存所建立的库存，其目的是保证企业有稳定的劳动力和生产运转能力。

（4）投资库存。

投资库存是指企业为了避免产品价格上涨、物料短缺造成的损失，或为了从产品价格上涨中获取利益等而囤积的库存。

（5）在途库存。

在途库存又称为中转库存，是指尚未到达目的地，正处于运输状态或等待运输状态并储备在运输工具中的库存。在途库存主要取决于需求和生产的配送周期。在到达目的地之前，企业可以将在途库存看作周期库存的一部分。

（6）闲置库存。

闲置库存是指在某些具体的时间内没有需求的库存。

2. 安全库存的计算

对于企业来说，库存量过大便会需要扩大仓储面积及增加相应的库存保管费用，提高经营成本；库存量过小又会影响销售利润，造成企业服务水平下降。因此，设置一个合理的安全库存对企业而言十分重要。一般情况下，企业的安全库存可以通过以下公式来计算。

$$安全库存 = k \times \sqrt{最大订货提前期} \times 需求变动值$$

其中，k 代表因缺货而设置的安全系数，可以根据安全系数与缺货概率统计表得出，如表 4-7 所示；最大订货提前期是指超出正常订货的提前时间；需求变动值则可以根据需求时区资料的多少采用不同的方法计算。

表 4-7　安全系数与缺货概率统计表

缺货概率（％）	安全系数值	缺货概率（％）	安全系数值	缺货概率（％）	安全系数值
0.8	2.3	5.0	1.65	15.9	1.0
1.4	2.2	5.5	1.6	18.4	0.9
1.8	2.1	6.7	1.5	21.2	0.8
2.3	2.0	8.1	1.4	24.2	0.7
2.9	1.9	9.7	1.3	24.7	0.6
3.6	1.8	11.5	1.2	30.6	0.5
4.5	1.7	13.6	1.1	—	—

（1）当需求时区数据较少时。

$$需求变动值 = \sqrt{\frac{\Sigma(y_i - \overline{y})^2}{n}}$$

其中，y_i 为各期需求量的实际值，$\overline{y}$ 为各期需求量的平均值，n 为时区数。

案例分析——在需求时区数据较少的情况下计算安全库存量

A企业的甲材料在2020年的7月、8月、9月这3个月中的实际需求量分别为205箱、212箱、225箱，最大订货提前期为3个月。A企业允许的缺货概率为5.5%，现在需要计算该商品的安全库存量。

分析：首先计算各期的月需求量，并根据各期需求量的实际值得出需求变动值，然后再根据缺货概率查找对应的安全系数，最后计算出合理的安全库存。具体计算过程如下。

$$近3个月的需求量平均值=\frac{205+212+225}{3}=214（箱）$$

$$需求变动值=\sqrt{\frac{(205-214)^2+(212-214)^2+(214-225)^2}{3}}\approx8.29$$

根据给出的缺货概率5.5%，查找表4-7中对应的安全系数，得出$k=1.6$，则安全库存$=k\times\sqrt{最大订货提前期}\times需求变动值=1.6\times\sqrt{3}\times8.29\approx23（箱）$。

（2）当需求时区数据较多时。

$$需求变动值=\frac{R}{d_2}$$

其中，R为统计资料中最大需求量与最小需求量的差值；d_2为统计资料中的变动常数，如表4-8所示。

表4-8　统计资料中的变动常数汇总表

时区数（n）	变动常数（d_2）	变动常数（$1/d_2$）	时区数（n）	变动常数（d_2）	变动常数（$1/d_2$）
2	1.128	0.8865	10	3.078	0.3149
3	1.693	0.5907	11	3.173	0.3152
4	2.059	0.4857	12	3.258	0.3069
5	2.326	0.4299	13	3.336	0.2998
6	2.534	0.3946	14	3.407	0.2935
7	2.704	0.3098	15	3.472	0.2880
8	2.847	0.3512	16	3.532	0.2831
9	2.970	0.3367	17	3.588	0.2787

案例分析——在需求时区数据较多的情况下计算安全库存量

A企业仓库中的甲材料2020年各月的需求量如表4-9所示。

表4-9　2020年甲材料需求量汇总表

月份	需求量（吨）	月份	需求量（吨）	月份	需求量（吨）
1	22	5	26	9	30
2	26	6	30	10	26
3	20	7	28	11	29
4	21	8	33	12	24

A 企业最大订货提前期为 2 个月，缺货概率根据经验统计为 3.6%，现 A 企业需设置合理的安全库存。

分析： 由于需要统计的时区数据较多，所以在计算需求变动值时应采用公式进行计算。首先统计出时区内的最大值和最小值，然后再计算需求变动值，最后得出安全库存值，具体计算过程如下。

2020 年 1 ~ 12 月，该材料的最大需求量为 33 吨，最小需求量为 20 吨。

当 n=12 时，根据表 4-8 可知对应的变动常数 d_2=3.258，根据公式计算如下。

$$需求变动值 = \frac{R}{d_2} = \frac{33-20}{3.258} \approx 3.99$$

根据给出的缺货概率 3.6%，查找表 4-7 中对应的安全系数，得出 k=1.8，则安全库存 = $k \times \sqrt{最大订货提前期 \times 需求变动值}$ =1.8×$\sqrt{2}$ ×3.99 ≈ 10.16（吨）。

4.2.2　库存管理的作用与内容

库存管理是指对制造业或服务业生产、经营过程中的各种物品、产成品及其他资源进行管理和控制。库存管理是与库存物料的计划与控制有关的业务，其目的是支持企业的生产运作。

1. 库存管理的作用

库存是企业生产的重要组成部分，因此库存管理在企业经营管理中十分重要，具体体现在以下两个方面。

（1）控制库存作用。

通过库存管理，企业可以在保证正常的生产、经营需求的前提下，使库存量保持在合理的水平，同时还能实时掌握库存量动态，适时、适量提出订货，避免超储或缺货。

（2）协同调节作用。

在企业经营过程的各个环节中，例如在采购、生产、销售过程中，库存使各个环节相对独立的经济活动成为可能。库存管理可以调节各个环节在供需信息上的不平衡，把采购、生产和经营中的各个环节连接起来，起到"润滑剂"的作用。库存管理贯穿于企业需求与供应流程的各个环节，要想达到库存控制的根本目的，就要控制并协调好各个环节上的库存。

2. 库存管理的内容

企业的库存管理主要由仓储部门进行，其主要业务就是处理企业物料的收发与管理工作，涉及的内容包括物料收入、检验、发料、计算库存、核算库存成本等，还要提供库存管理所需的各种数据报表等。

（1）物料的入库。

物料入库包括采购订单收货入库、生产完工产品入库、销售退货入库等不同方式。

● 对采购订单的收货入库指根据采购订单接收物料（安排检验）、办理入库手续、开具收料入库单（如收货单、入库单），然后按照仓库管理堆放距离要求、"先进先出"的原则分配材料库存货位，同时检查来料是否与订单相符。

● 生产完工产品入库后，应进行生产成本的核算，并将数据转入财务子系统进行处理。

● 销售退货入库有不同的处理方式，例如扣减货款、换货等，其相关资料也要转入财务子系统。

（2）物料的出库。

物料出库有生产计划的领料、非生产领料与销售提货3种方式。

● 生产计划的领料分车间订单与分工序用料，系统将根据物料列表与工艺路线自动生成工序领料单。

● 非生产领料有多种形式，系统可以自由定义领料的类别。

● 销售提货按销售订单或合同生成出货单据，并可自动生成销售订单合同的出货单。

上述过程都可以为财务子系统传递相关数据并生成财务记账凭证。

（3）物料移动管理。

物料移动是库存之间的物料调拨，有时可能是分厂之间或分公司之间的物料调拨，它是企业日常物料管理过程中比较常见的一项业务。物料移动可以通过在ERP系统中设置参数进行控制，且无须检验，但如果物料需要长途运输则需要进行检验，也可以根据系统参数设置生成凭证。

（4）库存盘点。

库存盘点是处理库存实物与库存数据的日常操作，它是企业财务会计的一项重要工作。企业进行库存盘点的主要目的是清查库存的实物是否与账面数相符，对于实物数与账面数不符的，会计人员要调整物料的账面数量，做到账物相符。每种库存物料都要设立相应的盘点周期，并通过系统自动输出到期应盘点的物料。

（5）资料分析。

企业可以从不同角度对库存物料信息进行分析，例如，可以对物料的日常进出库资料进行分析、对物料占用资金情况进行分析等，以便为高层决策提供相应的数据和依据。

4.2.3　常用的库存管理模式

企业进行库存管理的目的不是简单的需求预测与补给，而是要通过库存管理获得利润的优化。根据供应链中的库存管理主体及内涵的不同，库存管理模式可以分为以下4种。

1. 传统库存管理模式

传统库存管理是指对物料的进、出、存业务的管理，各节点企业独立管理自有库存，即零售商有自己的库存，批发商有自己的库存，供货商也有自己的库存。各节点企业的库存策略不同且相互封闭。

供应链中的传统库存管理模式是基于交易层次之上的，由订单驱动的静态单级管理库存的方式。在该模式下，企业保有一定量的自有库存，能降低缺货、需求不确定等风险，一定程度上减少了对供货商的依赖，但会出现库存成本上升、上下游企业利益对抗、合作与沟通困难等问题。

2. 供货商管理库存模式

供货商管理库存模式是一种战略贸易伙伴之间的合作性策略，体现了供应链的集成化管理思想，是一种在供应链环境下的新型库存运作模式。其具体表现方式为企业与供货商在一个相互同意的目标框架下，由供货商自己控制库存水平、决定最佳库存量、制订库存补充措施。在这种库存控制策略下，供需双方能够共享信息和资源、完善合作关系、提高整个供应链的运作效率。

供货商管理库存模式由上游企业拥有和管理库存，下游企业只需要帮助上游企业制订计划，从而使下游企业实现低库存或零库存。但供货商管理库存模式也有局限，具体如下。

（1）供货商管理库存模式对于企业间的信任度要求较高。

（2）供货商管理库存模式中供货商和零售商的协作水平有限。

（3）供货商管理库存模式中的框架协议虽然是双方协议，但供货商处于主导地位，如果供需双方在决策过程中缺乏足够的协商，难免造成冲突。

（4）供货商管理库存模式减少了库存总费用，但库存费用、运输费用和意外损失（如物品损坏）将由供货商承担。

由此可见，供货商管理库存模式实际上是对传统库存控制策略进行了"责任倒置"，这无疑加大了供货商的风险。

3. 联合库存管理模式

联合库存管理模式是一种在供货商管理库存模式的基础上发展起来，上游企业和下游企业权利、责任平衡和风险共担的库存管理模式。联合库存管理强调供应链中的各个节点同时参与，共同制订库存计划，使供应链中的每个库存管理者都从相互之间的协调进行考虑，保持供应链各个节点的库存管理者对需求的预期保持一致，从而消除了需求变异放大的现象。

4. 协同式供应链库存管理模式

协同式供应链库存管理模式是一种协同式的供应链库存管理技术，建立在联合库存管理模式和供货商管理库存模式的最佳分级实践基础上，同时抛弃了二者的缺乏供应链集成等主要缺点，能同时减少分销商的存货量，增加供货商的销售量。它应用一系列处理过程和技术模型，覆盖整个供应链合作过程，通过共同管理业务过程和共享信息来改善分销商和供货商的伙伴关系，提高预测的准确度，最终达到提高供应链效率、减少库存和提高客户满意度的目的。

协同式供应链库存管理模式的最大优势是能及时准确地预测由各项促销措施或异常变化带来的销售高峰和波动，从而使分销商和供货商都做好充分的准备，赢得主动权。协同式供应链库存管理模式采取了多赢的原则，始终从全局的观点出发，设置统一的管理目标以及制订实施方案，以库存管理为核心，兼顾供应链上其他方面的管理。协同式供应链库存管理模式更有利于实现伙伴间更广泛、深入的合作，帮助企业制订面向客户的合作框架和基于销售报告的生产计划，进而避免供应链过程的约束等。

4.2.4　ABC 库存分类管理策略

ABC 库存分类管理策略又称为重点管理法，其核心思想是将企业的库存物料按品种和占用资金的多少分为非常重要的物料（A 类）、一般重要的物料（B 类）和不太重要的物料（C 类），然后针对不同的重要级别分别进行管理与控制。

1. 管理策略

针对不同重要级别的库存物料，企业应采取不同的管理策略进行管理。

（1）A 类库存物料。

A 类物料品种数量少，但占用库存资金额多，是企业非常重要的物料，应重点管理，具体可参考以下措施。

① 按照需求、小批量、多批次的采购入库，最好能做到准时化管理。

② 与供货商建立良好的合作伙伴关系，尽可能缩短订货提前期和交货期，力求供货商供货平稳，减少物料供应变动，保证物料及时供给。

③ 科学设置最低定额、安全库存和订货点（报警点），防止缺货情况的发生。

④ 严格执行物料盘点制度，定期检查，严密监控，尽可能提高库存物料精度。

⑤ 加强物料维护和保管，保证物料的使用质量。

（2）B 类库存物料。

B 类物料的品种数量和占用库存资金额都处于 A 类与 C 类物料之间，是企业一般重要的物料，可以采取以下常规管理方法。

① 按需采购，以不提高库存成本和获得价格优惠为标准。

② 选择优质的供货商，保证质量。

③ 不定期盘点物料，保证库存安全。

④ 及时采购，避免缺货；加强管理，减少不必要的囤积。

（3）C 类库存物料。

C 类物料品种数量多，但占用库存资金额少，是企业不太重要的物料，可以采取以下粗放管理的方法。

① 大量采购，以获得价格上的优惠。由于所消耗金额非常少，即使多储备，也不会提高太多采购成本和库存成本。

② 减少物料的盘点次数，部分数量很大、价值很低的物料不纳入日常盘点范围，但要规定物料最少出库的数量，减少物料出库次数。对于积压物品和不能发生作用的物料，应该每周向管理层报告，及时清理。

③ 为避免缺货现象，可以适当增加物料库存数量、减少订货次数、增加订货批量和安全库存量、降低订货成本。

2. 实施步骤

ABC 库存分类管理策略的实施，应建立在库存物料的各种数据完整、准确的基础之上，且需要企业各部门的协调与配合。其主要实施步骤如下。

（1）收集资料。按分析对象和分析内容收集有关资料。对库存物料的平均资金占用额进行分析，了解哪些物料占用资金多，以便实行重点管理。应收集的数据包括每种库存物料的平均库存量、每种物料的单价等。

（2）处理数据。对收集来的数据进行整理，按要求计算和汇总。

（3）制作 ABC 分析表。分别按照物品名称、品目数累计、品目数累计百分数、物品单价、平均库存、平均资金占用额（单价乘以平均库存）、平均资金占用额累计、平均资金占用额累计百分数、分类结果等进行制表分析。

（4）划分类别。根据 ABC 分析表确定分类。按 ABC 库存分类管理策略，累计比率为 0 ~ 60% 的，为最重要的 A 类物料；累计比率为 60% ~ 85% 的，为次重要的 B 类物料；累计比率为 85% ~ 100% 的，为不重要的 C 类物料。

案例分析——制作 ABC 分析表

A 企业的库存物料品目共有 3 070 种，每年占用资金 1 153 万元，各类物料及其资金占用情况如表 4-10 所示。

表 4-10　各类物料及其资金占用情况

存货编号	物料品目（种）	占用资金（万元）	存货编号	物料品目（种）	占用资金（万元）
1001	123	160	1002	260	300
1003	200	160	1008	800	90
1004	390	30	1009	30	85
1005	360	210	1010	437	40
1006	380	70	合计	3070	1153
1007	90	8			

现 A 企业计划利用 ABC 库存分类管理策略对库存物料进行分类，并制作 ABC 分析表。

分析：根据表 4-10 中的数据，首先以资金占比为依据从高到低排列物料，然后分别计算资金占总金额比率和累计比率，最后根据 ABC 库存分类管理策略进行分类，将累计比率为 0 ~ 60% 的划分为 A 类物料，累计比率为 60% ~ 85% 的划分为 B 类物料，累计比率为 85% ~ 100% 的划分为 C 类物料，具体结果如表 4-11 所示。

表 4-11　ABC 分析表

存货编号	物料品目	占用资金（万元）	资金占总金额比率	累计比率	类别
1002	260	300	26.02%	26.02%	A
1005	360	210	18.21%	44.23%	
1001	123	160	13.88%	58.11%	B
1003	200	160	13.88%	71.99%	
1008	800	90	7.81%	79.8%	
1009	30	85	7.37%	87.17%	C
1006	380	70	6.07%	93.24%	
1010	437	40	3.47%	96.71%	
1004	390	30	2.60%	99.31%	
1007	90	8	0.69%	100%	

4.3　客户关系管理

情景导入

随着业务量的不断增加，华舟集团的客户数量也在不断攀升，这对华舟集团的客户管理工作提出了要求。华舟集团通过客户制的形式，锁定了具有批量购买能力的终端零售商和机关事业单位，同时还在 ERP 的供应链管理中加入了客户关系管理系统，以此来实现精准的客户数据分析。

小李："我们使用的是什么客户关系管理系统呢？"

主管："我们使用的是专门订制开发的客户管理和商品查询系统，由计算机对客户数据、商品销售情况及库存数据进行管理和控制。这个系统能根据历史数据自动进行销售预测、制订采购计划，从而产生订单，功能十分强大，为企业开展全面的客户关系管理提供了强有力的信息支持。"

小李："那我们公司的客户关系管理效率应该很高吧？"

主管："我们不仅拥有先进的客户关系管理系统，同时也建立了客户开发部门进行客户关系管理。部门人员每天都会在外出拜访客户之前，查看该客户的历史消费记录，包括消费时间统计、种类统计、金额统计、最大成交额等，并结合该时期内的商品价格为客户事先制订一个推荐采购计划，从而主动和及时地满足客户的需要。"

小李："原来如此，看来我们平时进行的电话拜访、咨询员专访、邮寄邮报、信件联络、客户交流等工作，实际上也是为了收集数据、获取更多的信息回馈，从而更好地了解客户，实现有效的客户关系管理。"

4.3.1 客户关系管理的概念与核心思想

客户关系管理是企业现代营销管理的新理念，企业可以通过 ERP 系统连接到客户的客户，发挥企业联盟的作用。客户关系管理又是一种旨在改善企业与客户的关系的新型管理机制，它主要应用于企业的市场营销、销售、服务与技术支持等与客户相关的领域。

1. 客户关系管理的概念

客户关系管理是一个获取、保持和增加可获利客户的过程，它通过将人力资源、业务流程与专业技术进行有效整合，最终为企业涉及客户的各个领域提供完美的集成，使得企业可以以更低的成本、更高的效率来满足客户的需求，并与客户建立起基于学习型关系的一对一营销模式，让企业可以最大限度地提高客户满意度及忠诚度，挽回失去的客户，保留现有的客户，并不断发展新的客户，发掘并把握能给企业带来最大价值的客户群。

究其实质，客户关系管理是一套全新的管理理念，强调企业把客户作为经营的核心，全心全意地为客户服务，围绕客户开展业务。客户关系管理在整个客户生命周期中都以客户为中心，简化了各类与客户相关联的业务流程（如销售、营销、服务和支持等），并将重心集中于满足客户的需求上。它通过不断地改善销售、营销、客户服务和支持等与客户关系有关的业务流程和提高各个环节的自动化程度，缩短销售周期、降低销售成本、扩大销售量、增加收入与盈利、抢占更多市场份额、寻求新的市场机会和销售管道，最终从根本上提升企业的核心竞争力，使得企业在当前激烈的竞争环境中立于不败之地。客户关系管理将先进的思想与恰当的实践具体化，通过使用数据分析等先进的技术手段，来最终帮助企业实现以上目标。

另外，客户关系管理是一种以"客户关系一对一理论"为基础，旨在改善企业与客户的关系的新型管理机制。"客户关系一对一理论"认为，每个客户的需求是不同的，只有尽可能地满足每个客户的特殊需求，企业才能提高竞争力。每个客户对企业的价值也是不同的，企业通过满足每个客户的特殊需求，特别是满足重要客户的特殊需求，可以与每个客户建立起长期稳定的关系，双方的每一次交易都使得这种关系更加稳固，从而使企业在与同一客户的长期交往中获得更多的利润。

2. 客户关系管理的核心思想

客户关系管理的核心思想具体体现在以下两个方面。

（1）客户是企业发展最重要的资源之一。

不论是土地、设备、厂房、原材料、资金等有形资源，还是品牌、商标、专利、知识产权等无形资源，又或是现在非常受重视的人力资源和信息资源，企业的资源都随着社会的发展不断扩展。在市场从产品导向转为客户导向的今天，客户的选择更能决定一个企业的命运。因此，客户已经成为当今企业最重要的资源之一。在许多行业中，完整的客户档案或数据库就是一个企业颇具价值的资产。对于目前某些大型的互联网企业而言，其掌握的客户资源直接形成了企业的核心竞争力。客户关系管理便是以客户为核心，围绕客户展开全面的管理，执行相应的营销策略，从而使企业在竞争中处于有利地位。

（2）客户关系管理是对企业与客户发生的各种关系进行的全面管理。

企业与客户之间发生的关系，不仅包括单纯的销售过程中发生的业务关系，例如合同签订、订单处理、发货、收款等，也包括在营销及售后服务过程中发生的各种关系，例如企业服务人员对客户提供的关怀活动、各种服务活动等。对企业与客户可能发生的各种关系进行全面管理，将会显著提升企业的营销能力、降低企业的营销成本，还有利于企业减少营销过程中可能导致客户不满的各种行为。

经典理论

1982 年伦纳德·贝里（Leonard Berry）首次提出了关系营销的概念，正式揭开了理论界研究客户关系问题的序幕。最初，贝里将关系营销定义为培养、维护和强化客户关系。1995 年，贝里重新将关系营销定义为通过满足客户的想法和需求来获得客户的偏爱和忠诚。

4.3.2　客户数据管理

企业做好客户数据管理的工作，不仅可以有效提高效益，而且可以更好地实现精准推广，在获得更多客户的同时，得到更多有效的回馈。例如，电商企业在获取到客户数据后，便可以利用这些数据对客户的情况进行分析，了解客户人群的年龄分布、性别分布，各地区客户的增长流失情况等。

1. 客户分布情况分析

客户分布情况主要是指客户级别构成、性别比例、年龄层次、位置分布等，也就是对客户进行人群画像分析。图 4-5 展示的客户资料主要包含客户名称、客户级别、性别、年龄、地区 / 城市、交易总额、交易笔数、平均交易金额、上次交易时间等数据，企业利用这些数据就能很方便地查阅和分析客户的基本情况和交易情况。

	A	B	C	D	E	F	G	H	I
1	客户名称	客户级别	性别	年龄	地区/城市	交易总额(元)	交易笔数(笔)	平均交易金额(元)	上次交易时间
2	[illegible]	一级会员	女	22	合肥	8010.9	4	2002.73	2020/09/05
3	[illegible]	普通客户	女	30	武汉	2670.3	7	381.47	2020/09/03
4	[illegible]	普通客户	女	38	广州	8238.6	9	915.40	2020/10/29
5	[illegible]	普通客户	女	25	北京	5340.6	7	762.94	2020/08/27
6	[illegible]	普通客户	男	28	上海	6189.3	3	2063.10	2020/10/17
7	[illegible]	普通客户	女	27	苏州	8238.6	5	1647.72	2020/10/19
8	[illegible]	二级会员	女	27	青岛	8010.9	7	1144.41	2020/09/03
9	[illegible]	普通客户	女	41	合肥	6189.3	5	1237.86	2020/10/18
10	[illegible]	普通客户	女	25	成都	2670.3	7	381.47	2020/09/02
11	[illegible]	普通客户	女	30	贵州	8010.9	3	2670.30	2020/08/28
12	[illegible]	普通客户	女	23	深圳	8238.6	7	1176.94	2020/08/31

图 4-5　客户资料

例如，在 Excel 中利用 COUNTIF 函数可以分别统计女性客户和男性客户的数量，制作饼图分析客户的性别占比，如图 4-6 所示。

客户级别	性别	年龄	地区/城市	交易总额(元)	交易笔数(笔)	平均交易金额(元)	上次交易时间
一级会员	女	22	合肥	8010.9	4	2002.73	2020/09/05
普通客户	女	30	武汉	2670.3	7	381.47	2020/09/03
普通客户	女	38	广州	8238.6	9	915.40	2020/10/29
普通客户	女	25	北京	5340.6	7	762.94	2020/08/27
普通客户	男	28	上海	6189.3	3	2063.10	2020/10/17
普通客户	女	27	苏州	8238.6	5	1647.72	2020/10/19
二级会员	女	27	青岛	8010.9	7	1144.41	2020/09/03
普通客户	女	41	合肥	6189.3	5	1237.86	2020/10/18
普通客户	女	25	成都	2670.3	7	381.47	2020/09/02
普通客户	女	30	贵州	8010.9	3	2670.30	2020/08/28
普通客户	女	23	深圳	8238.6	7	1176.94	2020/08/31
普通客户	女	41	杭州	8077.14	3	2692.38	2020/10/12
普通客户	女	28	杭州	4119.3	7	588.47	2020/10/27
二级会员	男	30	北京	2049.3	4	512.33	2020/09/03
一级会员	女	45	上海	8238.6	9	915.40	2020/10/10
普通客户	女	25	深圳	8010.9	7	1144.41	2020/09/03
普通客户	女	41	苏州	2670.3	3	890.10	2020/09/02
普通客户	女	27	广州	8157.87	6	1359.65	2020/10/21
二级会员	女	28	上海	2670.3	7	381.47	2020/09/03
一级会员	女	25	上海	2670.3	7	381.47	2020/08/24
一级会员	女	23	北京	8010.9	5	1602.18	2020/09/02
普通客户	女	25	广州	8238.6	5	1647.72	2020/10/31
普通客户	女	30	深圳	8238.6	7	1176.94	2020/10/31
二级会员	女	25	杭州	2670.3	7	381.47	2020/09/07
普通客户	女	33	上海	4119.3	3	1373.10	2020/10/29
一级会员	女	30	成都	7617.6	9	846.40	2020/10/28
一级会员	女	33	北京	2670.3	5	534.06	2020/08/31
普通客户	女	23	南京	4119.3	7	588.47	2020/10/08
一级会员	女	23	杭州	2670.3	4	667.58	2020/08/24
二级会员	女	23	北京	8238.6	7	1176.94	2020/10/29

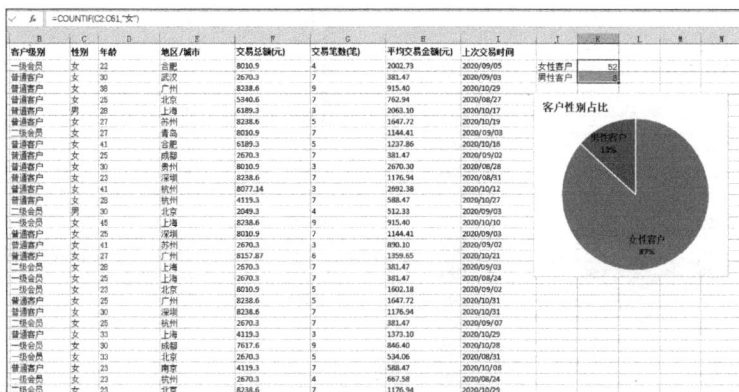

图 4-6　客户的性别占比分析

又如，利用 COUNTIF 函数可以对客户年龄进行分段，统计各年龄段的客户数量，了解客户的年龄分布占比，如图 4-7 所示。

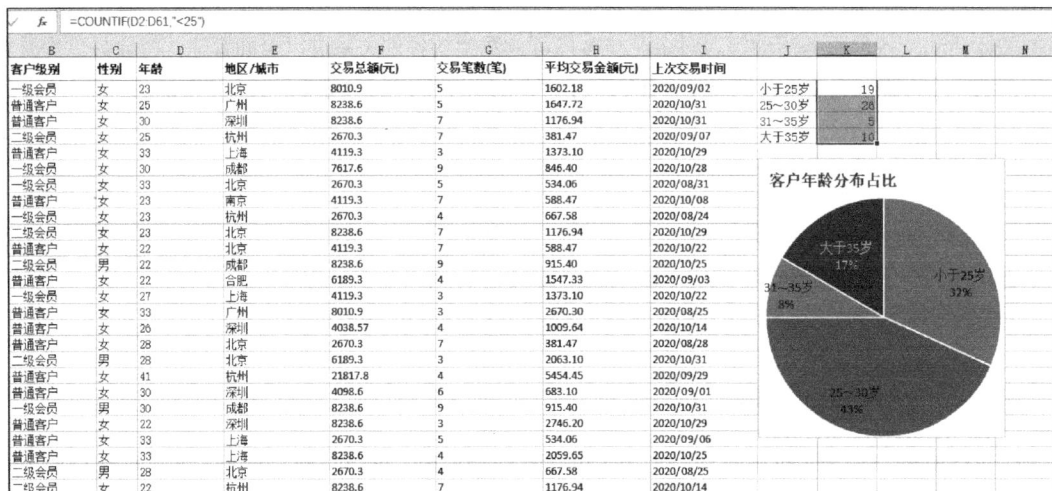

图 4-7　客户的年龄分布占比分析

2. 客户增长与流失的管理

企业的客户数量不是固定不变的，根据企业的营销效果和客户的购物喜好，客户数量会持续变化。对于企业而言，正常情况下每个时期都会流失一些客户，但同时也会新增一些客户。如果将所有客户按不同地区或不同年龄来划分（也可按其他属性划分），就可以分析不同时期内客户的增长流失情况，从而便于企业针对不同的客户制订更为有效的运营计划。例如，按城市分布来划分客户并收集资料，了解 10 月不同城市的客户的数量，以及 11 月新增的客户数量和流失数量。有了这些基础数据，就可以计算相对于 10 月而言，11 月各城市的客户增长率和流失率了。其中，客户增长率=11 月新进客户数 ÷10 月客户数; 客户流失率=11 月流失客户数 ÷10 月客户数,结果如图 4-8 所示。

	A	B	C	D	E	F	G	H	I
1	客户所在城市	10月客户数	11月新增客户数	11月流失客户数	客户增长率	客户流失率			
2	北京市	1411	152	180	10.77%	12.76%			
3	上海市	969	59	161	6.09%	16.62%			
4	广州市	1241	265	251	21.35%	20.23%			
5	深圳市	1139	64	96	5.62%	8.43%			
6	天津市	1581	165	265	10.44%	16.76%			
7	成都市	850	61	80	7.18%	9.41%			
8	杭州市	1564	92	98	5.88%	6.27%			
9	苏州市	986	89	172	9.03%	17.44%			
10	重庆市	901	284	91	31.52%	10.10%			
11	武汉市	1428	87	272	6.09%	19.05%			
12	南京市	918	82	89	8.93%	9.69%			
13	大连市	918	294	159	32.03%	17.32%			
14	沈阳市	1632	85	65	5.21%	3.98%			
15	长沙市	1462	181	196	12.38%	13.41%			
16	郑州市	1020	299	54	29.31%	5.29%			
17	西安市	1139	98	194	8.60%	17.03%			
18	青岛市	1632	169	90	10.36%	5.51%			
19	无锡市	1394	77	60	5.52%	4.30%			
20	济南市	1173	58	160	4.94%	13.64%			
21	宁波市	1462	179	286	12.24%	19.56%			

图 4-8　不同城市的客户增长与流失数据

　　以客户所在城市、客户增长率和客户流失率为数据源，可以创建更直观的柱形图，如图 4-9 所示。企业通过图表可以了解不同城市客户增长率与流失率的对比，例如图中重庆、大连和郑州 3 座城市的客户增长率高、流失率低，说明客户关系管理的效果较好；上海、天津、苏州、武汉、西安、济南、宁波等城市的客户增长率低、流失率高，且差距较大，说明这几座城市的客户数量在减少，企业可以重点针对这几座城市的人群特征，采取相应措施，改善客户流失率过高的情况。

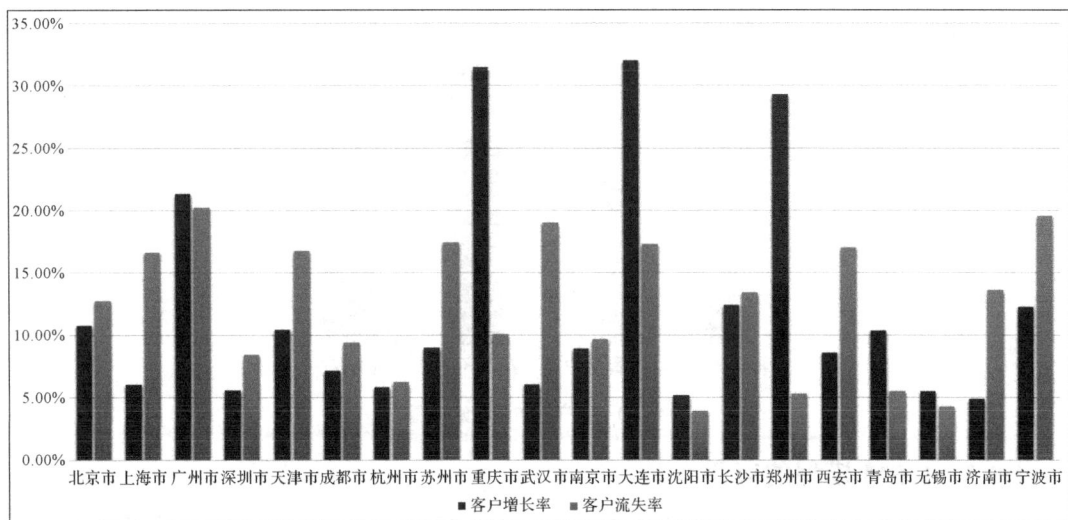

图 4-9　各城市客户增长率与流失率对比

3. 客户生命周期分析

　　所谓客户的生命周期，是指从企业对某一客户进行开发开始，直到客户与企业的业务关系完全终止的这一时间段。客户生命周期分析是对客户关系从一个阶段向另一个阶段转变的整体描述。通过分析客户的生命周期，企业就能针对这些特征不同的客户采取最合适的营销策略，做好客户关系管理。一般来说，客户的生命周期依次表现为潜在客户、新客户、活跃客户、睡眠客户、流失客户，他们的特征分别如下。

　　（1）潜在客户。

　　潜在客户指并没有与企业产生过交易关系，但对企业的产品有兴趣或有订购意向的一类客户。

　　（2）新客户。

　　新客户指近期与企业发生过交易的客户。

　　（3）活跃客户。

　　活跃客户指企业已有的客户，且在最近一段时期（如 3 个月）与企业发生过交易。

　　（4）睡眠客户。

　　睡眠客户指最后一次与企业发生交易距离现在已经有很长一段时间，如最近 6 个月都没有任何交易行为的客户。

　　（5）流失客户。

　　流失客户指最后一次与企业发生交易距离现在至少已间隔 1 年时间的客户。

　　针对处在不同生命周期的客户，企业可以采取不同的措施进行管理，例如，针对潜在客户可以通过价格优惠活动等来吸引他们产生交易行为；针对活跃客户则给予他们更好的服务和资源，通过向上营销和交叉营销的方式使其能够长期保持在这个周期；针对流失客户可以通过更加具有吸引力的营销策略将其召回，如大幅降价、提高服务质量等。

企业根据客户最近一次的交易时间，就可以划分出该客户属于哪个生命周期，进而可以查看客户生命周期的分布情况，如图 4-10 所示。从图中可以发现，该企业的潜在客户为 4%，流失客户为 6%，这表示该时间段内企业有 4% 的客户增长空间，但已有客户流失了 6%。另外，该企业的睡眠客户占比较高，需要着手开展睡眠客户"唤醒"活动，将客户"唤醒"，使其产生交易行为。

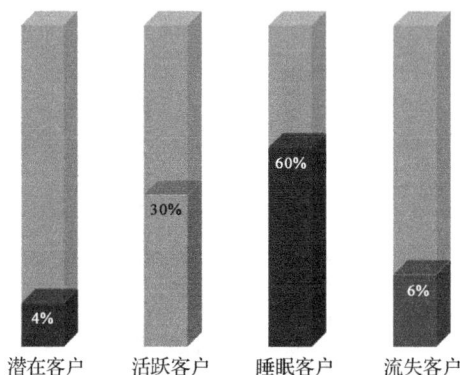

图 4-10　客户生命周期分布情况

4.3.3　RFM 模型的应用

RFM 模型是一种通过对最近一次消费时间、消费频率和消费金额 3 个指标进行分析来描述客户价值状况的分析模型，可以根据客户活跃程度和交易金额的贡献，进行客户价值细分，以此识别优质客户，衡量客户价值和客户利润的创收能力，为客户制订个性化的沟通和营销服务，并为更多的营销决策提供有力支持。

1. 客户价值挖掘

在应用 RFM 模型之前，企业需要了解每一位客户的忠诚度、购买力和价格容忍度这 3 个维度下的 6 种数据。其中忠诚度可以用最近一次消费时间和消费频率来衡量，购买力可以用消费金额和最大单笔消费金额来衡量，价格容忍度可以用特价商品消费占比和最高单价商品消费占比来衡量。

（1）最近一次消费时间。将客户最近一次消费时间与现在的间隔时间，转化为对应的指数，例如，最近 1 个月有消费，对应指数为"5"，最近 3 个月有消费，对应指数为"4"等。间隔时间越长，指数越低，最低为"1"。

（2）消费频率。将根据客户重复购买的频率转化为对应的指数，频率越高，指数越高，从高到低依次为 5、4、3、2、1（下同）。

（3）消费金额。根据"二八定律"，即 80% 的利润由 20% 的客户产生，这 20% 的客户就是核心价值客户，应该得到更多的营销资源。将客户的消费金额转换为对应的指数，金额越大，指数越高。

（4）最大单笔消费金额。最大单笔消费金额代表客户的购买力，将其转换为对应的指数，单笔消费金额越大，指数越高。

（5）特价商品消费占比。特价商品消费占比侧面反映了客户对商品价格的接受程度。该占比越大，转换后的指数越低，二者为负相关。

（6）最高单价商品消费占比。最高单价商品消费占比是最大单笔消费金额的拓展指标，可以体现客户的价格容忍度，具体值和价格容忍度为正相关，占比越大，指数越高。

2. 应用 RFM 模型

RFM 模型主要从最近一次消费时间（Recency，R）、消费频率（Frequency，F）和消费金额

（Monetary，M）这 3 个指标来分析客户数据，因此企业只需要了解客户的上次交易时间、交易总额和交易笔数。通过对客户的这几个指标进行评价，企业就可以对每一位客户进行细分。图 4-11 即为利用 RFM 模型对客户进行细分及其营销策略。

R	F	M	细分类型	营销策略
高	高	高	重要价值客户	倾斜更多资源，提供VIP服务、个性化服务、附加销售
低	高	高	重要唤回客户	DM营销，提供有用资源，通过新商品唤回
高	低	高	重要深耕客户	交叉销售，提供忠诚度计划，推荐其他商品
低	低	高	重要挽留客户	重点联系或拜访，提高留存率
高	高	低	潜力客户	向上销售价值更高的商品
高	低	低	新客户	提供免费试用，提高客户兴趣，创建品牌知名度
低	高	低	一般维持客户	积分制，分享宝贵资源，以折扣推荐热门商品，重新联系
低	低	低	低价值客户	恢复客户兴趣，否则暂时放弃

图 4-11　利用 RFM 模型对客户进行细分及其营销策略

图 4-12 便是参照上图中的内容，利用 Excel 中的 IF 函数来判断最近一次消费时间、消费频率和消费金额，这 3 个指标的数据，进而细分出的客户类型。

	A	B	C	D	E	F	G	H	I
1	客户名称	上次交易时间	时间间隔	交易笔数(笔)	交易总额(元)	R	F	M	客户细分类型
2		2020/06/15	150	3	6189.30	高	低	低	新客户
3		2020/06/15	150	9	8238.60	高	高	高	重要价值客户
4		2020/07/10	125	9	8238.60	低	高	高	重要唤回客户
5		2020/07/02	133	3	6189.30	低	低	低	低价值客户
6		2020/06/18	147	4	2049.30	高	低	低	新客户
7		2020/06/16	149	9	14158.80	高	高	高	重要价值客户
8		2020/07/10	125	4	2670.30	低	低	低	低价值客户
9		2020/07/09	126	7	2049.30	低	高	低	一般维持客户
10		2020/06/25	140	5	2670.30	高	低	低	新客户
11		2020/06/16	149	5	4119.30	高	低	低	新客户
12		2020/06/16	149	7	8238.60	高	高	高	重要价值客户
13		2020/06/15	150	7	8238.60	高	高	高	重要价值客户
14		2020/06/15	150	5	8238.60	高	低	高	重要深耕客户
15		2020/06/17	148	3	8238.60	高	低	高	重要深耕客户
16		2020/06/17	148	9	8238.60	高	高	高	重要价值客户
17		2020/07/12	123	7	8238.60	低	高	高	重要唤回客户
18		2020/07/12	123	3	4119.30	低	低	低	低价值客户
19		2020/07/12	123	9	7617.60	低	高	高	重要唤回客户
20		2020/07/12	123	7	4119.30	低	高	低	一般维持客户
21		2020/07/11	124	9	8238.60	低	高	高	重要唤回客户

图 4-12　利用 RFM 模型对客户进行细分操作

4.4　项目实训——分析库存并采购物料

4.4.1　实训背景

最近，华舟集团销售部门总是遇到商品供应不足、供货商延期发货、商品过期等各式各样的问题。作为销售经理的王丽，随即展开了调查，她发现出现这些问题的源头在于安全库存的衡量不准确、供应商的选择不合理以及信息在各部门之间的流通不顺畅。另外，商品安全库存也完全是同事们凭借经验来设定的，缺乏足够的数据支撑。因此，王丽让销售部门的同事重新通过科学的方法来设置安全库存，并确定材料的采购数量和供应商，最后填写请购单。

4.4.2 实训要求

（1）通过计算为物料设置安全库存。

（2）利用经济订货批量法确定需要采购物料的数量。

（3）通过供货商评价策略选择本次采购的供货商。

（4）填写请购单和收料入库单。

4.4.3 实训实施

（1）打开“安全库存 .xlsx”工作簿（配套资源：素材 \ 第 4 章 \ 安全库存 .xlsx），“库存”工作表中已录入了甲、乙、丙 3 种材料的目前库存量、2020 年 7 月—9 月的实际需求量、各材料的最大订货提前期和允许缺货概率；“安全系数与缺货概率统计表”工作表中录入了不同缺货概率对应的安全系数值，如图 4-13 所示。

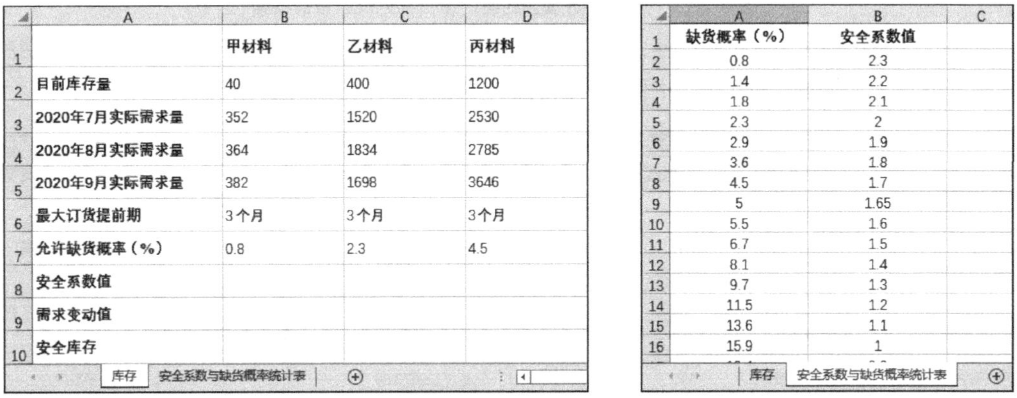

	A	B	C	D
1		甲材料	乙材料	丙材料
2	目前库存量	40	400	1200
3	2020年7月实际需求量	352	1520	2530
4	2020年8月实际需求量	364	1834	2785
5	2020年9月实际需求量	382	1698	3646
6	最大订货提前期	3个月	3个月	3个月
7	允许缺货概率（%）	0.8	2.3	4.5
8	安全系数值			
9	需求变动值			
10	安全库存			

库存　安全系数与缺货概率统计表

	A	B	C
1	缺货概率（%）	安全系数值	
2	0.8	2.3	
3	1.4	2.2	
4	1.8	2.1	
5	2.3	2	
6	2.9	1.9	
7	3.6	1.8	
8	4.5	1.7	
9	5	1.65	
10	5.5	1.6	
11	6.7	1.5	
12	8.1	1.4	
13	9.7	1.3	
14	11.5	1.2	
15	13.6	1.1	
16	15.9	1	

库存　安全系数与缺货概率统计表

图 4-13　初始数据

（2）在“库存”工作表中选择 B8:D8 单元格区域，在编辑栏中输入“=VLOOKUP(B7, 安全系数与缺货概率统计表 !$A$2:$B$21, 2)”（其中，“安全系数与缺货概率统计表”的单元格区域可直接在该工作表中拖曳相应的单元格区域快速引用），按【Ctrl+Enter】组合键查找各材料对应的安全系数值，如图 4-14 所示。

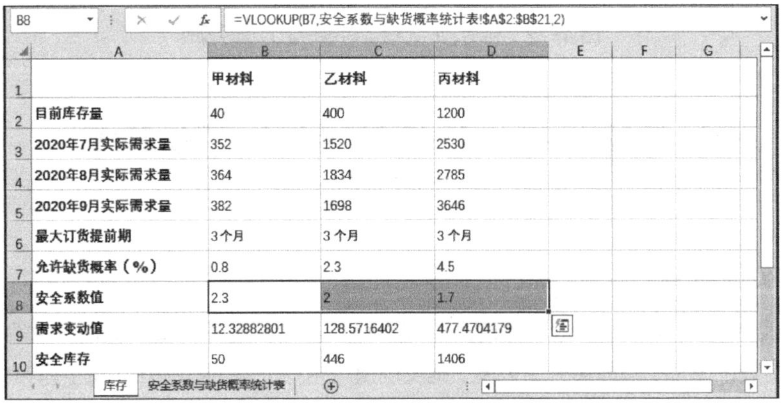

B8　=VLOOKUP(B7,安全系数与缺货概率统计表!$A$2:$B$21,2)

	A	B	C	D	E	F	G
1		甲材料	乙材料	丙材料			
2	目前库存量	40	400	1200			
3	2020年7月实际需求量	352	1520	2530			
4	2020年8月实际需求量	364	1834	2785			
5	2020年9月实际需求量	382	1698	3646			
6	最大订货提前期	3个月	3个月	3个月			
7	允许缺货概率（%）	0.8	2.3	4.5			
8	安全系数值	2.3	2	1.7			
9	需求变动值	12.32882801	128.5716402	477.4704179			
10	安全库存	50	446	1406			

库存　安全系数与缺货概率统计表

图 4-14　返回各材料的安全系数值

（3）在“库存”工作表中选择 B9:D9 单元格区域，在编辑栏中输入“=STDEV.P(B3:B5)”，按【Ctrl+Enter】组合键返回标准偏差，计算需求变动值，如图 4-15 所示。

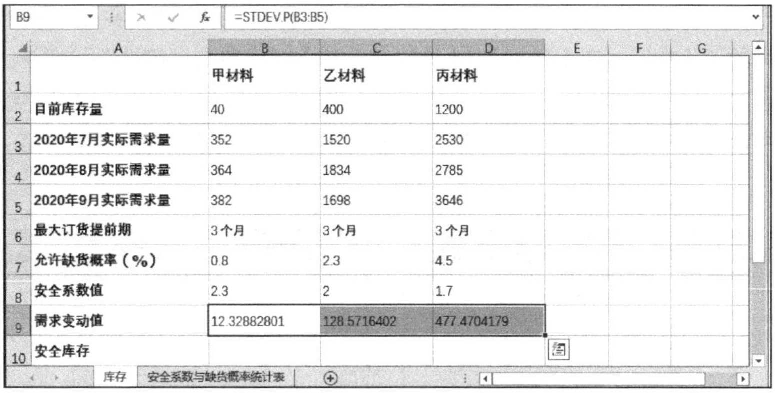

B9 | =STDEV.P(B3:B5)

	甲材料	乙材料	丙材料
目前库存量	40	400	1200
2020年7月实际需求量	352	1520	2530
2020年8月实际需求量	364	1834	2785
2020年9月实际需求量	382	1698	3646
最大订货提前期	3个月	3个月	3个月
允许缺货概率（%）	0.8	2.3	4.5
安全系数值	2.3	2	1.7
需求变动值	12.32882801	128.5716402	477.4704179
安全库存			

库存　安全系数与缺货概率统计表

图 4-15　返回各材料的需求变动值

（4）在“库存”工作表中选择 B10:D10 单元格区域，在编辑栏中输入“=ROUNDUP(B8*B9*SQRT(B6),0)”，按【Ctrl+Enter】组合键返回各材料的安全库存资料，对比发现各材料当前的库存都低于安全库存，需要采购补充，如图 4-16 所示（配套资源：效果\第 4 章\安全库存.xlsx）。

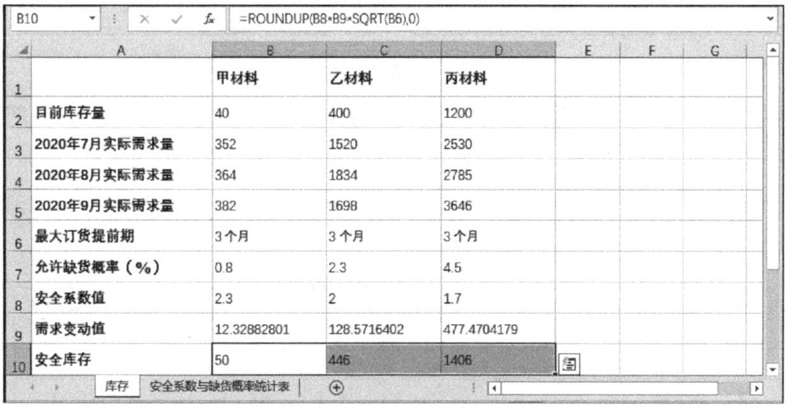

B10 | =ROUNDUP(B8*B9*SQRT(B6),0)

	甲材料	乙材料	丙材料
目前库存量	40	400	1200
2020年7月实际需求量	352	1520	2530
2020年8月实际需求量	364	1834	2785
2020年9月实际需求量	382	1698	3646
最大订货提前期	3个月	3个月	3个月
允许缺货概率（%）	0.8	2.3	4.5
安全系数值	2.3	2	1.7
需求变动值	12.32882801	128.5716402	477.4704179
安全库存	50	446	1406

库存　安全系数与缺货概率统计表

图 4-16　计算各材料的安全库存

（5）打开“批量订货.xlsx”工作簿（配套资源：素材\第 4 章\批量订货.xlsx），选择 B9:D9 单元格区域，在编辑栏中输入“=ROUNDUP(SQRT((2*B5*B6)/(B4*B7+B4*B8)),0)”，按经济订货批量的计算公式计算各材料的最佳订货批量，按【Ctrl+Enter】组合键返回计算结果，如图 4-17 所示（配套资源：效果\第 4 章\批量订货.xlsx）。

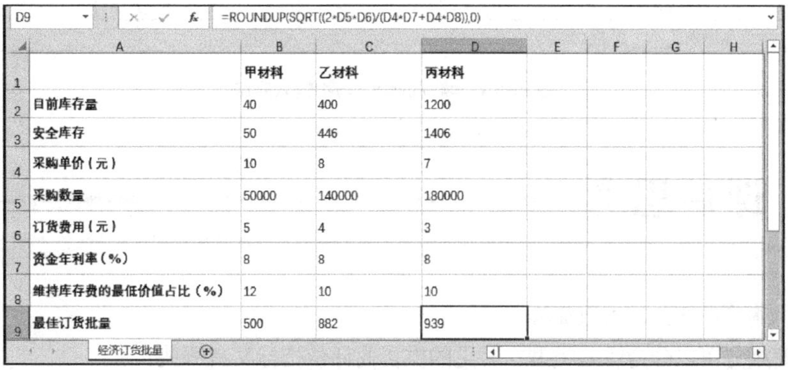

D9 | =ROUNDUP(SQRT((2*D5*D6)/(D4*D7+D4*D8)),0)

	甲材料	乙材料	丙材料
目前库存量	40	400	1200
安全库存	50	446	1406
采购单价（元）	10	8	7
采购数量	50000	140000	180000
订货费用（元）	5	4	3
资金年利率（%）	8	8	8
维持库存费的最低价值占比（%）	12	10	10
最佳订货批量	500	882	939

经济订货批量

图 4-17　计算各材料的最佳订货批量

（6）打开"供货商评价 .xlsx"工作簿（配套资源：素材 \ 第 4 章 \ 供货商评价 .xlsx），其中汇总了各供货商的评价指标，在【数据】/【排序和筛选】组中单击"筛选"按钮▼，筛选出合作关系为商业型、合作时间为 1 年、质量评级为"良"、采购价评级为"优"、服务评级为"满意"的供货商，从该供货商处采购甲、乙、丙材料，如图 4-18 所示（配套资源：效果 \ 第 4 章 \ 供货商评价 .xlsx）。

图 4-18　筛选合适的供货商

（7）打开"单据 .xlsx"工作簿（配套资源：素材 \ 第 4 章 \ 单据 .xlsx），按前面计算出的数据填写请购单和物料入库单，如图 4-19 所示（配套资源：效果 \ 第 4 章 \ 单据 .xlsx）。

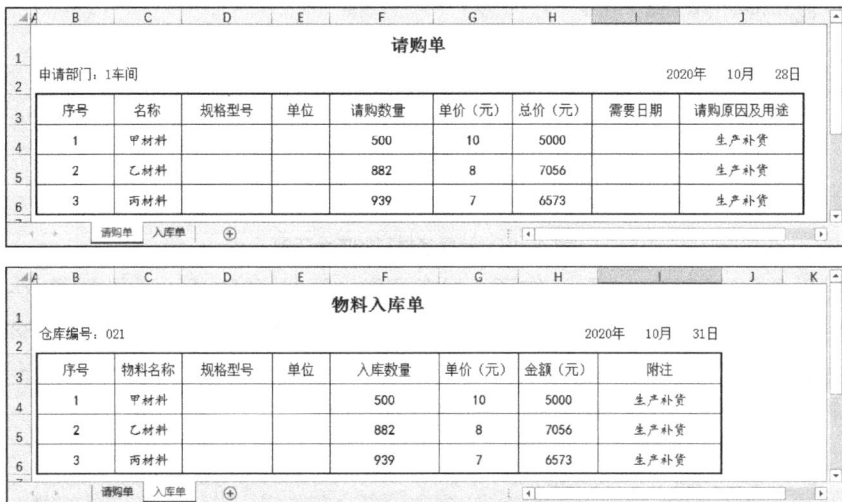

图 4-19　填写请购单与物料入库单

4.5　课后思考

1. 谈谈采购管理作业的大致流程。
2. 供货商细分可以分为哪些类型？常见的供货商评价指标又有哪些？
3. 分析物料需求计划采购、准时化采购和供应链采购的不同。

4. 如何理解经济订货批量法、固定批量法、直接批量法和固定周期批量法这几种订货批量方法。

5. 库存有哪些分类？库存管理的作用和内容又是什么？

6. 什么是传统库存管理模式、供货商管理库存模式、联合库存管理模式和协同式供应链库存管理模式？说一说这几种管理模式的区别。

7. 怎样理解客户关系管理这一概念。

8. RFM 模型涉及了哪些指标？这些指标如何实现客户的细分工作？

★ 管理工具推荐 ● ● ● ●

1. 供货商谈判报告

供货商谈判报告可以显示未来一个季度、半年或一年的计划采购订单。根据这样的报告，采购员可以更好地关注采购费用多的物料以及价格差异大的物料。表 4-12 即为供货商谈判报告的示例，其中显示了下个季度应当下达的计划采购订单。报告按一年中的最大采购费用列出了采购物料项目，便于采购员准确把握采购信息。

表 4-12　供货商谈判报告

物料号	计划订单量	年计划订单总量	计划订单下达日期	成本（元）	差异（元）	预计年采购费用（元）	预计年差异（元）
7052	3000	30 000	2020/12/20	60.00	9.00	1 800 000	270 000
4690	10 000	100 000	2020/12/28	8.00	0.50	800 000	50 000

2. 再订货点库存法

再订货点是用来明确启动补给订货策略的货品单位数，一旦存货量低于再订货点即需进行补给订货。当需求量或完成周期存在不确定性时，需使用合适的安全库存来缓冲或补偿不确定因素。再订货点库存法的计算公式如下。

$$再订货点 = 采购提前期消耗量 + 安全库存$$

企业为了保证生产经营活动的顺利进行，必须提前若干天购入存货，提前的天数就是订货提前期。一般情况下，订货提前期应等于交货天数。在提前进货的条件下，企业再次发出订货单时尚有的存货库存量就是再订货点。在考虑安全库存时，再订货点（R）的数量应等于交货时间（L）与平均每日需求量（d）之积，再加上保险储备量（B）。因此，再订货点库存法模型的表达式如下。

$$R = d \times L + B$$

第 **5** 章

车间管理与控制

重要概念

车间管理、生产任务单、加工单、派工单、生产进度控制、重复生产管理

知识目标

/ 熟悉车间管理的流程。
/ 了解生产任务单、加工单、派工单的生成方式。
/ 熟悉生产作业控制的重点。
/ 掌握生产进度控制的方法。
/ 了解重复生产管理的内容。

扫一扫

知识框架

能力目标

/ 能够均衡生产，使车间的人、财、物有效运转，取得最优经济效益。
/ 能够在生产作业过程中实施有效控制，偏离计划时，要及时纠正。

引导案例

车间管理的作用不可忽视

A 公司是一家大型的工程设备制造企业，其主要生产的产品包括起重机、升降机、翻斗车和叉车等。公司现有员工 200 人，其中有工程技术人员 50 人、管理人员 30 人，生产方式为订货型，生产类型为单件小批量生产。由于 A 公司所售产品绝大部分属于大型器件，设计工作量大、制造周期较长，对 A 公司的车间管理与控制工作提出了很高的要求。A 企业要怎样才能达到缩短产品制造周期、提高市场反应速度、获得更多订单的目的呢？

在这种情况下，A 公司积极引进人才，开展了职工技术与管理培训工作，并在 ERP 软件的生产任务管理模块中增加了车间管理与控制子系统，该子系统对 A 公司的影响尤其明显，主要体现在以下几个方面。

（1）产品能够按照销售部门与客户商定的交货期出厂，有时还会提前。

（2）生产订单的执行效率明显提高，次品和不合格品的比率也明显降低。

（3）报告期和产品的实际成本与利润数据准确，增强了企业的成本控制能力。

【思考】

（1）A 公司为什么会在 ERP 软件中增加车间管理与控制子系统？

（2）车间管理与控制子系统帮助 A 公司解决了什么样的难题？

5.1 车间管理概述

情景导入

车间管理是公司经营计划实施的主体，管理过程将对公司经营目标的实现产生直接影响。因此，车间管理在企业经营过程中起着重要作用。

小李："车间管理这么重要，为什么我没有在 ERP 软件中发现该模块呢？"

主管："车间管理模块一般包含在生产管理系统模块之中，属于生产管理的子系统，其管理目标是按照物料需求计划的要求，按时、保质、保量地完成加工制造任务。现在你就可以进入 ERP 软件的生产管理模块，了解车间管理的相关信息。"

5.1.1　车间与车间管理

车间是企业内部在生产过程中完成一定工序或单独生产某些产品的场所。车间一般按照生产的专业性质来设置，并配备一定的场地或厂房，拥有完成一定生产任务所需的设备和设施，同时还要配备一定数量的操作人员、技术人员和管理人员。由此可见，车间的特点主要体现为，车间应该具备一定的规模，一个或几个工作地点不能称为一个车间；车间应该具备一定的管理职能，不具备相对完善的管理职能的生产单位不能称为车间；车间应该具有相对明确的生产对象和一定的生产条件，无明确生产对象，不具备生产条件，或流动性很大的作业场所不能称为车间。

车间管理是指对车间所从事的各项生产经营活动进行计划、组织、指挥、协调以及控制的一系列管理工作，包括对职工进行激励、教育和生活福利的管理。车间管理是企业整体管理的基础，是执行性的效率管理，其主要任务体现在以下几个方面。

1. 健全车间生产组织，合理组织生产

车间的主要任务就是生产，围绕生产提高车间管理水平是车间管理的基本方向。因此，车间应在厂部生产指挥系统的领导下，建立、健全统一的生产组织机构。同时，管理人员应根据厂部下达的生产任务，为车间各工段安排生产和工作任务，保证企业正常的生产秩序。

2. 完善车间管理制度

在贯彻企业各项规章制度的前提下，车间要结合自身的特点，按照经济责任制的原则，制订各项管理制度以及车间内部各类人员的工作职责和工作标准，做到工作有人做，检验有依据，责任有人担当。

3. 建立车间评价指标体系

根据车间管理所要解决的问题和想要达到的目的，企业要建立起一组能充分反映管理目的、衡量方案优劣的评价指标体系，然后确定这些目标的要求值和性能特点。

4. 加强车间核算工作

车间核算由技术核算、统计核算和经济核算3个部分组成。一个企业能否取得良好的经济效益，很大程度上取决于各车间是否有较好的生产经营效益，而生产经营效益只有通过核算才能有效且直观地反映出来。因此，企业只有加强车间核算工作，做到心中有数，才能对车间各方面的工作提出切实可行的改进措施。

5. 管好、用好固定资产

机器设备是车间生产的主要手段。要保证生产任务的顺利完成，企业就要不断提高车间设备的利用率和完好率，建立科学的设备使用、维护制度，监督设备的使用状况，定期维修设备。同时，企业还要不断加强设备和工具管理，防止出现设备和人身事故。

5.1.2 车间管理的内容与流程

车间管理的目标是根据物料需求计划的要求，以最低的劳动成本，按时、保质、保量地完成加工制造任务。车间管理的具体流程是根据物料需求计划、制造工艺路线与各工序的能力数据，生成生产任务单下达给各个车间，并安排各工作中心的工作优先级，控制计划进度，最终将产品完工入库，车间管理的关键流程如图5-1所示。

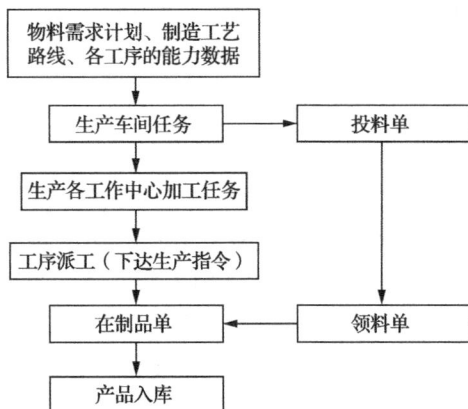

图 5-1 车间管理的关键流程

1. 根据物料需求计划生成车间任务

物料需求计划提供的是各种物料的计划需求日期。车间接收的物料需求计划订单是生产计划员根据标准状态的资料制订的，所以在投放前要仔细核实车间的实际情况。例如，检查工作中心、物料、生产提前期等的有效性，解决计划与实际之间存在的问题，做出各物料加工的车间进度计划（即加工单），并根据物料短缺报告，说明物料在任务单上的短缺量，帮助管理人员及时掌握有关情况，采取相应措施，及时加以解决。

2. 生成各工作中心的加工任务并进行作业排序

生成工作中心的加工任务是指根据工作中心的加工情况、排队等候情况、上道工序的加工情况，制订工作中心的加工任务计划，以控制生产过程中各工序的流动和优先级。该计划说明了在某个工作中心将要或正在生产的产品、订单的优先级、已完成的产品数量和未完成的产品数量等信息。

3. 下达生产指令

生产指令单是生产安排的计划和核心，通常以生产工单的形式表现，它包含的基本要素有生产的产品、数量、作业时间、作业开始时间、作业结束时间等。生产指令一旦下达并实施，生产制造的控制活动就同时开始运作。生产控制的主要内容包括进度控制、质量控制、成本控制和车间物流控制。

4. 在制品管理

在制品管理也是车间管理的一项重要工作。车间应采用科学合理的管理方法对车间的原材料、半成品及成品加以严格的管理，其作用是保证各生产环节之间的衔接协调，让车间按生产作业计划的要求有节奏、均衡地进行生产，同时有效地控制在制品的流转过程，缩短生产周期，减少在制品占用量，避免在制品积压和损失造成的成本增加风险。

5. 产品入库管理

产品入库是产品进入仓库储存时所进行的产品接收、卸货、搬运、数量清点以及质量检查等一系列活动的总称。产品入库管理包括产品接运、产品验收和产品档案建立 3 个方面的内容，其基本要求是保证入库产品数量准确、质量符合要求、手续完备清楚。

6. 收集车间数据

车间数据包括人工数据、生产数据、质量控制数据以及物料移动数据等。对车间数据信息进行收集、统计与分析，可以帮助管理人员改进车间管理工作。

案例分析——车间管理的重要性

　　A 公司是一家在业内有良好口碑的电子设备生产企业，主要以化工产品为原料来生产电子产品。几年前，考虑到市场规模日益扩大，公司管理层决定在河南新建一个生产基地。虽然 A 公司这几年产品销量一直比预期好，并且部分产品还打入了国外市场，但一直困扰管理层的产品质量投诉和不能准时交货两大难题却始终未能解决。为了寻找解决问题的有效办法，管理层决定加强车间管理、完善车间管理制度、建立车间指标体系，同时对公司正在实施的 ERP 软件的车间生产作业管理模块进行优化。

　　此外，针对生产数据收集工作量大、生产任务多、生产过程难以控制等情况，管理人员要求 ERP 软件维护人员在软件中增加主生产计划中自动查询销售、库存数据等功能，确保主生产计划的准确性。同时，管理人员还希望 ERP 软件能够从主生产计划和能力需求计划两个层次对生产能力与负荷进行调整。若发现能力与负荷不平衡时，软件可以对该车间或工段的能力、负荷进行调整，从而使能力与负荷趋于平衡，这样才有利于计划人员控制生产计划，把握交货期。

经过 3 个月的验证，A 公司的产品质量有了明显改善，同时产品不能准时交货的现象也有所减少。

分析： A 公司通过完善车间管理工作和优化 ERP 软件，使产品的问题很快得到了解决；由此可见，车间管理对于企业而言是很重要的，只有做好车间管理工作，才能更有效地降低损耗与成本、提高产品质量、保证按时交货。

5.1.3　车间管理与其他模块的关系

ERP 软件中的车间管理模块可以帮助车间管理人员监督和控制车间的生产活动，同时还可以帮助企业提高劳动生产率、减少车间在制品。车间是企业内部执行生产任务的单位，它以单纯完成生产任务订单为目的，只需要通过具体的生产活动来保证订单的实施，一般不需要直接与外部发生经济联系，因此车间管理是以生产为中心的企业管理形态。图 5-2 展示了车间管理模块与其他模块的关系。

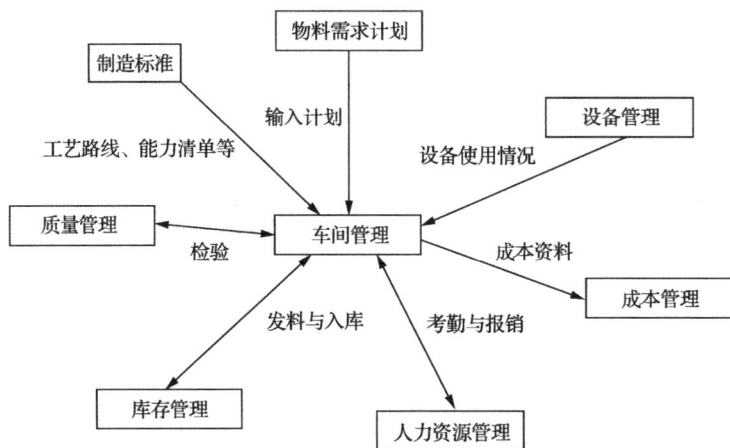

图 5-2　车间管理模块与其他模块的关系

5.2　车间生产任务管理

情景导入

小李："主管，我进入公司 ERP 软件中的车间管理模块后，发现其中还有很多个子模块，例如车间生产任务管理、车间系统维护、生产工单管理、车间物料管理等，这些子模块在工作中都会使用吗？"

> 主管："嗯，这些子模块在产品的生产过程中都可能会涉及，但我们主要操作的是车间生产任务管理子模块，其中涉及生产的下达、派工、汇报等流程。这样，我把车间生产任务管理的相关知识给你梳理一下。"
>
> 小李："那可真是太好了。"

5.2.1　车间生产任务管理的内容

车间生产任务管理就是根据物料需求计划、工艺路线、工作中心等编制出车间生产计划，产生生产指令，然后依据任务优先级生成工作中心派工单，并通过车间调度管理实现从计划到实施的闭环控制，使各级管理人员及时掌握车间生产情况。车间生产任务管理的主要内容如下。

（1）将根据主生产计划、物料需求计划形成的生产计划，由生产计划员根据能力需求计算情况下达给生产车间进行生产。车间下达生产任务的一般流程如图 5-3 所示。

（2）车间接到下达的生产任务后，会先对任务进行细分，并编制作业计划，然后下达生产指令。

（3）工作中心接到生产指令后，会进行生产领料，开始投入生产，并在生产完工后进行产品入库登记。

在 ERP 软件的生产管理模块中，车间生产任务管理通常包括生产任务单、加工单、派工单、领料单、在制品单以及完工入库单等内容。

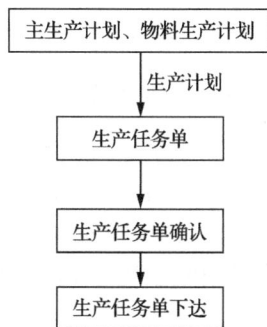

图 5-3　车间下达生产任务的一般流程

5.2.2　生产任务单

企业创建生产任务单的目的就是把物料需求计划中的物料制造任务下达给车间。一般来说，企业不同的车间可以完成相同的加工任务，而不同的车间可能会有不同的加工工艺路线，因此，企业需要把物料需求计划明确下达给某个车间，这样便于监督和管理。生产任务单可以由物料需求计划自动生成，也可以手工建立或进行物料需求计划任务分配（建立、分割等）。ERP 软件自动生成的生产任务单如图 5-4 所示。

图 5-4　生产任务单

5.2.3　加工单

加工单是编制车间工作任务后，ERP 软件生成的该任务的工序作业计划，即面向物料的加工说明文件，它会说明该任务（加工该工件）的加工工序、使用的工作中心、工作进度等信息。加工单的生成流程如图 5-5 所示。

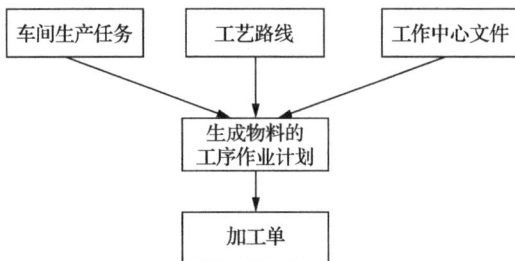

图 5-5　加工单的生成流程

加工单一般与生产任务单、投料单配合使用，用来确定生产任务的目的、用料、加工进度，以及工序与用料的关系。

5.2.4　派工单

生成物料的加工单后，车间调度人员应根据各个工作中心当前正在加工的任务与排队的任务等生产情况，对各个工序的作业进行安排，即下达派工单。它是面向工作中心的任务说明文件，说明工作中心的工序在一周或一个时期内要完成的生产任务，同时还说明什么时间开始加工、什么时间完成、计划加工数量是多少、计划加工时数是多少等详细信息。

派工单是最基本的生产凭证之一，主要用于指导具体生产人员进行生产作业。另外，派工单除了可以发布开始作业、发料、搬运、检验等生产指令外，还具有控制在制品数量、检查生产进度、核算生产成本等作用。在 ERP 软件中添加和查看生产派工单的操作界面如图 5-6 所示。

图 5-6　添加和查看生产派工单的操作界面

5.2.5　领料单

当生产任务单下达到车间后,车间就需要开始进行生产准备并安排生产。对于企业来说,在生产准备中不可缺少的重要环节就是生产领料。生产领料可以分为一次全部领料和按工序领料两种方式。前者是指在生产准备前,把所有需要用到的物料全部从仓库领到车间;后者则是指按照生产进度,在需要时再进行领料。

1. 一次全部领料

仓库应该对领料进行严格把控,禁止车间不按照生产任务单直接领料,同时还应根据领料单的额定数量进行发料。表 5-1 是根据生产投料单,由仓库生成的领料单。

表 5-1　领料单

领料单号	生产任务单号		领料车间		领料日期
NW1205	S08796		部装车间		2020/12/25
产品编码	产品名称		领料人		发料人
KN780	P98 型计算机主机		张明		李丽
序号	子件	子件名称	单位	应发数量	实发数量	仓库	备注
1	1024	机箱	个	100	100	半成品	

2. 按工序领料

按工序领料是指根据不同的工序、不同的仓库生成不同的生产领料单进行领料。这种领料方式适用于一些加工周期比较长的产品。

如果企业要进行按工序领料,应先在物料清单中指定每个工序所用到的物料,然后再下达派工单,根据工序作业计划和已定义的应领物料进行领料。按工序领料可以避免物料堆放杂乱和批次混淆的现象,同时可以减少仓库库存资金的积压、提高物料管控水平。但是,按照工序领料需要企业具有较高的车间生产管理水平,让每道工序能够在正确的时间准确获得所需物料,否则很可能出现停工待料的情况。

拓展阅读

倒冲法领料是一种特殊的领料方式,企业在使用该方式之前要确保仓库有足够数量的物料。扫描右侧二维码了解倒冲法领料的相关内容。

扫一扫

倒冲法领料

5.2.6　在制品单

车间的在制品一般是按照工序进行管理的,因为工序之间的转移、报废等原因,每个工序结存的在制品数量都有所不同。

工序在制品数量 = 期初结存数量 + 移入数量 - 报废数据 - 移出数量 + 盘盈数量 - 盘亏数量

在管理在制品时,生产周期较长的企业应该对在制品定期进行盘点,使不同工序的在制品的账物保持一致。当在制品的账面数量与实际数量不一致时,企业应及时采取措施,查明原因。同时,企业还可以根据 ERP 软件中的工序在制品盘点单查看工序在制品的相关信息,例如了解实际在制数量、合格数量、废品数量、损耗数量等信息,如图 5-7 所示。

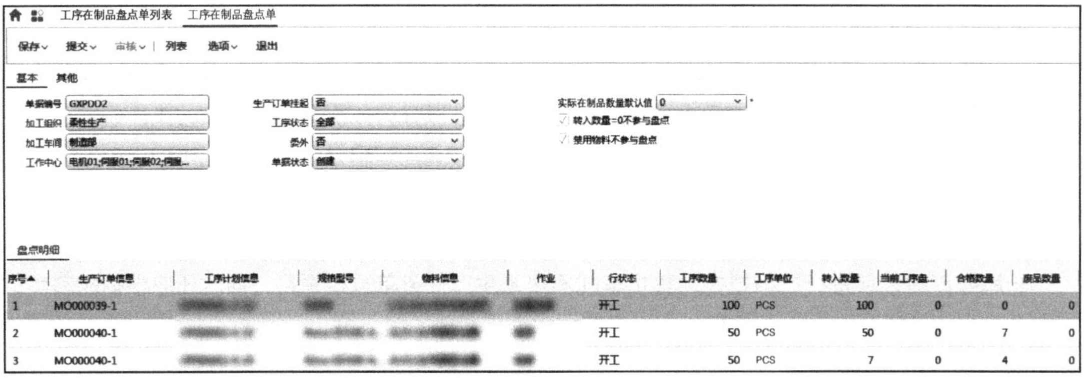

图 5-7　工序在制品盘点单

5.2.7　完工入库单

车间生产完工后，将把检验合格的产品送入仓库，并办理入库手续。入库后的产品可用于销售或被其他部门领用。图 5-8 是根据生产任务单生成的产品入库单。

需要注意的是，在 ERP 软件中，当产品完工数量等于或者超过生产任务单的数量时，软件将自动关闭生产任务单，表示已经完工。但如果生产中出现了废品，导致产品实际完工数量少于生产任务单数量，则软件不会自动关闭生产任务单，需要操作人员手动关闭生产任务单，然后手工补录新的生产任务单，这样才能避免软件计算主生产计划、物料需求计划时出现数据错误。

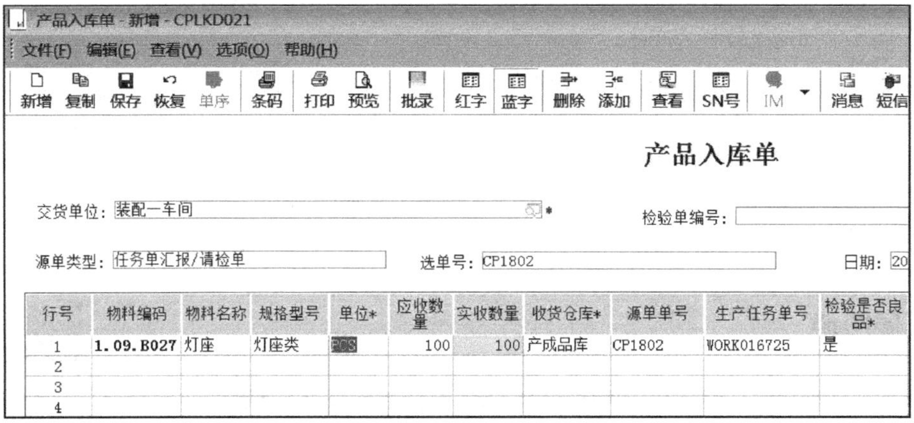

图 5-8　产品入库单

5.3　生产作业控制

情景导入

小李："通过前面的学习，我知道了产品按预定计划在车间从无到有的生产过程，但如果出现生产延期、加工报废等问题，打乱了车间的正常生产秩序，我们又该如何处理呢？"

主管："此时，企业就需要实施生产作业控制手段了。所谓的生产作业控制是指在生产计划执行过程中，对有关产品生产的数量和期限施加影响的过程和行为。"

小李："感觉它和车间作业计划的作用类似。"

主管："两者的最终目的相同，但侧重点不同。生产作业控制的关键是生产进度控制，它贯穿于整个生产过程，从生产技术准备开始到产成品入库为止的全部生产活动都与生产进度有关。"

5.3.1　生产作业控制的内容

生产作业控制（Production Activity Control，PAC）是指在生产计划执行过程中，为保证生产作业计划目标的实现而进行的监督、检查、调度和调节，它是实现企业生产计划和作业计划的重要手段。生产作业控制的主要目的是保证完成生产作业计划所规定的产品数量和交货期限指标，其内容主要包括以下几点。

1. 生产进度控制

生产进度控制的任务是按照已经制订的作业计划，检查各种零部件的投入和产出时间、数量，以及产品和生产过程的配套性，保证生产过程平衡进行并准时产出。生产控制的核心就是进度管理，生产进度控制的基本内容主要包括投入进度控制、工序进度控制和产出进度控制 3 个方面。

2. 在制品控制

在制品是指从原材料、外购件等投入生产起，到产品经检验合格入库之前，存在于生产过程中各个环节的物料和产品。在制品控制是对生产运作过程中各工序的原材料、半成品等的数量、车间之间的物料转运等进行的控制，其主要内容如下。

（1）合理确定在制品管理任务和组织分工。

（2）建立、健全在制品的接收、发放和领用制度。

（3）确定在制品定额，做好统计与核查工作。

3. 生产调度

生产调度是保证企业执行生产进度计划的工作，它是对生产计划的监督、检查、控制以及发现偏差并及时调整的过程。生产调度以预防为主，并以生产进度计划为依据。生产调度工作的主要内容如下。

（1）实时监控生产各环节的工作情况，了解车间运行状况。

（2）根据生产需要合理调配劳动力，督促检查原材料、劳动力等的供应情况。

（3）检查车间各生产环节的零部件、半成品的投入和产出情况，及时发现生产进度计划执行过程中的问题，并积极采取措施加以解决。

（4）按时对生产计划的完成情况进行统计分析。

拓展阅读

为了提高生产控制活动的有效性，企业应该依靠一些关键信息来判断生产控制情况。扫描右侧二维码，查看核定订单关键信息的具体内容。

扫一扫

核定订单关键信息

5.3.2 生产作业控制的重点

生产作业计划是指导企业日常生产活动的行动纲领，它把企业生产计划的各项指标，具体、详细地层层落实到各车间、工段、班组，直至到员工个人。这样可以保证企业生产活动的各个环节、各个时点之间的衔接配合。但是，生产作业计划是预先制订的，在计划实施过程中可能会由于各种原因，造成实际情况与计划要求偏离。此时，企业就要采取措施使实际进度符合计划要求，或者修改计划使之适应新的生产情况。

不同的生产类型的组织方式和生产技术具有不同的特点和运行状态，因此生产作业计划应根据不同生产类型分别确定其控制的重点。例如，大批量生产的基本特点是工艺路线固定，且有重复性，多采用流水生产线生产。因此，大批量生产的作业计划要解决的主要问题是保证整个生产过程及各个环节按规定的进度进行生产。

良好的生产控制可以大大加快生产作业的速度、简化产品制造的程序、减少物料和在制品的存储量、降低生产成本、提高企业生产的经济效益。所以，对于生产控制工作，企业应运用科学的管理方法，在产品制造的各个环节上对各项生产要素，例如人员、物料、机器设备等进行合理的调配，以发挥最大的生产效能。

⊶ 经典理论

鼓—缓冲—绳法（Drum-Buffer-Rope，DBR）是一种计划、排程与执行的方法论，它恰当地抓住了约束理论排程的技巧，在工厂、车间易于理解与执行。"鼓"是指生产系统中的控制点，如果系统中存在瓶颈，那么瓶颈就是最好的控制点；"缓冲"是指在瓶颈前面设置的缓冲库存；"绳"控制着企业物料的进入，其作用是使库存量最少。鼓—缓冲—绳法的实质和"看板"思想类似，都是由后道工序根据需要向前道工序领取必要的零件进行加工，而前道工序只能对已取用的部分进行补充。

5.3.3 生产进度控制

狭义的生产控制就是指生产进度控制。生产进度控制贯穿整个生产过程，从生产技术准备开始到产成品入库为止的全部生产活动都与生产进度有关。企业做好生产进度控制工作，可以避免计划外生产和产品积压现象，保证生产的连续性和均衡性。生产进度控制的基本内容如下。

1. 投入进度控制

投入进度控制是指按计划要求控制产品开始投入的日期、数量和品种，它是衡量生产计划执行情况的一种方法。投入控制是一种预先性控制手段，企业可以通过投入报告来了解生产进展情况，分析出现的问题，例如是否出现投入不及时或数量不足、产品不能按时交货、投入过多等问题，并及时纠正。

2. 工序进度控制

工序进度控制是对产品或零部件在生产过程中经过的每一道加工工序的进度实施控制的过程。在成批单件生产条件下，每个工作地加工的零件种类多，工艺、工序不固定，所以除了要控制投入和产出进度外，还需要控制工序进度；而在大批量生产条件下，生产活动连续性强，每个工作地都固定加工一种或几种零件，所以一般通过控制制品数量来实现工序进度控制。工序进度控制的常用方法有以下两种。

（1）采用加工路线单进行控制。

加工路线单以零件为对象，按零件批别，一批开一张，包括零件生产的所有工序，从投料、加工、检验到入库为止的全部过程。加工路线单随着零件，按工艺路线，在各工序之间顺序进行流转，每完成一道工序就送检登记，再送到下一道工序继续使用。

（2）采用单工工票进行控制。

单工工票以工序为对象，一序一票，一道工序加工完毕，工票就随工件的验收而收回，进入下道工序后再另开一张工票。每完成一道工序，系统就收回该工序的工票，通过台账随时控制零件的加工进度。许多企业把单工工票和加工路线单结合起来使用，即将加工路线单留在工段、班组作为在制品流转使用，然后再按工序给工人开单工工票进行加工。

3. 产出进度控制

产出进度控制是对产品或零部件出产的日期、生产提前期、产出的成套性和均衡性进行控制的过程，它是保证生产过程中各个环节之间的衔接、按时按量完成生产计划的有效手段。产出进度控制主要是从生产实际进度与计划进度的偏离观察生产运行状况的，对于偏离不大的状况，企业可以保持观察，但对于偏离超过一定范围的状况，企业要及时调查原因，并采取相应措施进行纠正。

企业的生产类型不同，产出进度的控制方法也有差别。常见的投入 / 产出报表的形式如表 5-2 所示。表中第 2 时段的计划投入与实际投入偏差 −3 小时，计划产出与实际产出偏差 −5 小时，说明车间的实际生产能力比投入的工作负荷落后了 2 小时，在这种情况下，企业就要采取措施纠正偏差。

表 5-2　投入 / 产出报表

工作中心：MP005　　　名称：主板测试　　　生成日期
能力标志：工时　　　能力数据：16 小时 / 日　　　2020/12/25
投入允许偏差：10 小时　　　产出允许偏差：10 小时

项目	时段			
	1	2	3	4
计划投入（小时）	150	150	150	150
实际投入（小时）	148	149	155	149
累计投入偏差（小时）	−2	−3	2	1
计划产出（小时）	150	150	150	150
实际产出（小时）	149	144	150	148
累计产出偏差（小时）	−1	−5	−5	−7
计划排队（小时）	10	10	10	10
实际排队（小时）	11	9	10	8

✎ **价值引导**

由于损失的时间无法追回，因此，企业对生产进度的控制较为主动、积极且有效的措施就是事前控制。这就好比在反垄断法视角下，通过竞争审查制度、反不正当竞争法等方式进行事前控制，更能对一些垄断行为进行有效规范。

5.4 重复生产管理

　　在制造型企业中，部分企业的生产方式为流程型生产，例如化工企业。流程型生产的企业可以以排产计划作为授权生产的依据，而不必使用生产订单。但绝大部分企业还是以离散型生产为主要方式，而离散型生产又分为车间任务型生产和大批量重复生产两种，下面将主要介绍重复生产管理的相关内容。

　　重复生产管理是对于流水线生产而言的，其单位时间内的劳动生产率是固定的。重复生产管理主要是对以流水线为主要生产方式的批量生产进行生产全过程的管理，包括生产任务下达、领料、发料、生产加工完毕后的申请检验、任务单汇报等，具体流程如图 5-9 所示。

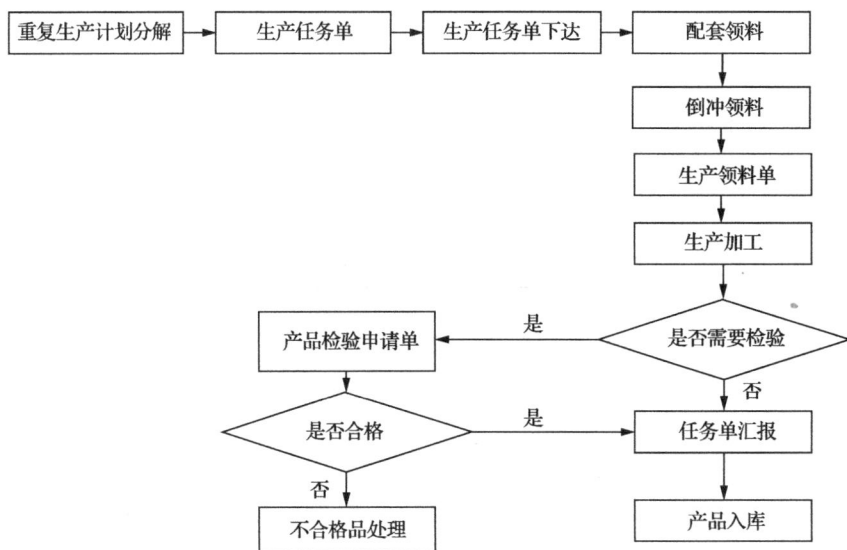

图 5-9　重复生产管理流程

　　重复生产管理的主要特点如下。

　　（1）物料移动采用拉式，即下道工序需用物料时向上道工序领取。

　　（2）物料消耗的统计采用倒冲法，即在完成成品总装或组件分装后，根据父项的完成数量与物料清单计算出每种子项物料的使用量，并从库存记录中减除。但对于价值比较高的零部件仍然凭领料单领料，同时从库存记录中将其减除。

（3）只在生产线的某些关键点上报告反馈信息，而不要求生产线上的每个操作都给出反馈信息。

（4）生产线上生产率最低的工作中心决定该生产线的生产率。

5.5　项目实训——分析ERP软件中车间管理的实施

5.5.1　实训背景

新达利铸管有限公司是一家在铸管行业内实力较强的合资企业，年营业收入超过 2 亿元，主要提供各种规格的高品质球墨铸铁管、离心球墨铸铁管以及配套的球墨铸铁管件，产品主要用于城市输水、输气等流体压力管道。新达利铸管有限公司的产品一经投放市场就深受客户的喜爱，但随着销量的增加，公司收到的产品不合格投诉的数量也在增加，究其原因是车间管理系统出现了问题，主要表现在以下几个方面。

（1）物料在线状态及数量不明确。

（2）材料耗用率、浪费率高，但产成品质量却不理想。

（3）无法对生产过程中产生的废品和返线产品进行跟踪和分析。

新达利铸管有限公司主要以订单驱动生产，生产订单大部分来自客户订单。公司的某些产品会重复生产，工序包括球化、离心浇铸、退火、水压、喷锌、涂衬等。为了改进产品质量，新达利铸管有限公司引进了一套 ERP 软件来组织生产，试图通过精益化生产提升公司的生产管理水平。

5.5.2　实训要求

（1）分析新达利铸管有限公司实施车间管理的关键点。

（2）分析 ERP 软件是如何解决车间管理问题的。

5.5.3　实训实施

（1）由于新达利铸管有限公司生产车间的工艺路线固定，且产出率均衡，因此该企业属于重复生产型。在以重复生产方式组织生产时，车间管理的关键点包括工序的状态管理、质量控制和生产物料的控制，其中，计划并保证生产物料的可用性是管理的关键。

（2）通过 ERP 软件分析新达利铸管有限公司应如何解决车间管理问题。

● ERP 软件包括生产管理、供应链管理、库存管理、财务管理以及人力资源管理等多个模块，其中，生产管理是制造企业需要重点把控的，而在生产管理中最为关键的就是生产进度管理。在 ERP 业务流程中，生产进度跟踪是依靠车间生产的工序报工完成的。工序报工的数据是报表的基础，各种生产报表都是从报工数据中统计出来的，如常见的"生产进度表"，其中就包括生产计划、完成数量、工序完成情况等内容。

● 在生产成本中，材料成本所占比重最多。当客户下达订单后，企业会先通过主生产计划计算所需要的材料并将其和库存做比较，确定是否需要采购以及备货。材料的耗用统计对企业来说是非常重要的，乱用材料或者浪费材料，都会直接提高生产成本。ERP 软件一般采用报表对材料耗用情况进行统计，例如，对工单领用材料的统计，主要看材料耗用和预测的对比情况，判断是否多用或少用，以及是否有"漏"领用的情况发生。

● 当车间产生废品或产品返线加工时，ERP 软件可以反向追查生产过程、用料、采购方面的记录。例如，如果出现产品质量问题导致的返线加工，ERP 软件可进行追溯，追溯的内容包括生产过程、领用材料记录、返还材料记录、出入库记录等。ERP 软件作为数据中心，能够统一管理文件和表格，从而有效避免人为失误。

5.6 课后思考

1. 什么是车间管理？车间管理的主要任务是什么？
2. 车间生产任务管理包含的内容有哪些？
3. 加工单和派工单有何不同？
4. 生产领料的方式有哪几种？
5. 生产进度控制包括哪些内容？
6. 重复生产管理的特点是什么？
7. 生产作业控制涉及的内容有哪些？其控制重点是什么？
8. 请阅读以下材料并回答问题。

阅读材料——M 企业的 ERP 生产管理系统

M 企业是一家工程机械制造企业，公司拥有固定资产 500 万元，厂区占地面积为 5 000 平方米，其中厂房面积为 4 000 平方米。M 企业目前拥有员工 500 名，其中有技术人员 300 名。工厂拥有各类设备 100 余台。目前，M 企业主要生产的产品为汽车行业的金属冲压件，其主要特点如下。

（1）产品种类多而杂，大多数为小型金属件。

（2）工序包括下料、焊接、电镀、钳加工、清洗、装配试压。

（3）一次订单的数量从上百到上千件不等。

M 企业想利用 ERP 软件实现精益化生产，提升企业的生产管理水平，并希望通过 ERP 软件来节约生产成本，提升企业竞争力。

回答：（1）目前，M 企业最关注的生产问题有哪些？

（2）M 企业如何通过 ERP 软件中的生产管理模块来提升企业的生产管理水平？

★ 管理工具推荐

1. 车间管理看板

车间管理看板是企业精益化生产可以使用的辅助工具之一，管理看板可以帮助车间人员更好地观察生产的各项数据指标，同时还能够帮助企业有效提高工作效率、降低生产成本。车间常用的管理看板有生产看板、物料管理看板、产品质量管理看板以及绩效考核看板等。

（1）生产看板。

生产看板是在生产车间使用的各项计划安排以及生产排程计划，以生产指示的形式分别发送到各个生产车间，它能够明确显示各个生产车间的生产进度、提高管理效率。

（2）物料管理看板。

物料管理看板主要展示通过精确的计算得出的各种不同的物料，例如原材料、半成品、成品的出入库时间和数量变化等。物料管理看板能够清晰地反映每种物料的库存情况。

（3）产品质量管理看板。

质量管理主要包括产品的优良率、产品质量信息的记录等。通过产品质量看板管理，企业可以直观地查看产品的实时质量信息，并对不良产品进行追踪和管控，防止出现不良产品。

（4）绩效考核看板。

绩效考核一般是针对员工的，有了系统的考核指标，企业制订奖罚制度时会更加明确。同时，绩效考核看板也可以对产品的生产绩效进行考核，例如对产品的交货期达成率、每日计划达成率、资源以及物品的平均生产周期等进行考核分析。通过绩效考核系统，企业可以进一步提升生产管理能力，方便做出及时而正确的决策。

2. 缓冲管理法

缓冲是安排在项目进度表中的一系列时间和规模片段，以保护对项目成功而言最重要的资源或任务。缓冲的方式有多种，其中，项目缓冲有助于保护关键链上的任务不出现偏差；能力缓冲应用于多项目管理环境中，它可以隔离一个项目中关键资源性能偏差引起的影响；资源缓冲则不直接影响项目的进度和提前期，但是它可以在前导任务结束时唤醒资源，使资源充分投入关键链上的其他工作任务当中。

缓冲管理是指在项目执行过程中，跟踪与评估计划阶段设定的缓冲的消耗和补充，其目的是为项目提供一个简单、易用的项目健康状态视图，如图 5-10 所示。这个项目状态会和项目计划及前期承诺进行比较，当出现较大偏差时企业就需要采用相关的纠正措施。

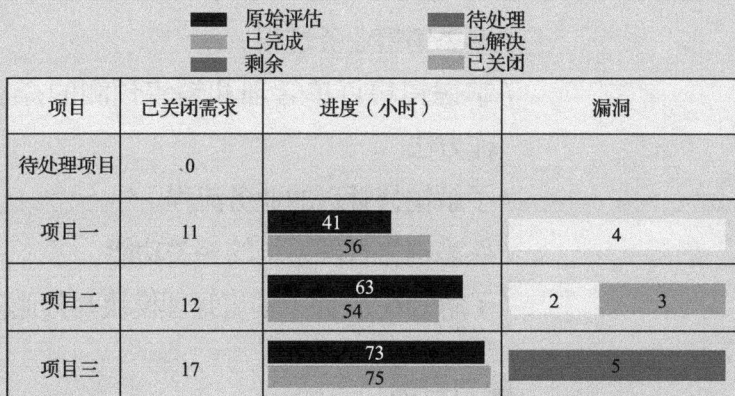

项目	已关闭需求	进度（小时）	漏洞
待处理项目	0		
项目一	11	41 / 56	4
项目二	12	63 / 54	2　3
项目三	17	73 / 75	5

图 5-10　项目健康状态视图

第 **6** 章

销售管理

重要概念

销售管理、信用标准、信用额度、信用条件、移动平均法、指数平滑法

知识目标

扫一扫

知识框架

/ 熟悉销售业务过程。

/ 掌握销售订单管理和销售预测的操作方法。

/ 了解销售管理的业务流程。

/ 熟悉销售管理系统的相关功能。

/ 了解 ERP 软件中销售管理模块与其他模块的关系。

能力目标

/ 能够使用 ERP 软件进行销售订单的生成和客户管理工作。

/ 能够熟练使用 ERP 软件的销售管理模块的各项功能。

引导案例

销售管理的重要价值

堡德行公司是一家副食品批发企业，该公司销售近 300 种不同类型的产品，客户分散在全国各地，这就给其销售管理工作带来了一定的压力。如果没有一个好的销售管理体系，就很难保证堡德行公司的销售业务正常运行。于是，堡德行公司准备在 ERP 软件中新增一个销售管理系统，该系统主要包括信息管理、订单管理、物流管理、财务管理及批次与追踪管理等多个模块。

堡德行公司的销售人员先通过 ERP 销售管理系统中的订单管理系统下达订单，系统将自动选择匹配的物流公司，物流公司在收到订单后会先确认订单，然后进行包装并组织配送。物流管理系统通过对数据的收集、处理、存储和传输，提高了商品出库速度，减少了差错，提高了发货速度。另外，销售人员在下达订单之前，需要在财务部门下属的客户信用审查部门进行客户信用审核，并在 ERP 软件的财务结算模块中备案，还要对每一位客户的付款情况进行跟踪记录。由此可见，销售管理系统不仅大大提高了物流效率、降低了成本，而且提升了信息跟踪能力，大大提高了公司的服务水平和客户满意度。

【思考】

（1）堡德行公司有必要在 ERP 软件中增加销售管理系统吗？为什么？

（2）想一想企业销售管理的核心内容是什么？

6.1　销售业务过程

情景导入

企业想要不断地发展壮大，就需要依靠销售，销售业务将贯穿于企业的整个生产经营过程中。那么，企业要如何做好销售管理工作呢？

主管："销售的最终目的是提高销售额，增加企业利润。但单纯依靠人力很难实现全面、精准的销售管理，因此，通过 ERP 软件来管理企业的销售业务是很多企业的选择，我们公司不也在使用 ERP 软件吗？"

小李："是的，通过 ERP 软件来对销售业务进行管理肯定比人工管理效率高得多。"

销售业务过程是指目标客户产生销售机会后，销售部门针对销售机会进行销售活动并产生结果的过程。在整个销售业务过程中，客户将需求传递给销售部门，销售部门针对客户的需求形成相应的销售订单，并将订单移送到生产部门。生产部门根据销售订单中对产品种类、数量、质量、规格等方面的要求，编制生产计划和采购计划。当计划形成后，生产部门就会按照计划进行生产，并将按订单生产出来的产品入库；销售部门则根据销售订单生成发货单，到仓库提取相应的产品，送到客户手中；客户完成验货工作后，即可将相应的货款交付给企业的财务部门；当企业的财务部门接到货款后，整个销售活动才算顺利完成，销售业务过程如图 6-1 所示。

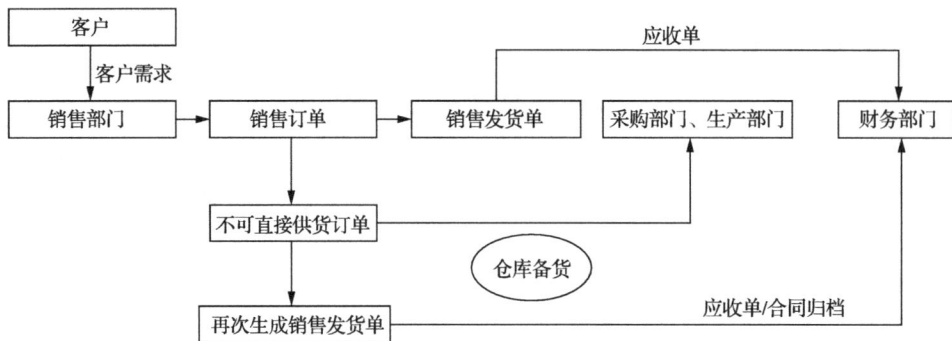

图 6-1　销售业务过程

企业销售业务过程中的主体由客户、质量部门、技术部门、销售部门、生产部门、仓库部门及财务部门等组成，主体之间的协同工作是根据客户的需求而完成的各种活动，例如质量管理活动。而销售管理的任务就是通过协调企业内部的各个部门，使客户能够按时获得所需产品。

6.2　销售管理的基本内容

> **情景导入**
>
> 　　小李："通过使用 ERP 软件中的销售管理系统，我发现一些烦琐的票据流转工作被极大地简化了，而且订单的生成与维护工作也更加便捷了。"
>
> 　　主管："实际上，ERP 软件的销售管理系统的功能远不止于此，它还可以对销售基础数据、销售预测、销售订单、销售服务等多项内容进行管理。"

6.2.1　信用管理

信用管理是指对信用交易中的风险进行管理，其主要职能包括识别风险、评估风险、分析风险，并在此基础上有效地控制风险。例如，企业可以通过制定信用管理策略，指导和协调内部各部门的业务活动，以保障应收账款安全和及时回收，达到降低风险的目的。

企业的信用管理注重对客户信息的收集和评估、信用额度的授予、应收账款的回收等各个交易环节的全面监督。企业的信用管理策略主要包括信用标准、信用额度和信用条件等方面的内容。

1. 信用标准

信用标准是指企业对客户授信时，对客户资信要求的最低标准，通常以预期的坏账损失率作为判断因素。因为信用标准直接影响到对客户信用申请的审批，所以企业应根据自身情况和市场环境设定恰当的信用标准，这也是企业制定信用管理策略的重要内容。

> **经典理论**
>
> 　　企业在设定某一客户的信用标准时，可以借助"5C 模型"来设置，即考虑客户的品质

（Character）、能力（Capacity）、资本（Capital）、抵押（Collateral）、条件（Condition）。其中，品质指的是客户的信誉，即履行偿债义务的可能性；能力是指客户的偿债能力；资本是指客户的财务实力和财务状况；抵押是指客户拒付款项或无力支付款项时能被用作抵押的资产；条件是指可能影响客户付款能力的经济环境，例如，经济不景气会对客户的付款能力产生什么影响、客户会如何做等。

2. 信用额度

信用额度又称信用限额，是指企业授予客户的一定金额的信用限度。信用额度包括企业发放给客户群的总体信用额度和发放给某一具体客户的信用额度。

（1）总体信用额度由企业基于自身的资金实力、销售政策、最佳生产规模和库存，以及来自外部的竞争压力等因素来确定。

（2）给予某客户的信用额度要基于总体信用额度和客户的资信状况来确定。

信用额度在一定程度上代表了企业的实力，反映了企业的资金能力，以及承担的可容忍的赊销和坏账风险。信用额度的内容主要包括信息限额、信用期限、现金折扣、企业可接受的支付方式 4 个方面。

● **信用限额**。信用限额指应回收的应收账款余额的最高标准，超过该限额的应收账款即为不可接受的风险。

● **信用期限**。信用期限是指赊销商品时，买卖双方共同商定的付款期限。期限过短不足以吸引客户，销售额会减少；期限过长，虽会增加销售额，但所得利润可能会被长期增长的赊销费用、收款费用、坏账损失等抵消。因此，合理的信用期限应当着眼于企业的总收益最大化，理论上的信用期限最低点为损益平衡点。

拓展阅读

设置信用期限是信用管理的重要环节，因此，企业在设置信用期限时应充分考虑相关因素。扫描右侧二维码，查看影响信用期限的相关因素。

扫一扫

影响信用期限的
相关因素

● **现金折扣**。现金折扣是指在信用销售方式下，企业在商品价格上给予的优惠，一般与信用期限结合使用。企业给予客户的现金折扣包括折扣期限和折扣率两大要素。其中，折扣期限指在多长时间内给予客户折扣优惠，折扣率指在折扣期限内给予客户多少折扣。例如，"5/10、$n/20$"的现金折扣表明，如果客户能够在 10 天之内付清全部货款，将获得销售总额 5% 的折扣优惠，客户必须在 20 天以内付清全部货款。

● **企业可接受的支付方式**。企业可接受的支付方式包括现金、支票、汇票、银行承兑等。其中最易出现坏账、呆账的支付方式是汇票和银行承兑。

3. 信用条件

信用条件是指企业要求客户支付赊销款的条件，一般包括信用期限、现金折扣和折扣期限。在实践中，经常使用"3/15、$n/40$"等销售专业术语来表示企业的信用条件，这些信用条件表达了不同的信用期限和现金折扣政策。例如，"3/15、$n/40$"表示 15 天以内付款，折扣为 3%，即客户只需付款 97%；超过 15 天付款，则没有折扣，且 40 天以内必须付清。

一般来说，企业的信用条件是遵循本行业的惯例，基于一定的外部经济环境，在充分考虑自身资金实力的前提下，本着提高最终经济效益和增强竞争力的目的来确定的。给予客户的信用条件如何，将直接影响甚至决定企业的应收账款持有水平和规模。

✎ **价值引导**

> 信用是企业发展的根本，企业信誉好，才会有更多稳定、守信的客户。做人也是如此，如果为人处事不诚实、不守信，就会造成严重的信用危机。这种危机会导致人与人之间缺乏道德的联系和约束，彼此无法相信对方。

6.2.2 销售订单管理

订单是整个销售管理的核心，整个销售业务流程的执行都与销售订单密不可分。通过订单管理，企业能更好地把个性化、差异化的服务有机地融入客户管理中去。订单是信息流和物流作业的开端。销售订单管理的主要业务过程为根据客户的需求生成销售订单，即记录客户所需的产品名称、产品数量、规格，以及交货的时间、地点等，然后将销售订单传递到数据库中，方便为制订库存计划、物料需求计划及主生产计划做准备。

销售订单管理一般包括销售订单录入、销售订单分析、销售订单维护3个方面的内容。

1. 销售订单录入

在收到销售订单时，销售部门便根据签订好的销售合同把销售订单录入 ERP 软件的销售管理模块中进行保存，经计划部门审核生效后，将其作为整个销售业务的源头数据。由于企业使用的 ERP 软件不同，所以录入销售订单的操作界面也会有所差异。一般情况下，销售订单录入的流程为进入软件销售管理模块的销售订单界面→新建销售订单，图6-2所示为新建销售订单的操作界面。

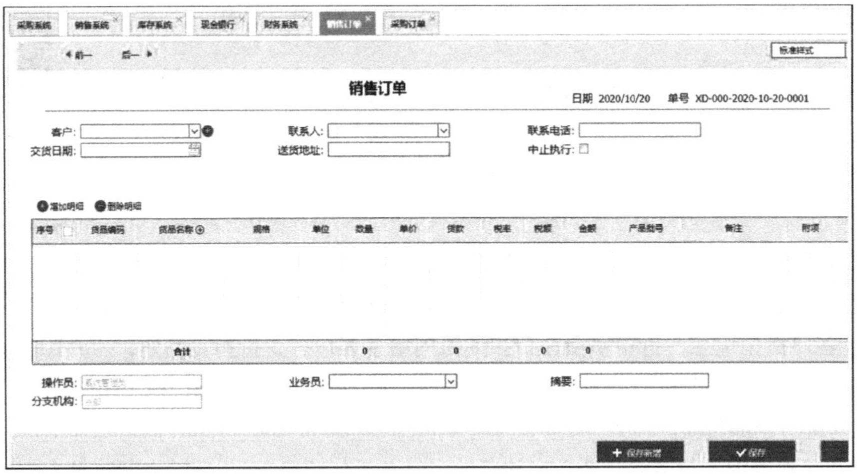

图6-2 新建销售订单的操作界面

销售部门通过 ERP 软件录入销售订单后，如果产品可以从仓库直接发货，将会产生发货单，准许产品从仓库发出；如果产品需要进行生产，则需要将一份描述销售订单接受条款的文件传送给主生产计划员，主生产计划员在了解生产什么、生产多少及何时交货等信息后，开始编制主生产计划并进行生产。

2. 销售订单分析

企业所获得的销售订单会根据市场的变化出现增加或减少的情况。此时，销售部门在录入订单的过程中就要识别"非正常的需求",即识别订单的增减变化是偶然现象,还是新的市场发展趋势,然后对其进行分析和处理。企业对所收到的销售订单进行分析的过程,主要包括以下两部分。

（1）由计算机将当前收到的销售订单和预测进行比较,并确定此需求是正常需求还是非正常需求。

（2）对于识别为非正常需求的销售订单,提供一种编码方法。

在部分企业中,订单数量非常大,若想人工识别"非正常需求"订单就会十分困难。此时,企业就需要借助计算机把销售订单和预测进行比较。一般来说,企业可以建立一些简单的规则来判断订单是否为正常需求,具体内容如下。

- 一份销售订单在一个时区内超过预测数量的某个百分比,则认为该订单是非正常的。
- 一个时区内的销售订单总量低于预测数量的某个百分比,则认为是业绩降低的表现,应当重新审查。
- 未实现且已过期的预测超过相应月份预测的某个百分比,则认为是业绩降低的表现,应当重新审查。
- 在一个时区内,销售订单总量若超过预测的某个百分比,则认为该订单是非正常的,或是业绩增长的表现,需要重新审查。

超出界限的销售订单可由 ERP 软件自动编码为非正常需求,并由管理人员决定是否采取某种措施进行纠正。非正常需求应当和未消耗的预测、其他销售订单等加在一起,建立主生产计划的需求。

3. 销售订单维护

销售订单维护主要是对已经审核完毕的订单进行变更操作,主要包括更改订单价格、数量、交货期限等。例如,某订单里 NP-200 的需求为 5 000 支,但由于客户要求变更为需求 NP-200 3 000 支,此时就需要销售部进行订单维护操作。ERF 软件中的销售订单变更流程如图 6-3 所示。

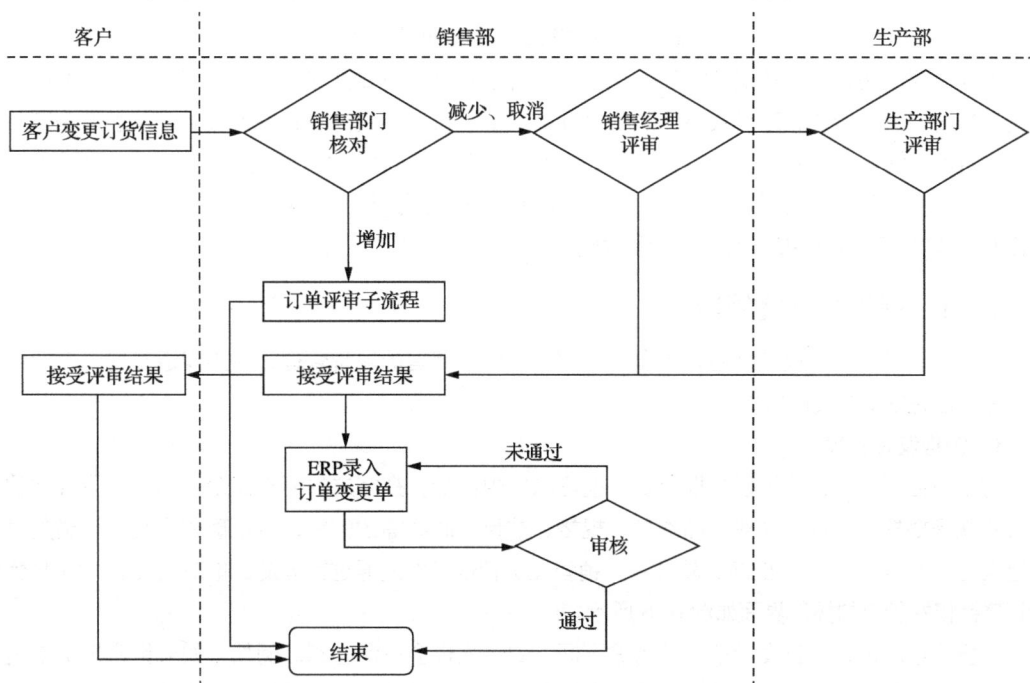

图 6-3　销售订单变更流程

6.2.3 销售报价管理

销售报价管理主要是指协助销售部门处理日常报价及对报价单的跟踪与审核工作。对于已经定型的产品，销售人员通常按照已确定的产品定价策略进行报价即可，但对于新产品，则需要准确预计其成本，包括物料、人工、日常开销等，然后再报价。ERP 软件的报价管理模块可以根据产品批量、物料清单和工艺路线等资料迅速估算出产品的成本，并生成销售报价单。ERP 软件新建销售报价单的操作界面如图 6-4 所示。

图 6-4　新建销售报价单的操作界面

需要注意的是，广义的报价管理不但要关注价格本身，还要关注该价格的附加条件，例如预期可交货的日期。在传统管理模式下，要明确预期可交货日期，就需要销售人员十分了解所售产品涉及的物料供应情况、产品的工艺路线，以及企业当前的生产实时状况等信息。但使用 ERP 软件后，销售人员在报价阶段就可以通过主生产计划及物料需求计划的模拟，快速确定产品的预计最早可交货日期，这也是 ERP 模拟预见性的一种体现。

6.2.4 销售收发货管理

销售收发货管理不仅包括销售的发货管理，还包括销售的退货管理，当出现退货时，企业要让客户有途径完成退换货的操作。

1. 销售发货管理

对于销售订单，企业可以分批出货，也可以集中出货，视客户的要求而定。销售发货管理的最终目的就是根据销售订单中对产品类型、规格、数量、时间等的需求，将正确的产品在正确的时间和地点交付到客户手中。在 ERP 软件中，销售发货管理工作是通过销售发货单来完成的，ERP 软件中新建销售发货单的操作界面如图 6-5 所示。

需要注意的是，销售发货单因其用途不同，制单人也会有所差别。例如，如果销售发货单是用来指导仓库发货的，那么发货单的制单人应该是销售部门的人员；如果销售发货单是用来记录仓库发货的产品型号和数量等，那么发货单的制单人应该是仓库管理人员。

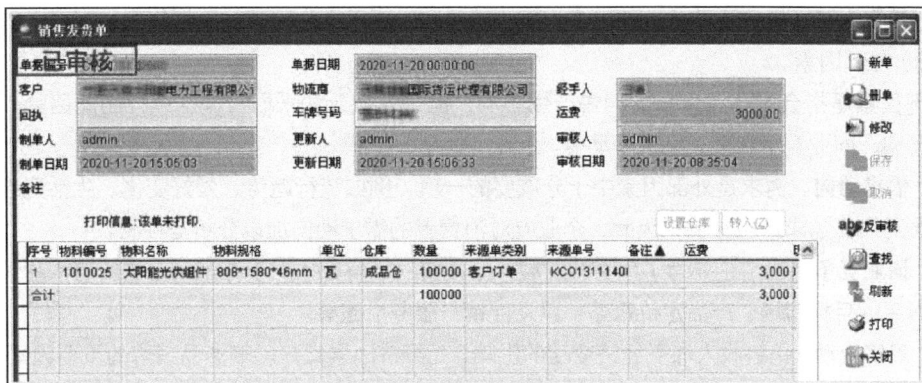

图 6-5　新建销售发货单的操作界面

2. 销售退货管理

企业在进行销售退货管理的过程中，销售部门需要对退货的原因进行核实，以确认是退货还是换货。另外，在整个退货或换货的过程中，销售部门还需要记录客户退货的原因及退回货物的信息，并填写销售退货单（包括订单编号、退货单编号、产品型号、数量、退货原因等）和退货记录单（包括退货单编号、产品型号、数量、退货原因和处理方式等）。ERP 软件的销售退货流程如图 6-6 所示。

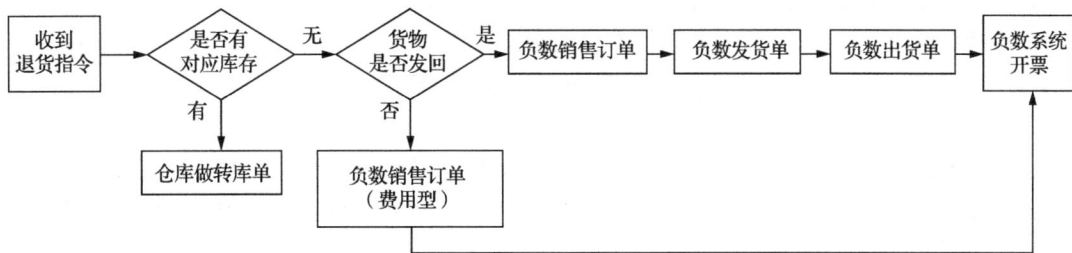

图 6-6　销售退货流程

6.2.5　销售预测

销售管理的中心任务之一就是销售预测。销售预测是指通过对市场商品的需求和供给进行调查分析，推测未来市场的销售趋势。销售预测是在充分考虑未来的各种影响因素的基础上，结合本企业的销售实绩，通过一定的分析方法提出切实可行的销售目标。企业可以根据销售预测来安排生产，避免产品积压。

1. 销售预测的影响因素

销售预测对企业而言十分重要，但高质量的销售预测却非易事。因此，企业在进行销售预测之前，应该了解会对销售预测产生影响的各种因素，这样才能提高预测的准确度。一般来说，企业在进行销售预测时应考虑以下两类因素。

（1）内部因素。

内部因素是指未来会对企业产生影响，且企业自身又可以控制的因素，例如营销策略、销售策略、生产状况和销售人员等。

- **营销策略**。市场定位、产品策略、价格策略及渠道策略等的变更对销售额产生的影响。
- **销售策略**。交易条件、付款条件、销售方法等的变更对销售额产生的影响。
- **生产状况**。货源是否充足、能否保证销售的需要等。

● **销售人员**。销售活动是一种以人为核心的活动，所以人为因素对于销售额具有很大的影响。

（2）外部因素。

外部因素是指会对企业未来的销售产生影响，但企业又无法采取措施加以控制的因素，主要包括需求动向、同业竞争状况、经济变动等。

● **需求动向**。需求是外部因素中十分重要的一项，例如流行趋势、爱好变化、生活形态等的变化，均会对产品需求产生影响，因此，企业应对消费者的需求动向加以分析与预测。

● **同业竞争状况**。企业为了生存和发展，必须实时了解竞争对手在市场上的所有活动情况，例如竞争对手的目标市场、产品定价策略，以及促销与服务措施等。

● **经济变动**。销售收入深受经济变动的影响，而经济因素又是影响产品销售的重要因素，因此，企业为了提高销售预测的准确度，应特别关注产品市场中的供应和需求情况，尤其要关注突发事件对经济的影响。

2. 销售预测的分类

销售预测有多种不同的分类方法，一般可以按照时间长短和预测方法的性质来区分。

（1）按时间长短划分。

按时间长短，销售预测大致可以分为长期预测、中期预测、短期预测及近期预测 4 种类型。

● **长期预测**。长期预测是指 5 年以上的预测，它是为企业制订长期规划服务的。长期预测一般适用于工厂扩展与添置新的机器设备，以便提前 5 年或更早去计划资本投资。

● **中期预测**。中期预测是指对 1—5 年间的营销因素变化的预测。中期预测主要用于设备、资金等资源的准备，或用于生产周期较长的产品的设备及原材料的采购，为产品、工厂、工序的管理决策提供支持。

● **短期预测**。短期预测是指对 1 年以内的市场发展变化的预测。这类预测活动在企业经营活动中是很频繁的，一般用于为采购件、自制件或委托外加工件确定恰当的订货量与订货时机，并确定恰当的制造能力。

● **近期预测**。近期预测是指企业对 1—3 个月的销售额进行的预测。近期预测主要用于每周或每日的采购、生产进度与成品库存的分配。

（2）按预测方法的性质划分。

按照预测方法的性质划分，销售预测可以分为定性预测和定量预测两种类型。

① 定性预测。

定性预测需要预测者借助专家或个人的经验、分析判断能力等，对事物未来的发展趋势进行预测。在进行定性分析时，预测者需要获得相关产品的基本信息，并综合其对市场的了解做出市场预测分析。在定性预测中，预测者可以采用德尔菲法、主观概率法、情景预测法和经验估计法等多种预测方法。

② 定量预测。

定量预测是使用历史数据或因素变量提出数学模型来预测需求，它着重于研究事物发展的具体数值变化规律。预测者在使用定量分析的方法进行预测时，通常需要掌握历史统计数据。因此，进行定量预测的首要任务就是收集数据，然后应用相应的预测模型或算法，揭示出有关变量之间的规律。定量预测的分析方法主要有趋势预测分析法、时间序列分析法和因果预测分析法等。

3. 销售预测的基本步骤

销售预测是一项复杂的工作，对于复杂的预测对象，有时销售部门需要将它分解，并对分解后的子系统进行预测，在此基础上再对总的预测目标进行预测。为了使这项工作能有条不紊地开展下去，销售部门可按照以下步骤进行销售预测。

（1）确定预测目标。预测目标是预测研究过程的重要因素之一，预测目标不确定，预测活动便无法进行。销售预测中应确定的预测目标通常为产品，具体包括预测量、时间期限、数量单位等内容。

（2）收集分析数据。在预测目标确定以后，为满足预测工作的要求，销售部门要尽可能全面地收集与预测目标有关的各种资料，资料的充足与可靠程度将对预测结果的准确性产生较大的影响。因此，资料的筛选、分析、整理一定要翔实、严谨。

除此之外，销售部门在收集资料时还应注意以下几个方面。

◉ **真实性**。应核实资料的真伪。

◉ **完整性**。资料的完整性直接影响销售预测工作的进行，所以，销售部门应采取各种方法，确保得到完整的资料。

◉ **针对性**。资料的内容要与预测分析的要求一致。

◉ **可比性**。对于同一种资料，来源不同，统计方式不同，差别会很大。因此，销售部门在收集资料时，对得到的资料要进行筛选和分析，避免因资料本身的原因造成预测结果的误差。

（3）建立预测模型。根据预测目标的要求及对数据资料的分析，销售部门将选择合适的预测方案，建立预测模型，并基于预测模型的可行性、精度、效率等进行评价和选择。

（4）进行预测。销售部门根据所选择的方案及所建立的预测模型，输入相关数据进行预测分析。

（5）分析预测结果。销售部门根据上述预测所得到的结果进行分析与评价，看其是否合理，如果不合理则应另选预测方案，重新进行预测。

4. 销售预测的方法

在实际的预测工作中，德尔菲法与时间序列分析法是最为常用的两种预测方法。其中，德尔菲法是一种定性预测分析方法，类似的定性分析方法还有头脑风暴法。时间序列分析法是利用变量与时间存在的相关关系，通过对以前数据的分析来预测未来的数据，其主要特点就是通过使用时间序列数据进行预测分析。

时间序列分析法简单易行、便于掌握，但准确性差，一般只适用于短期预测。时间序列分析法中包含的模型和方法有很多种，例如移动平均法、指数平滑法等。

（1）移动平均法。

移动平均法是用一组最近的实际数据值来预测未来一期或几期产品的需求量、企业产能等的一种方法。当产品需求既未快速增长也未快速下降，且不存在季节性因素时，移动平均法能有效地消除预测中的随机波动。

移动平均法是一种简单、平滑的预测技术，根据预测时使用的各元素的权重不同，又可以分为简单移动平均法和加权移动平均法。这里以简单移动平均法为例进行介绍，其计算公式如下。

$$
\begin{aligned}
\text{销售量预测值}(Q) &= \text{最后}n\text{期算术平均销售量} \\
&= \frac{\text{最后}n\text{期销售量之和}}{n\text{期}}
\end{aligned}
$$

案例分析——预测 A 公司 10 月的销售量

A 公司 2020 年 1—9 月的产品销售量如表 6-1 所示，现用移动平均法预测该公司产品 10 月的销售量（假设观察期为 3 期）。

表6-1 1—9月的产品销售量

月份	1	2	3	4	5	6	7	8	9
销售量（件）	200	230	280	250	230	300	210	220	260

分析：由题目要求可知，A公司的观察期为3期，所以公式中参数 n 应为"3"，根据公式，

$$销售量预测值（Q）= \frac{最后 n 期销售量之和}{n 期}$$ 计算过程如下。

$$A公司10月的销售预测值 = \frac{210+220+260}{3} = 230（件）$$

（2）指数平滑法。

指数平滑法实际上是一种特殊的加权移动平均法，它是通过计算指数平滑值，配合一定的时间序列预测模型来识别经济现象的基本变化趋势，并以此来进行预测的。加权移动平均法只考虑最近的 n 个历史数据，而指数平滑法需要考虑所有的历史数据，而且对近期的数据观察值赋予较大的权重，对以前各个时期的数据观察值则赋予递减的权重。

指数平滑法根据平滑次数的不同，可以分为一次指数平滑法、二次指数平滑法和三次指数平滑法等。这里主要介绍一次指数平滑法。当时间序列无明显的趋势变化时，企业可采用一次指数平滑法预测销售量。一次指数平滑法的计算公式如下。

$$销售量预测数（Q_{n+1}）= 平滑指数 \times 前期实际销售量 + (1-平滑指数) \times 前期预测销售量$$
$$= \alpha \times S'_n + (1-\alpha) \times Q_n$$

在进行市场预测时，企业还应该根据中长期趋势变动和季节性变动情况的不同而取不同的 α 值。

● 如果观察值的长期趋势变动缓慢，则宜取较小的 α 值（建议取0.1～0.4），使近期观察值的特征能反映在指数平滑值中。

● 如果观察值的长期趋势变动接近稳定的常数，应取居中的 α 值（建议取0.4～0.6），使观察值在指数平滑中具有大小接近的权数。

● 如果观察值呈现明显的季节性变动，则宜取较大的 α 值（建议取0.6～0.9），使近期观察值在指数平滑值中具有较大作用，使其能迅速反映在未来的预测值中。

案例分析——预测A公司10月的销售量

A公司2020年1—9月的产品销售量如表6-1所示，9月A公司产品的实际销售量为260件，预测销售量为270件，现要用指数平滑法来预测该公司产品10月的销售量（已知 $\alpha = 0.4$）。

分析：已知平滑指数为0.4，说明观察值的长期趋势变动接近稳定常数，又知9月的实际销售量和预测销售量，所以根据公式便可计算出10月的预测销售量，具体计算过程如下。

A公司产品10月的销售预测值为：

$$销售量预测数（Q_{n+1}）= 平均指数 \times 前期实际销售量 + （1-平滑指数） \times 前期预测销售量$$
$$= 0.4 \times 260 + （1-0.4） \times 270 = 266（件）。$$

实战演练——预测销售量

实战目的： 根据表6-2所示的1—11月的销售量统计表，利用一次指数平滑法预测企业的销售量，并使用图表将预测值与实际销售量直观地展示出来。

实战操作：（1）找到平滑指数、前期销售量、前期预测销售量的具体数据。

（2）使用公式计算2—11月的预测销售量。

表6-2 1—11月的销售量统计表

						$\alpha=0.7$					
月份	1	2	3	4	5	6	7	8	9	10	11
预测销售量（台）	190	—	—	—	—	—	—	—	—	—	—
实际销售量（台）	200	220	260	250	300	210	220	260	320	280	240

例如，计算2月的预测销售量，就应先找到1月的实际销售量和预测销售量，并找出平滑指数值，然后应用公式进行计算，具体计算过程如下。

销售量预测数（Q_{n+1}）= 平均指数 × 前期实际销售量 +（1- 平滑指数）× 前期预测销售量 = 0.7×200+（1-0.7）×190=197（台）。以此类推，计算出剩余月份的预测销售量，最终的计算结果如表6-3所示，预测销售量趋势图如图6-7所示。

表6-3 1—11月的预测销售量

月份	1	2	3	4	5	6	7	8	9	10	11
预测销售量（台）	190	197	213.1	245.9	248.8	284.6	232.4	223.7	249.1	298.7	285.6
实际销售量（台）	200	220	260	250	300	210	220	260	320	280	240

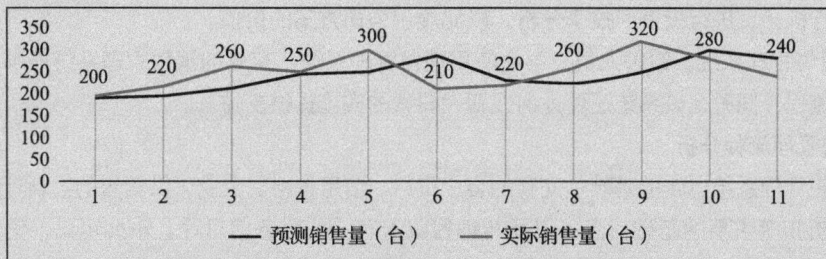

图6-7 1—11月的预测销售量趋势图

6.3 销售管理系统

情景导入

主管："在明确了销售业务过程和销售管理的基本内容后，下面我们来详细说一说销售管理系统。小李，你知道销售管理系统一般由谁操作，包含哪些功能吗？"

小李："销售管理系统应该是适合企业销售部门使用的，自然应该由销售部门来操作了。至于其功能，我觉得应该包括销售订单的录入、审核、查录等。"

主管："实际上，ERP 软件的销售管理系统的功能是很强大的，除了你说的销售订单管理功能外，还有客户信息管理、销售业务数据管理、财务数据管理等功能。"

6.3.1 销售管理业务流程分析

销售流程是销售人员针对销售机会进行一连串清晰的、可重复的销售活动并产生结果的过程。销售流程对能够提升销售产能的销售行为加以说明并记录，为流程中的每一步骤提供架构。

1. 销售流程包含的要素

一个完整的销售流程一般包括以下五大要素。

（1）目标客户。目标客户是企业产品的直接购买者或使用者。如果销售人员不确定目标客户，那么将无法从客户的立场上做出决定，从而无法为客户提供更有效的服务。因此，选择与确定目标客户是销售流程中的一项重要内容。

（2）销售机会。销售机会通常是指在推销过程中，由于环境变化而给销售人员带来的实现其推销目的的一种可能性。销售人员要看准时机，发挥自身的主观能动性和创造性，捕捉各种各样的销售机会。

（3）销售步骤。销售人员应根据客户购买流程制订销售步骤。例如，基于客户的主观愿望来制订销售步骤，具体流程包括需求意识、需求定义、选择评估、最终认可、控制评估。在整个销售流程中，每一个阶段都有可测量和验证的标准，这里往往以客户需求是否被满足来作为衡量标准。

（4）辅助工具。由客户的购买方式可知，销售人员进行的销售活动可能需要用到专门的知识和技巧，才能实现销售步骤的顺利推进。在销售活动的过程中，销售人员可以借助一些辅助的销售工具来达到最终的销售结果。例如，客户想要了解某份采购方案的价值，销售人员就可以借助办公软件来拟定执行机会，进行投资回报率分析，以此展示公司方案的价值。

（5）销售管理系统。销售人员要学会使用销售管理系统。有效的销售管理系统能够监督、管理并维持销售流程，同时，该系统还要为前面四大要素的实施提供支持。

2. 销售管理流程分析

企业销售管理系统运转的基础是完整的客户资料、信用资料、企业可供销售的物料产品或服务、产品价格的折扣等重要的基础信息，以及与销售收入有关的财务信息等。由此可见，销售管理与企业的生产管理活动、财务管理活动、质量管理活动等模块紧密相关，销售管理流程如图6-8所示。

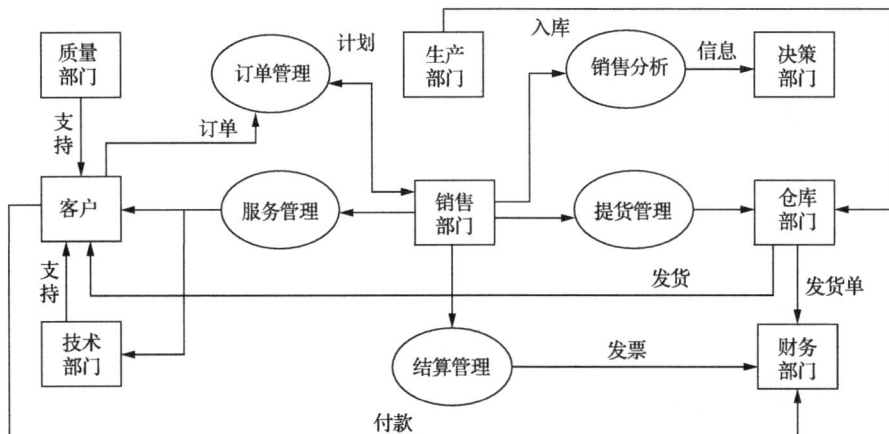

图6-8　销售管理流程

3. 销售订单管理流程

销售订单是企业进行销售业务时，预先向客户发出的包含销售商品名称、规格、数量、价格及交货日期等信息的业务单据，它表明企业与客户之间的购销契约关系。销售订单是企业进行生产的基础，也是企业进行物料采购的依据。企业通过对订单信息的维护与管理，可以使销售活动、生产活动、采购活动处于有序、流畅和高效的状态。

另外，企业在录入销售订单的时候还可以进一步了解客户的相关资料、完善客户的信用记录。销售业务中销售订单管理流程如图 6-9 所示。

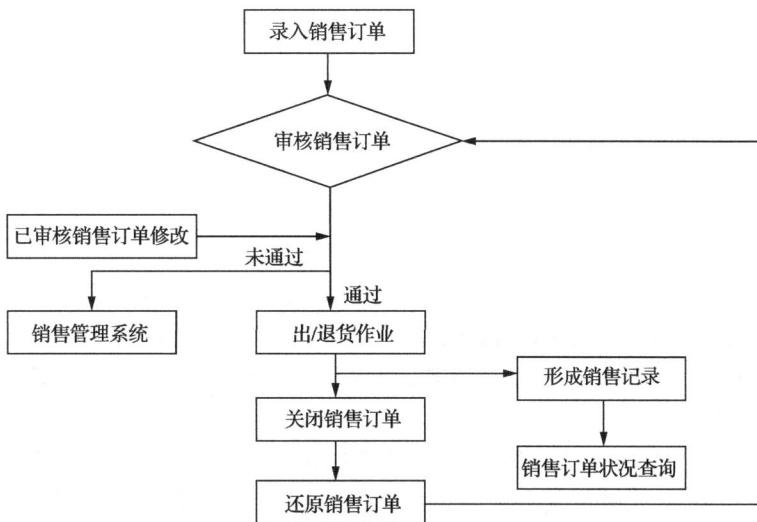

图 6-9　销售订单管理流程

6.3.2　销售管理系统功能分析

销售人员将获取的销售信息通过订单形式录入 ERP 软件后，软件会自动将其与主生产计划、库存、生产及财务等模块集成，并随时跟踪销售、生产、发货、发票等相关业务。随着销售业务的不断运作，ERP 软件中储存的销售信息也将自动更新。一般情况下，ERP 软件中的销售管理系统主要包括销售业务数据、销售报价、订单处理、发货处理、客户信息的建立与维护及销售发票等多个功能模块。

1. 销售业务数据

销售业务数据一般包含销售订单号、销售渠道、产品组织代码、装运与卸货地址、发票、开票地址及历史信息等。

2. 销售报价

销售报价是指企业根据客户、业务类型、产品数量、交货方式等做出的价格许诺。买卖双方达成协议后，销售报价单将转变为有效的销售订单。报价是销售人员获取订单的第 1 步，客户接受报价后才会产生订单。

报价不只是提出一个简单的数字，它需要销售人员在充分了解客户需求的前提下，通过相关计算在短时间里向客户提供一份具有竞争力的报价书。

（1）报价条件的建立。

一份报价书通常包括产品结构物料清单和各项成本两部分内容。

● **产品结构物料清单**。产品结构物料清单是针对各种类型的产品而建立的。销售人员要先将标准物料清单复制出来，然后根据客户提出的要求进行产品结构配置，完成后将其指定为产品结构物料清单。

● **各项成本**。各项成本数据是为计算需求报价而事先定义的一项常规成本标准，它包含物料成本、加工成本、准备成本及间接成本等内容。

（2）报价计算。

报价计算一般是根据客户的需求先建立预算订单，然后在预算订单的基础上对产品结构物料清单做好产品结构配置调整和各项成本数据比率的增减调整，最终计算出总成本和利润。通常，销售人员会选择多个数量级别的价格（例如总成本比率、固定单位价、折扣价）进行计算、比较与分析后，再选择出具有竞争力的报价。

3. 订单处理

销售订单是基于客户实际需求的产品而产生的。销售订单一般包含订单号、订货日期、客户名称、产品型号、数量、价格及交货日期等基础信息。一旦销售订单成立，销售人员就需要对销售订单进行管理与监制。一个订单的处理通常需要经过订单确认、订单录入与审核、订单下达、发货、开票等多个步骤。下面主要介绍订单确认和订单录入的具体内容。

（1）订单确认。

订单确认是指销售人员通过 ERP 软件判断销售订单要求的产品数量和发货日期的可行性，即通过审查主生产计划来确定在线可供销售量能否按时为客户提供所需产品。如果在规定时期内所需要的产品数量不能满足客户需求，那么，ERP 软件将显示最早可行的供货日期，供销售人员选择。

（2）订单录入。

订单由销售人员根据 ERP 软件中的销售订单模块进行详细录入。如果订单有更多的业务信息要求，则销售人员可在销售订单模块中修改或增加数据录入，也可以把具有相似物料的订单组合在一起进行录入。

在 ERP 软件中，销售人员通常是以销售订单号或客户所要求的产品物料号来录入订单的，也可定义一个样板订单，利用其实现快速录入。

4. 发货处理

发货是指客户已订货，且已经生成订单，订单信息录入了 ERP 软件，经计划与制造等过程后，根据订单计划、交货日期，ERP 软件自动生成发货文件，即出货明细表，如图 6-10 所示，然后由仓库部门来确认发货。

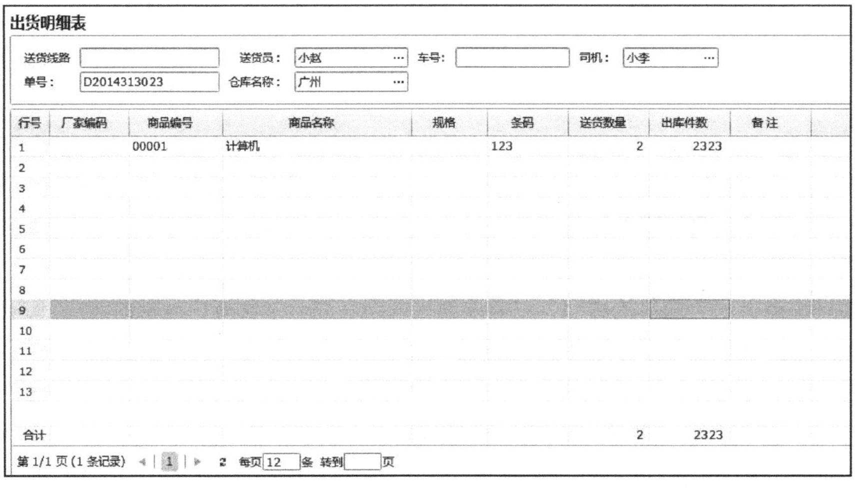

图 6-10　出货明细表

如果客户订货后有可用库存，ERP 软件将自动授权发货并开票，然后将发票和凭证自动传送到财务管理模块的应收账款内。对于不能按期交货的销售订单，ERP 软件将自动生成一份延期报告，列出所有延期的销售订单。

5. 客户信息的建立与维护

客户是企业的重要资产，企业一旦了解了客户的需要与喜好，就要迅速采取相应的行动，赢得客户的信赖。

客户管理又称客户维护，指将客户的企业名称、一般数据、销售数据、财务数据等基本数据保存起来，存放在客户主记录中，供销售部门和财务部门使用。

（1）客户的一般数据通常包括客户名称、通信地址、电话及客户类型等。

（2）销售数据通常包括销售订单号、产品名称、销售数量、销售金额、付款金额、折扣、销售日期及销售人员等。

（3）财务数据通常包括客户银行账号、付款方式、税码、外币和所选货币、付款提示、付款条件、付款日期及类型等。

6. 销售发票

发票是指一切单位和个人在购销商品、提供或接受服务，以及从事其他经营活动中，所开具和收取的业务凭证。企业通常是根据销售订单交货并开具发票的，在交货和开具发票的过程中，ERP软件会把预付金额、运费和杂费等各项费用及税金等储存在累计费用数据字段里，在销售人员按出库单关联信息输入销售单价后，ERP 软件将自动生成销售发票，开具和审核销售发票的操作界面如图 6-11 所示。

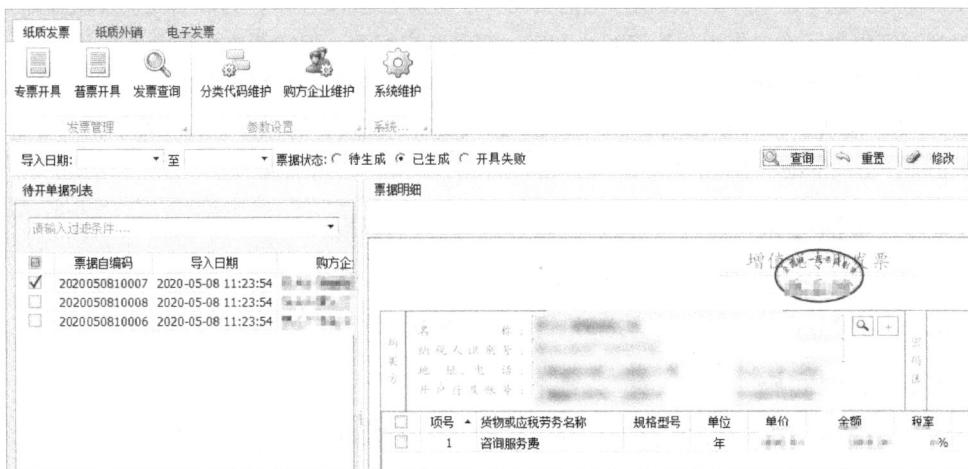

图 6-11　开具和审核销售发票的操作界面

6.3.3　ERP 软件中销售管理模块与其他模块的关系

ERP 软件中销售管理模块功能的实现离不开其他相关功能模块提供的信息数据。另外，销售管理模块与库存管理、成本管理、财务管理等模块也有着密切的联系，具体关系如图 6-12 所示。

销售订单是企业编制主生产计划的数据源头，也是企业计划管理模块的数据基础。企业为了完成订单的管理和销售业务，就会产生相应的费用，而这些费用数据即作为成本管理模块的输入数据。另外，企业在进行销售管理的过程中，有时需要处理退货或换货，因此，销售部门还需要与仓库部门协作。当发生应收账款或现金收入时，销售部门还需要与财务部门协同完成销售结算业务。

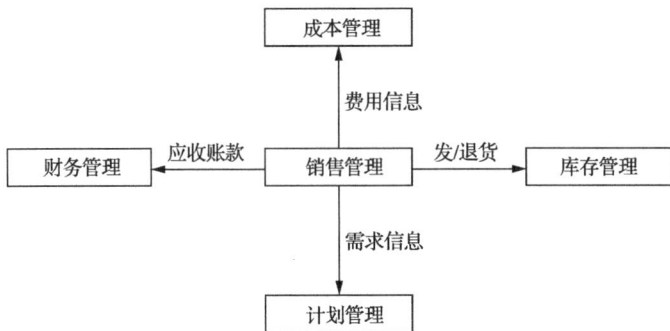

图 6-12　销售管理模块与其他功能模块的关系

由此可见，企业的各类业务活动都会与销售业务产生联系，可以说企业内部的一切活动都是围绕着销售业务展开的。

6.4 项目实训——分析 ERP 软件中销售管理模块的应用

6.4.1　实训背景

A 公司是一家专业生产和销售清洁剂的公司。公司成立近 10 年来，为酒店业、餐饮服务业、大型连锁超市等提供了许多优质的洗涤解决方案，深受客户好评。但随着市场竞争的日趋加剧，A 公司的竞争优势被逐渐弱化，销量开始下滑，为此，A 公司聘用了大批销售人员，但仍旧没能改善销量的颓势。为了解决这个销售难题，A 公司高层管理人员决定在现有的 ERP 软件中增加销售管理模块，以此来提高企业的业绩、留住客户。

6.4.2　实训要求

（1）在新增加的销售管理模块中添加相应的子系统。

（2）在 ERP 软件的销售管理模块中进行新建销售报价单、录入销售订单等操作。

6.4.3　实训实施

（1）在 ERP 软件的销售管理模块中，可以添加销售订单管理、销售报价管理、销售收发货管理、销售回款等子系统。

（2）在 ERP 软件的销售管理模块中新建销售报价单，录入销售订单（注意，企业所使用的 ERP 软件不同，操作步骤也会有所差别）。

打开 ERP 软件并成功登录后，进入销售管理模块，找到功能列表，选择"销售报价"，就能进行数据录入了。进入"销售报价管理"界面，单击"新增"按钮，进行新信息的录入。

录入完成后，单击"保存"按钮，在销售报价单列表界面便可查看刚才录入的新信息，如图 6-13 所示。

返回销售管理模块，在功能列表中选择"销售订单"，就能进行数据录入了。进入"销售订单管理"界面，单击"新增"按钮，进行新信息的录入，如图 6-14 所示。

图 6-13　销售报价单列表

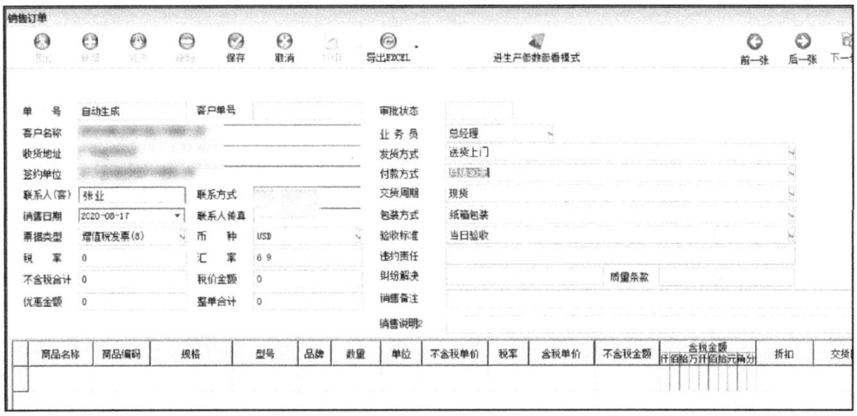

图 6-14　录入销售订单

录入完成后，单击"保存"按钮，在销售订单详细列表界面中便可查看刚才录入的新信息。

6.5　课后思考

1. 什么是信用管理？
2. 新建销售订单的流程是什么？
3. 销售报价管理的目的是什么？
4. 说一说销售退货的具体流程。
5. 已知 A 企业 2020 年 1—9 月产品的销售量如表 6-4 所示。9 月产品的实际销售量为 330 台，预测 9 月销售量为 350 台，平滑指数 α =0.4。试用指数平滑法预测 A 企业 2020 年 10 月的销售量。

表 6-4　1—9 月产品的销售量

月份	1	2	3	4	5	6	7	8	9
销售量（台）	300	360	280	310	400	300	280	300	330

6. 一个完整的销售流程包括哪五大要素？
7. ERP 软件中销售管理模块与其他模块之间存在什么样的关系？

8. 请阅读以下材料并回答问题。

阅读材料——M 企业在销售管理方面的问题

M 企业是一家橡胶生产企业，经过 15 年的发展，现在已拥有固定资产 1 000 万元，员工近 1 000 名，其中有技术人员 500 名。M 企业拥有各类设备 100 余台，主要为汽车制造企业提供配件密封件。M 企业属于典型的多品种、小批量生产型企业，主要采取以销定产的形式进行生产。由于面临着高度的市场竞争压力，公司产品的销量不断下滑。

"李总，公司这个月的销售额与上月相比又低了近 6 个百分点。"业务经理一边看着销售报表，一边走进李总的办公室。"看来，企业现有的销售管理系统已无法适应市场竞争的需求了。"听了业务经理的汇报，李总决定对企业现在的销售管理系统做出改变，改变的主要内容包含以下几点。

（1）在销售管理模块中增加报价管理子系统，销售人员可针对销售机会填写报价单，并选择申请流程。

（2）在销售管理模块中完善信用管理模块，合理设置信用额度。

（3）在销售管理模块中增加回款管理子系统。回款管理分为计划回款和实际回款两种。针对某位客户的某个订单，销售人员可新建计划回款，当客户按计划付款给企业时，对应的计划回款状态可修改为实际回款；如果客户分多次付款，则需要销售人员重新建立实际回款信息。

通过对销售管理模块的修改和完善，M 企业的销售管理效率明显提升，销售业绩也不断提高。

回答：（1）李总为什么会对销售管理系统进行改变？

（2）M 企业为了提高销售管理水平，做了哪些工作？

★ 管理工具推荐 • • • •

1. 销售数据分析工具

销售人员在做营销分析或者销售报告时，对分析的深度和美观度都会有不同程度的需求，此时，销售人员可以针对不同情况选择不同的数据分析工具。常用的数据分析工具有 Excel、SPSS 和 Python，后面两种工具的入门要求相对较高，例如，SPSS 需要使用者对统计学、分析模型等有初步的了解。因此，下面只介绍使用简单的 Excel 数据分析工具。

Excel 是 Microsoft Office 办公软件的组件之一，其主要功能是数据处理与分析。Excel 具有筛选、编辑、搜索、排序及统计等功能。除此之外，数据透视表在 Excel 中的使用频率比较高，它可以将各字段区域中的信息对应，通过"值"的方式实现计数、求和与求平均值等操作。图 6-14 所示为使用 Excel 中的数据透视表功能对字段数据计算平均值的结果。

2. 销售漏斗模型

销售漏斗是罗伯特·米勒（Robert Miller）和斯蒂芬·海曼（Stephen Heiman）创立的"战略销售"（Strategic Selling）的核心内容之一。销售漏斗实质上是在某一时间节点对所有处于销售流程不同阶段的销售目标（或销售机会）的"快照"，所有销售流程均可定义为漏斗外、漏斗上、漏斗中和漏斗底 4 个阶段，每一个阶段对应的销售工作和成功概率均不相同。例如，处于漏斗上部的潜在客户，其销售成功率为 0 ~ 40%；处于漏斗中部的潜在客户，其销售成功率为 40% ~ 70%；处于漏斗底部的潜在客户，其销售成功率为 70% 以上。

	A	B	C	D	E
1	使用部门	（全部） ▼			
2					
3	平均值项:固定资产净值	列标签 ▼			
4	行标签 ▼	零部件	设备	仪器	总计
5	测振仪			¥74,877	¥74,877
6	二等标准水银温度计			¥6,976	¥6,976
7	翻板水位计			¥19,744	¥19,744
8	高压厂用变压器		¥16,177		¥16,177
9	高压热水冲洗机		¥72,286		¥72,286
10	割管器		¥9,622		¥9,622
11	光电传感器		¥8,604		¥8,604
12	锅炉炉墙砌筑	¥435			¥435
13	继电器		¥559		¥559
14	螺旋板冷却器及阀门更换	¥20,101			¥20,101
15	母线桥	¥2,436			¥2,436
16	锝母线间隔棒垫	¥1,501			¥1,501
17	盘车装置更换		¥65,083		¥65,083
18	稳压源		¥68,984		¥68,984
19	总计	¥6,118	¥34,474	¥33,866	¥26,242
20					

数据透视表字段　▼ ✕

选择要添加到报表的字段:　✿ ▼

搜索　🔍

☑ 名称
☑ 类别
☑ 使用部门
☐ 原值

在以下区域间拖动字段:

▼ 筛选器　　　‖‖ 列
使用部门 ▼　　　类别 ▼

≡ 行　　　Σ 值
名称 ▼　　　平均值项:... ▼

☐ 推迟布局更新　　　更新

透视分析　明细　⊕

图 6-14　使用 Excel 进行数据分析

销售漏斗的意义在于通过直观的图形指出公司的客户资源从潜在客户阶段，发展到意向客户阶段、谈判阶段和成交阶段的比例关系，如图 6-15 所示。

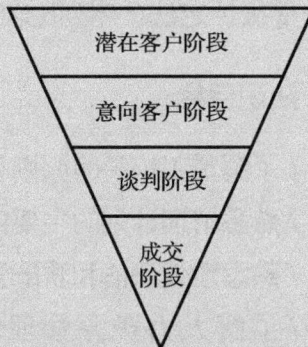

图 6-15　销售漏斗示意图

第7章

人力资源管理

重要概念

员工招聘、校园招聘、内部招聘、问卷调查法、访谈法、等级评定法、序列比较法、绩效工资

知识目标

/ 了解员工招聘的原则和渠道。
/ 熟悉培训计划的主要内容。
/ 熟悉绩效评估和薪酬管理的方法。
/ 了解人力资源管理信息化的相关知识。

扫一扫

知识框架

能力目标

/ 能够使用 ERP 软件处理人力资源管理的相关事务。
/ 学会如何招人、如何管理和如何用人。

引导案例

人力资源管理对企业发展的影响

　　H 公司是一家高速成长中的大型外贸机构，近年来业务高速扩张，已在全国设立了近 50 个分支机构，营业网点达 200 多个。但是，随着经济全球化趋势的加强和商业竞争的加剧，H 公司的领导层感觉公司在人才竞争方面逐渐力不从心。目前，H 公司缺乏科学的招聘工具来筛选和识别合适的人员，常常出现员工入职后无法胜任工作的现象；人力资源部门忙于处理劳务关系等行政事务，无暇顾及机构的发展需求；大多数员工的知识水平及技能水平不高，而仅有的少数优秀人才也面临着流失率升高的局面等。因此，H 公司迫切需要一套切实可行的人力资源管理方案来解决当前所面临的问题。

　　H 公司的人力资源总监建议在现有的管理系统中增加人力资源管理模块，该模块的主要功能包括人力资源规划、员工招聘、培训计划制订、员工薪资核算、绩效评估等。经过一段时间的试运行后，企业人力资源部门不仅可以轻松制订职位要求、升迁路径和培训计划等，还可以根据不同岗位的要求，提出具有针对性的员工培训建议。另外，H 公司还对员工的职业生涯发展规划进行了优化设计，进一步丰富和完善了人力资源管理的内容。

　　通过上述的人力资源变革，H 公司的人员结构得到了有效的优化和改善，开始朝着建设先进的人力资源体系的道路迈进，为企业整体竞争能力的提升奠定了基础。

　　【思考】

　　（1）H 公司的人力资源管理有哪些问题？

　　（2）想一想还有哪些与人力资源管理相关的内容。

7.1　人力资源管理的内容

情景导入

　　小李："听销售部门的小陈说，公司最近要开展一次拓展培训，强化团队的凝聚力，但我一直没有接到培训通知，不知道此次培训有没有我呀？"

　　主管："你可以在公司 ERP 软件中的人力资源管理模块的员工培训子系统查看，里面详细列举了培训的相关事项，包括培训名称、培训老师、培训时间、培训人员等。除此之外，人力资源管理模块中还有绩效评估、薪酬管理等内容。"

7.1.1　员工招聘

　　员工招聘是指企业为满足自身发展的需要，向外部吸收具有劳动能力的个体的过程。员工招聘作为企业人力资源管理的重要环节，对于整个企业的发展起着巨大的作用。有效的招聘工作不仅可以提高员工素质、改善人员结构，还可以为企业带来新的管理思想、增添新的活力，甚至可能会给企业带来技术或管理上的重大革新。

　　员工招聘事关企业各个部门的发展，只有寻找到适合各个岗位的人才，各部门的工作才能顺利展开。因此，为了保证企业健康可持续发展，人力资源部门要做好员工招聘工作，具体可以从招聘原则、招聘渠道、招聘流程和招聘策略 4 个方面着手。

1. 招聘原则

招聘员工是企业发展、维持正常运营的必要行为。因此，企业在进行员工招聘时应坚持以下几项原则。

（1）公开原则。在招聘之前，企业应把组织名称及性质、用人岗位、应聘的资格及条件、考试的方法与时间等向社会通告，公开进行招聘。这样既可以将企业的招聘工作置于公开监督之下，防止营私舞弊，又能给予社会上的人才公平竞争的机会，达到广招人才的目的。

（2）公正原则。公正原则是指对所有应聘者一视同仁，不得人为制造各种不平等的限制条件，以及各种不公正的优先、优惠政策。

（3）竞争原则。竞争原则是指通过考试竞争和考核鉴别，确定人员的优劣和取舍。

（4）竞争择优原则。竞争择优原则是指在员工招聘中引入竞争机制，即在对应聘者的思想素质、道德品质、业务能力等各方面进行全面考察的基础上，按照考核成绩择优录用员工。

（5）效率优先原则。效率优先原则是指企业应用尽可能低的招聘成本招聘到合适的人才。

2. 招聘渠道

招聘渠道是企业进行招聘的辅助工具，常见的招聘渠道包括现场招聘、网络招聘、校园招聘、内部招聘以及员工推荐等。

（1）现场招聘。

现场招聘是一种企业和人才通过第三方提供的场地，进行面对面谈话，现场完成招聘的方式。现场招聘通常分为招聘会和人才市场两种方式。

● **招聘会**。招聘会一般由政府及各种人才介绍机构发起和组织，较为正规。大部分招聘会都具有特定的主题，例如应届毕业生专场，通过对应聘者的毕业时间、学历层次、知识结构等进行筛选，企业可以很方便地选择适合的专场设置招聘点进行招聘。

● **人才市场**。人才市场与招聘会相似，但人才市场的招聘地点相对固定，且招聘形式一般为长期分散式。因此对于一些需要进行长期招聘的职位，企业可以选择人才市场这种招聘渠道。

（2）网络招聘。

网络招聘一般是指企业在网上发布招聘信息，甚至通过网络进行简历筛选、笔试、面试的一种招聘方式。它具有费用低、覆盖面广、时间周期长等优点。企业可以在自己的网站上发布招聘信息，也可以在一些专业招聘网站上发布招聘信息，例如前程无忧、智联招聘等。

网络招聘具有信息传播范围广、速度快、成本低，且不受时间、空间的限制等特点，因而被企业广泛采用。但网络招聘也存在一定的缺陷，例如，在进行简历筛选时，网络招聘的工作量较大等。

（3）校园招聘。

学校是人才高度集中的地方，是企业获取人力资源的重要途径。在面向院校应届毕业生进行招聘时，企业可以选择在校园内直接进行招聘，包括在学校举办毕业生招聘会、到学校张贴海报、进校宣讲等，在此吸引毕业生了解和选择企业。对于部分优秀的学生，企业可以邀请学校直接推荐，对于一些较为特殊的职位，企业也可以委托学校培养直接录用。注意，该招聘方式会增加企业的招聘成本，且受地域的影响。

（4）内部招聘。

内部招聘是指当企业出现职务空缺时，从企业内部选择合适的人选来填补该职位。对于大型企业来说，进行内部招聘有助于增强员工的流动性，为员工提供晋升或者换岗的机会，因此，内部招聘也是一种有效的激励手段。

内部招聘的成本比较低，效率也较高，但企业内部的老员工存在一定的思维定式，不利于创新，且内部招聘容易在企业内部形成错综复杂的关系网，不利于企业的成长，尤其是中小型企业。

（5）员工推荐。

员工推荐是鼓励现有员工向企业介绍工作候选人的一种招聘方式。员工推荐对招聘专业人才比较有效。员工推荐最大的优点是企业和应聘者双方掌握的信息较为对称。推荐人会将应聘者真实的情况告知企业，节省了企业对应聘者进行真实性考察的时间，同时应聘者也可以通过推荐人了解企业各方面的内部情况，从而做出理性选择。因此，员工推荐招聘的成功率往往较高，人才流失率也较低。

但经员工推荐招聘来的人员往往容易和推荐者形成"小团队"，给企业日后的人员管理工作造成一定的困难，同时也会影响企业正常的组织架构和运作。

3. 招聘流程

招聘流程一般由企业的人力资源部门制订，其目的是规范企业的员工招聘行为，保障企业与招聘人员的权益。一般情况下，企业的招聘流程包括以下 5 个步骤。

（1）制订计划。

当企业出现职位空缺时，人力资源部门需要根据职位的类型、数量、时间等确定招聘计划，成立相应的选聘小组。再由选聘小组通过适当的媒介公布待聘职务的数量、类型以及对候选人的具体要求等信息，面向企业内外公开招聘，鼓励符合条件的候选人应聘。

（2）初选。

当应聘者较多时，选聘小组成员需要对每一位应聘者进行初步筛选。对于内部候选人的初选，可以以企业以往的人事考评记录为依据；对外部应聘者的初选，则需要通过面试的方式，尽可能多地了解应聘者的情况，例如兴趣、观点、见解等，及时排除明显不符合应聘要求的人员。

（3）考核。

对初选合格者，选聘小组成员需要对其进行材料审查和背景调查，同时应进行细致的测试与评估，包括智力与知识测试、竞聘演讲与答辩、实际能力考核等。

（4）录用。

选聘小组完成上述各项基础工作后，还需要利用加权的方法，算出每一位合格应聘人在知识、智力和能力等方面的综合得分，并根据待聘职务的类型和具体要求进行取舍。对于企业决定录用的应聘者，应由人力资源主管再进行一次面试，最后决定聘用与否。

经典理论

加权平均成绩是指用每门成绩乘以它的权值比例后算出的平均成绩。假设，某一位应聘者的管理能力的权值为 6，成绩为 82，创新能力的权值为 4，成绩为 98，那么该应聘者的加权平均成绩为（82×6+98×4）÷（4+6）=88.4，这就体现出不同考查项目对总成绩的影响。

（5）评价反馈。

选聘小组需要对整个选聘工作进行全面检查和评价，并对成功录用的应聘者进行追踪分析，通过对已录用的应聘者的评价反馈，总结招聘过程中的经验与不足，并及时反馈到招聘部门，以便日后参考和改进。

4. 招聘策略

招聘策略是企业为实现招聘计划而采取的具体策略，它包括编制招聘计划、提高招聘者的职业敏感性、制定科学的招聘流程等内容，成功的招聘策略往往可以帮助企业快速找到合适的人才。

（1）编制招聘计划。

为了保证员工招聘的有效性，人力资源部门在进行招聘管理时，需要根据企业自身的发展情况制订出详细的招聘计划。人力资源管理人员在编制招聘计划时，需要重点关注以下3个方面的内容。

⊙ 人力资源管理人员根据企业的工作任务以及岗位需求，确定所要招聘的员工应该具备的能力和素质。

⊙ 分析企业现阶段的人力资源状况。人力资源管理人员通过分析企业现有员工数量，员工工作能力和辞职、辞退员工的情况，从整体上了解企业目前的招聘需求。

⊙ 通过分析工作岗位来确定员工岗位职责。人力资源管理人员需要对员工能力及权限进行详细界定，保证在后期聘用过程中可以为受聘者提供更加细致的岗位信息。

（2）提高招聘者的职业敏感性。

在招聘过程中，由于招聘者并不清楚应聘者的真实工作能力，难以准确评估应聘者是否符合岗位需求。为了正确规避风险、提高招聘的有效性，招聘者需要通过一些手段来提高双方信息对称的程度，例如，主动收集应聘者信息，对应聘者进行面试、心理测试、专业技能测试、情景模拟测试等。

（3）制定科学的招聘流程。

为了使企业的招聘工作得以顺利进行，在实际招聘过程中，人力资源管理人员要制定出科学的招聘流程。科学的招聘流程一般包含简历筛选、面试、审核、体检以及入职等多个阶段。

⊙ **简历筛选**。简历筛选标准需要招聘者结合当前空缺岗位以及相关资料内容而定。在此过程中，招聘者一定要确保应聘者简历的真实性，对于简历内容失真的应聘者，企业一律不予聘用。

⊙ **面试**。面试时，企业通常需要为应聘者提供笔试以及面试题目，然后根据应聘者的实际情况，选择出能力较强且符合岗位需求的应聘者。

⊙ **审核**。审核是为了保证应聘信息的真实性。招聘者通过对应聘者的资料进行核对，可以保证所聘用的人员基本满足企业需求。

⊙ **体检**。体检是为了了解应聘者的身体状态是否符合岗位需求。

⊙ **入职**。当应聘者通过了上述流程后，人力资源管理人员就需要与应聘者进行沟通，并签订由人力资源管理部门制订的规范合同，应聘者正式入职。

在ERP软件的人力资源管理模块中，员工招聘子系统可以记录企业的实际招聘情况（例如招聘渠道、各类职位等）以及人员面试情况（例如应聘、测试、录用和未录用等），并将数据传送至人事管理系统，以便人力资源部门做新进人员的人事档案维护。

另外，ERP软件的员工招聘子系统，还可以对招聘渠道和招聘机构进行详细管理，并能分析每一种招聘方式的效果与成本，为将来人力资源部门招聘计划的制订提供参考依据，同时该软件还可以将企业采用的各类测试题目设置为题库，方便企业在进行员工招聘时使用。

以下为一些常见的企业招聘员工时的面试题目，仅供参考。

"请你做一下自我介绍。"

"你有什么业余爱好？"

"谈一谈你的一次失败经历。"

"你为什么选择我们公司？"

"如果我录用你，你将怎样开展工作？"

……

7.1.2 培训计划

培训计划是从企业发展战略的角度出发，在全面、客观的培训需求分析的基础上对培训内容、培训时间、培训对象、培训方式等要素进行的预先设定。培训计划既是培训需求分析的充分体现，又为培训工作的具体实施提供了指导方针。

ERP 软件人力资源管理模块中的培训计划子系统，其基本功能是拟定培训计划、管理员工培训数据。ERP 软件中的培训计划的基础数据包括培训计划的主要内容和培训方式。培训完成后，ERP 软件还将评估培训效果。

1. 培训计划的主要内容

培训计划的内容应满足企业与员工两方面的需求，同时兼顾企业资源条件及员工素质基础，并充分考虑人才培养的超前性及培训结果的不确定性。为了使培训计划能够顺利实施，人力资源管理人员在制订培训计划时需要考虑以下几方面的内容。

（1）培训目标。

培训目标即通过培训要达成的目的，也是预期的培训成果，它建立在培训需求分析的基础之上。原则上，培训目标应与企业战略目标、组织资源、培训条件、员工个人目标协调一致，这样不仅能更好地调动员工的培训积极性，还有利于达成预期的培训成果。

（2）培训对象。

培训对象以新入职的员工为主，除此之外，也可能是有能力且企业要求其掌握另一门技术的在岗人员，或者企业认为有潜力的在岗人员。

（3）培训内容。

培训内容主要包括知识、技能、素质 3 个层面，一般是根据培训对象的需求、所担任的职务、任职标准、个人态度，以及能力与标准间的差距等来确定。

（4）培训讲师。

培训讲师的选择对整个培训项目的影响较大。培训讲师会参与课程设计、授课、课程考核等多个环节，因此，企业需根据自己的实际要求来选择企业内部或外部的讲师。通常，企业内部讲师所讲内容的针对性更强一些，而外部讲师则可能对某一专业领域有较深的研究和独到的见解，往往会给企业带来不一样的感受。

（5）培训资源。

培训资源主要包括涉及企业机密的、企业专属的或来自企业内部的内容。培训资源需要根据培训目标和具体的培训内容来确定。企业培训大多都会采用内部资源，尤其是涉及岗位以及企业专业技术层面时；而涉及通用知识、企业内部资源无法满足时，则采用外部资源。

（6）培训方式。

培训方式即培训时所采用的手段，例如课堂授课、网络授课、案例分析等多种形式。

（7）培训时间。

培训时间通常需要根据培训内容、培训场地、培训讲师、员工接受能力等因素来决定。

✎ **价值引导**

　　员工培训是企业开发人力资源的一种重要手段。企业在进行员工培训时也要注重员工素质的培养，包括员工的思想、身体和心理健康等，尤其要关注员工的心理健康。心理健康是身体健康的基础，也是社会和谐的基础，和谐社会又会促进个人的健康发展。

2. 培训效果的评估

培训效果评估是指人力资源部门在完成对受训员工的培训任务后，对培训计划是否完成或培训达到的效果进行的评价与衡量。人力资源部门通常会根据受训员工的反应、学习、行为、结果这 4 类基本培训成果来衡量最终的培训效果。

（1）培训效果评估指标。

人力资源部门在评估某培训项目所取得的成果时，可从以下 4 个层级对培训的效果进行评估。

● **反应层面评估**。反应层面评估是一级评估，主要是通过对受训员工的情绪、注意力、兴趣等进行分析，得出受训员工对培训项目的主观感觉或满意程度。这一层次的评估通常采用问卷调查、访谈、观察等形式。

● **学习层面评估**。学习层面评估是二级评估，主要是了解受训员工在知识、技能、态度或行为方式方面的收获。这一层次的评估通常采用模拟测试、技能练习、老师评价等形式。

● **行为层面评估**。行为层面评估是三级评估，主要是了解受训员工接受培训后行为习性是否有所改变，并分析这些改变与培训活动的相关性。这一层次的评估通常是利用同事评价、主客评价、客户评价等方法来完成。

● **结果层面评估**。结果层面评估是四级评估，主要用来判断培训后受训员工工作业绩的变化，及其对企业经营是否产生了影响。这一层次的评估通常是对质量、数量、销售额、成本、利润以及投资回报率等可量度的指标进行分析，然后将分析结果与培训前进行对比，以此判断出培训成果的转化情况。

（2）培训效果评估方式。

培训效果评估是检验培训工作质量的重要手段，它可以帮助人力资源管理人员明确培训项目、内容以及讲师的选择，了解培训预期目标的实现程度，为后期培训计划的制订与实施等提供帮助。培训效果评估的方式有很多，下面列举了 3 种常用的评估方式供大家参考。

① 问卷调查法。

问卷调查法是指针对培训内容、场地环境、培训讲师、项目活动意见等相关内容设计一个调查问卷。问卷调查法对培训活动的改进非常重要，是培训效果的直接反映。

② 访谈法。

访谈法是指通过与受训员工、受训员工上司、受训员工同事以及培训讲师面谈的形式来调查培训效果。评估人员可以通过各种封闭式或开放式的问题，对访谈对象提出与培训安排、内容体验、培训前后的变化相关的问题，从而获取想要的信息。在访谈过程中，评估人员要注意把握话题的方向，引导访谈对象给出真实、有效的反馈。

访谈法的具体操作步骤如下。

● 明确要采集的信息。

● 设计访谈方案。访谈方案是评估人员在访谈中使用的问题清单，与调查问卷的设计类似。

● 测试访谈方案。在正式进行访谈之前，评估人员可以对问题清单进行测试，以此来修改和完善访谈方案，改善访谈效果。

● 正式对访谈对象进行访谈。

● 访谈结束后，评估人员需要进行资料分析，并编写调查信息报告。

③ 观察法。

观察法是指评估人员在培训结束以后亲自到受训员工所在的工作岗位，通过仔细观察记录受训员工在工作中的业绩表现，以此来衡量培训对受训员工产生的效果。这种方式一般只针对一些投资大、培训效果对企业发展影响较大的项目。

拓展阅读

　　评估方式有很多，除了上述 3 种方式外，还有成本—收益分析法。扫描右侧二维码，查看该评估方式的具体内容。

扫一扫

成本—收益分析法

3.　培训计划的模板

　　培训计划的内容是多层次、多方面的，其具体内容因企业的要求不同而有一定差别，下面以某科技公司的新员工培训为例，制订一份培训计划，此模板可以作为编写培训计划的参考。

×× 科技公司员工培训计划

一、培训背景

　　×××

二、培训目的

　　1.　使新进员工能够尽快熟悉和适应公司的文化、制度和行为规范，增强员工对企业的认同感和归属感，鼓舞新员工的士气。

　　2.　通过培训使新员工明确自己的岗位职责、工作任务和工作目标，掌握工作要领、工作程序和工作方法，尽快进入岗位角色。

三、培训对象

　　新入职的 20 名大学毕业生。

四、培训方式

　　课堂培训（PPT 授课）、老员工带新员工。

　　1.　课堂培训的优势：传授内容多，知识比较系统、全面，有利于大规模培养人才；有利于讲师的发挥；受训员工可利用培训环境相互沟通，也能够向讲师请教疑难问题；培训费用较低。

　　……

五、培训讲师

　　人力资源部经理、研发部主管、市场部经理、客服部主管。

六、培训日程安排

新员工培训日程安排表

培训时间：2021/03/01—2021/03/07　　　　　　　　　培训地点：办公大楼三楼会议室

培训时间		培训课程	培训地点	培训讲师
3 月 1 日（星期一）	8:30—11:50	公司基本情况和规章制度等	办公大楼三楼会议室	人力资源部经理
	13:30—17:00	基本工作方法、心理知识及情绪管理等	办公大楼三楼会议室	人力资源部经理
3 月 2 日（星期二）	8:30—11:50	团队精神、客户关系管理、谈判能力以及商务谈判礼仪等	办公大楼三楼会议室	市场部经理
……	……	……	……	……

七、培训内容

新员工培训具体内容

培训时间：2021/03/01—2021/03/02　　　　　　培训地点：办公大楼三楼会议室

培训主题	培训目标	主要内容	培训讲师	培训方式
公司基本情况	帮助新员工了解公司并树立归属感	公司的发展历程、经营理念、历年重大事件、组织结构等	人力资源部经理	PPT 授课
公司基本规章制度	熟悉公司的人事、考勤制度等	人事管理制度、员工手册、奖罚条例等	人力资源部经理	PPT 授课
……	……	……	……	……

八、培训考核

1. 考核方式

×××××××××××××××××××××××××××××××××

2. 考核标准

××

九、效果评估

1. 评估目的：××

2. 评估对象：××

3. 评估方式：问卷调查法与访谈法。

十、培训预算

1. 讲师费用：部门经理 / 主管（800 元 / 次）。

2. 材料费用：讲课材料、公司规章制度、员工手册等（25 元 / 人）。

3. 管理费用：设备、场地等使用费用（600/ 天）。

　　讲师费：800×4=3 200（元）。

　　材料费：25×20=500（元）。

　　管理费：600×8=4 800（元）。

　　合计：3 200+500+4 800=8 500（元）。

实战演练——制订转岗员工培训计划

实战目的：为了提高公司的生产效率，促进公司又好又快发展，公司决定在本月底进行一次转岗培训。假设你作为转岗培训办公室的组织人员，需要参与此次培训工作，请你根据对转岗培训知识的了解和所学内容，尝试制订转岗员工的培训计划。

实战操作：（1）确定培训目标、培训项目与培训方法等；（2）制订培训计划；（3）评估培训效果。

7.1.3　绩效评估

绩效评估是人力资源管理的核心职能之一，它是通过系统的方法、原理来评定和测量员工的工作成果和工作行为的一种评估制度。绩效评估是企业管理者与员工之间的一项管理沟通活动。绩效评估不仅可以帮助企业做出更好的决策，而且能发掘员工的潜能，加强员工的自我管理意识。

在 ERP 软件的人力资源管理模块中，通过绩效评估子系统，人力资源部门可以对员工进行具体的绩效考核，对设定好的考核项目进行打分，并将最终的评估结果与薪资、个人职业发展及培训计划相关联。除此之外，ERP 软件还可以从各种不同的角度对评估结果进行统计分析，为员工业绩的改善提供数据支持。

1. 绩效评估的原则

绩效评估是一项复杂的工作，企业要想提高评估工作的质量、达到预期的效果，就应该坚持以下几项原则。

（1）客观原则。绩效评估应尽可能科学地进行，并具有公平性、可靠性和客观性。人力资源管理人员在进行绩效考评时，应根据明确的考评标准，客观地针对考评资料进行评价，尽量降低主观的影响。

（2）评估制度化原则。为了使绩效评估的各项功能得以有效发挥，人力资源部门应制订一套科学的绩效评估体系，并将绩效评估工作落实到具体部门。同时，人力资源部门要按时、按质地完成绩效评估工作，以便更多地获取有关员工的实际信息，以此来加强评估的效果。

（3）多层次评估原则。员工在不同的时间、不同的场合会有不同的表现，这就给员工绩效的客观评估带来了一定的困难。因此，人力资源部门应收集多方信息，进行多角度评估，以保证绩效评估的客观性、全面性和系统性。

（4）反馈原则。人力资源部门一定要将考评结果反馈给被考评者本人，这是员工得到有关其工作绩效表现反馈信息的一个主要渠道。

2. 绩效评估的方法

人力资源部门在对员工进行绩效评估时，常常需要运用各种科学的定性和定量方法，例如目标考评法、等级评定法、序列比较法等。

（1）目标考评法。

目标考评法是根据被考评者完成工作目标的情况来进行考核的一种绩效评估方法。在正式考评开始之前，考评者和被考评者应该对需要完成的工作内容、考评标准和考评期限达成一致。在考评期限结束时，考评者应根据被考评者的工作状况以及考评标准来进行对比评价。目标考评法一般适用于企业中实行目标管理的项目。

（2）等级评定法。

等级评定法是企业普遍采用的一种绩效评估方法。该评估方法的操作形式是分等级对规定的绩效因素（例如完成工作的质量）进行评估，然后把被考评者的工作业绩与规定的因素进行逐一对比打分，一般可分为优秀、良好、合格等多个等级，最后得出总体评价。

等级评定法评估标准明确、便于操作。但操作上的简便性，容易导致考评者仅专注于打分，而淡化了绩效的诊断和目的。

（3）序列比较法。

序列比较法是对企业中相同职务的员工进行考核的一种方法。在考评之前，考评者首先要确定考评的内容，然后将相同职务的所有员工在同一考评模块中进行比较，根据被考评者的工作状况将其排序，工作较好的排名靠前，工作较差的排名靠后。最后，将每一位被考评者的排序数字相加，得出考评结果。总数越小，说明绩效考评成绩越好。

经典理论

期望理论是著名心理学家和行为科学家维克托·弗鲁姆（Victor Vroom）于 1964 年在《工作与激励》中提出的，用公式表示为激励力量 = Σ效价 × 期望值。其中，效价代表工作态度，期望值代表工作信心。这个理论公式说明，员工的积极性能否被调动，取决于效价与期望值乘积的大小。也就是说，某一个员工对目标的把握越大，估计达到目标的概率越高，激发起的动力就越强烈，积极性也就越强。

案例分析——绩效考评该如何用

为了制订出更加合理的薪酬管理方案，S 公司决定对全体员工实施绩效考核。人力资源主管决定采用很多企业使用的等级评定法。考核结束后，考核主管发现每个部门上交的考核结果十分类似，甚至有的部门给每个员工打了相同的分数。与此相对，整个公司的工作状态也十分低迷，部分员工的工作积极性在考核结束后反而降低了。主管觉得很困惑，为什么大家都在使用的等级评定法不适合我们公司使用呢？

分析： 使用等级评定法时，不同的人的评价标准可能会不统一，难免带有主观意见，从而导致最终的评估结果不公正，所以员工心中就难免滋生不公平感，导致工作积极性受挫，甚至产生诸多负面影响。S 公司可以换一种绩效评估方式重新对员工绩效进行评估。

7.1.4 薪酬管理

薪酬管理是企业针对员工的工作，确定员工应当得到的报酬总额以及报酬结构的过程。在该过程中，企业就薪酬水平、薪酬构成以及特殊员工群体的薪酬等做出决策。ERP 软件人力资源管理模块的薪酬管理子系统中，包括工资制度的制订（例如确定薪酬构成、薪酬计算方法等）、自动计算各部门的薪酬总额、各职级的薪酬水平等功能。同时，ERP 软件还能自动生成薪资报表（例如工资汇总表、工资明细表）、薪资通知单（例如工资条）等单据，工资条界面如图 7-1 所示。

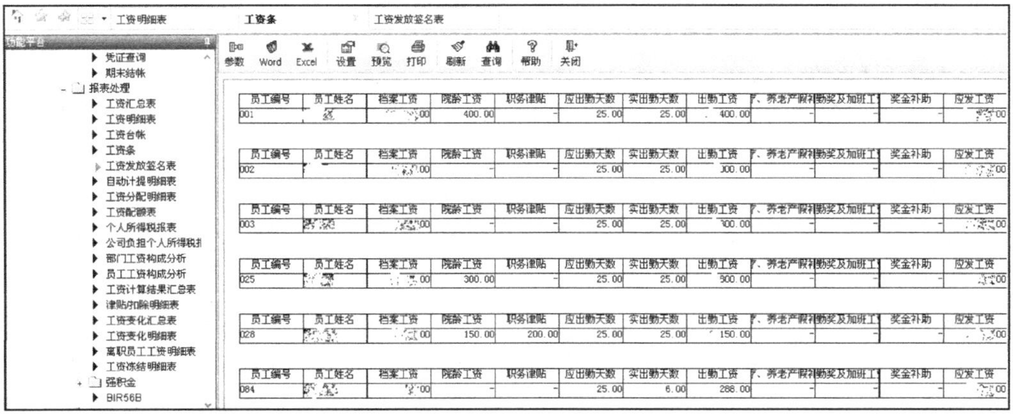

图 7-1 工资条界面

影响企业薪酬水平的限制因素有很多，除了企业的经济承受能力、政府的法律法规外，还涉及企业不同时期的战略、内部人才定位、外部人才市场以及行业竞争者的薪酬策略等因素。

1. 薪酬结构

良好的薪酬结构有助于企业发展，一般企业的薪酬结构分为显性薪酬和隐性薪酬两种。其中，显性薪酬主要包括基本工资、绩效工资、激励工资、员工福利，而隐性薪酬则主要包括工作环境、学习成长机会等。

（1）显性薪酬。

显性薪酬一般是经济性薪酬，主要分为以下 4 种。

① 基本工资。

基本工资是企业为完成工作的员工支付的基本现金薪酬，它是员工劳动收入的主体部分，也是其劳动报酬和福利待遇的基础。基本工资具有常规性、固定性、基准性等特点。某些薪酬制度把基本工资看作员工所受教育、所拥有技能的一个函数，因此，员工的经验、个人业绩与技能都会对基本工资产生影响。

② 绩效工资。

绩效工资是企业对员工过去的工作行为和已取得成就的认可，它包括计件工资制、佣金制等形式。作为基本工资之外的工资，绩效工资往往随员工业绩的变化而调整。我国的许多企业都建立了以绩效工资为主要组成部分的岗位工资体系。企业利用绩效工资对员工工资进行调控，可以刺激员工的行为、激发员工的工作积极性、努力鼓励员工实现企业目标。

拓展阅读

当用人单位安排劳动者加班或延长工作时间时，应按《劳动法》的相关规定支付劳动者加班工资。扫描右侧二维码，查看加班工资的具体支付方法。

扫一扫

加班工资的具体支付方法

③ 激励工资。

激励工资是指工资中随着员工工作努力程度和劳动成果的变化而变化的部分，它通常与员工的业绩直接挂钩。有时，企业把激励工资看成可变工资，包括短期激励工资和长期激励工资。其中，短期激励工资通常采取非常特殊的绩效标准，而长期激励工资则把重点放在员工多年努力的成果上。

虽然激励工资和绩效工资对员工的业绩都有影响，但两者的侧重点是不同的。

● 激励工资以支付工资的方式影响员工将来的行为，而绩效工资侧重于对过去工作的认可。

● 激励工资是在员工实际达到业绩之前就已经确定的，与之相反，绩效工资往往不会提前被员工所知晓。

● 激励工资是一次性支出，对劳动力成本没有永久的影响。当业绩下降时，激励工资也会自动下降。而绩效工资通常会加入基本工资中，会永久增加。

④ 员工福利。

员工福利是一种以非现金形式支付给员工的报酬。员工福利从构成上来说，可以分为法定福利和公司福利两种类型。法定福利是国家或地方政府为保障员工利益而强制企业提供的报酬部分，例如社会保险；而公司福利是建立在企业自愿基础之上的，例如除法定节假日以外的假期。

（2）隐性薪酬。

除了显性薪酬外，非货币的收益也会影响员工的行为，例如工作环境和学习机会等。其中，工作环境是指企业为员工创造的良好工作氛围，这是企业重视员工情绪、员工需求的具体表现；学习机会是指企业结合自身的目标，有计划、有目的地对员工进行专业知识、业务技能的培训，让员工提高专业知识技能或管理技能。

其他影响员工行为的事物还包括赞扬与地位、成功接受新挑战、和优秀同事一起工作的自我满足感等。

2. 薪酬管理的特点

薪酬管理相比人力资源管理中的其他工作而言，有一定的独特之处，具体表现在以下两个方面。

（1）敏感性。

薪酬管理是人力资源管理中十分敏感的部分，因为它涉及企业中每一位员工的切身利益。薪酬将直接影响员工的生活水平，并且薪酬是员工工作能力和工作水平的直接体现，员工往往通过薪酬水平来衡量自己在企业中的地位。

（2）特殊性。

几乎每个企业都会制订适合自身的薪酬管理模式，且薪酬管理的类型本身也是十分多样化的，包括岗位工资型、绩效工资型、资历工资型等，所以，不同企业的薪酬管理都具有一定的特殊性。

3. 薪酬管理与其他人力资源管理的关系

薪酬管理是人力资源管理的一个重要组成部分，也是企业愿景、使命以及战略目标实现的重要基础。由于现代人力资源管理的整体性特征，薪酬管理与其他人力资源管理环节需要密切配合才能发挥最大效用。薪酬管理与其他人力资源管理环节的关系如下。

（1）薪酬管理与人力资源规划的关系。

薪酬管理与人力资源规划的关系主要体现在人力资源供需平衡方面。薪酬政策的变动是改变内部人力资源供给的重要手段，例如，提高工资额度可以提升员工的工作积极性，从而降低员工流失率。

（2）薪酬管理与招聘录用的关系。

薪酬管理对招聘录用工作有着重要的影响。薪酬是员工选择工作时考虑的重要因素之一，较高的薪酬水平有利于吸引应聘者，从而改善招聘的效果。

（3）薪酬管理与绩效管理的关系。

薪酬管理与绩效管理之间是一种互动关系。绩效管理是薪酬管理的基础之一，企业针对员工的绩效表现及时地给予不同的激励薪酬，也有助于增强激励的效果，确保绩效管理的约束效果。

7.2 人力资源管理信息化

情景导入

主管：“在现代信息技术快速发展的背景下，我国的信息化系统建设也日趋完善，信息化系统逐渐应用于各行各业的经营管理中。就我们公司而言，人力资源管理与信息化的有机结合就取得了不错的效果。”

小李：“您是说公司正在使用的 ERP 软件中的人力资源管理系统吗？”

主管：“不错，自从新增该系统模块后，公司的人事管理工作发生了很大变化，例如人事信息更加透明、员工流失率明显降低、员工培训体系更加科学和完善等。”

7.2.1　人力资源管理信息化的发展历程

人力资源管理信息化是指以先进的信息技术为手段，以软件系统为平台，实现低成本、高效率、全员共同参与的管理过程。人力资源管理信息化不仅促进了人力资源管理理论的发展，而且使人力资源管理人员摆脱传统的行政性、事务性工作的束缚，让管理人员可以用更多的时间进行战略性和开拓性的工作。

随着人力资源管理信息化理论不断完善、应用领域越来越广，人力资源管理系统的功能也日益强大。总体来说，人力资源管理信息化的发展过程大致经历了以下 4 个阶段。

1. 薪资计算系统时代

人力资源管理信息化的历史可以追溯到 20 世纪 60 年代末。当时为了及时、准确地进行薪资发放，人力资源管理人员需要及时掌握组织内部人员变动、工作时间、绩效等与薪资发放相关的情况，并提供与企业发展相适应的薪资政策和激励策略。这对于大规模的企业而言，工作量是比较大的，依靠人工计算和发放薪资既费时费力，又非常容易出差错。为了解决这个问题，第一代的人力资源管理系统就应运而生了。

与其他的应用系统一样，最初的人力资源信息化就是针对人力资源管理工作中最复杂、最繁重的部分进行的，这部分就是薪资的计算。但由于当时的技术条件和需求的限制，使用该系统的企业较少。

2. 薪资 / 人事管理系统时代

第二代的人力资源管理系统出现于 20 世纪 70 年代末。随着计算机技术的飞速发展，第二代薪资管理系统在解决了薪资计算问题的基础上，开始记录员工的其他基本信息，包括薪资的历史数据。除此之外，第二代薪资管理系统的报表生成和薪资数据分析功能也都有了较大的改善。这一阶段的管理系统以薪资处理为主，并兼具了一部分人事信息管理的功能。

3. 人力资源管理系统时代

人力资源管理系统的首次革命性变革出现在 20 世纪 90 年代初。由于企业管理理论，特别是人力资源理论的发展，人们认识到了人力资源在企业发展和企业竞争中的作用。另外，随着信息技术的发展，将人力资源管理理念和理论应用到企业管理中也逐渐成为可能。这一阶段企业较为关注的是员工的绩效考评管理以及培训管理。

4. 人力资源管理信息化时代

随着互联网技术的出现，企业内外部的信息流变得更加快捷、通畅，信息流对企业管理体系的影响也变得越来越深远。互联网技术使人力资源管理体系随着信息流的延伸而突破封闭的模式，使得企业各级管理者及普通员工也能参与到人力资源的管理活动中来。

人力资源管理的此次革命性变革出现在 20 世纪 90 年代末和 21 世纪初。在这一阶段，以人为本的人力资源管理理念的普及，促使管理者认同和强调员工的自我意识，使得自我服务、自助服务的出现成为必然。

7.2.2　人力资源管理信息化的发展趋势

人力资源管理信息化能为企业管理升级带来极大的帮助，通过人力资源管理系统，企业可将管理人员、公司制度、员工有效结合起来，让人力资源管理人员将更多的精力投注到企业战略、管理业务、数据挖掘等工作中来。未来人力资源管理信息化的发展趋势主要体现在以下几个方面。

1. 云端运作

人力资源管理信息化的应用对象包括了企业的全体人员，在集团企业中更是包含了多地的联合管理。通过云系统的建设和使用，企业不仅可以降低成本，而且能够拓展工作范围，各类人员均能通过云系统随时登录云端以完成各类工作。

2. 为员工提供更多的利用技术的机会

企业在人力资源管理系统方面进行创新，可以使更多的员工有机会进入企业信息系统和人力资源管理信息平台，进一步挖掘人力资源管理系统的价值。

3. 服务对象重心的转移

未来，人才将是企业最重要的竞争资源，因此企业管理的重点也将转移到人的身上。人力资源部门作为企业人员管理的直接部门，在管理工具的应用上也要往人员管理和培养的方向转移。例如，从招聘开始便要关注员工的感受，注重员工的激励、培养和发展。

4. 大数据的应用

企业大数据和人工智能在人力资源管理等多个领域的应用将是大势所趋。通过大数据和人工智能的有机结合与应用，人力资源部门可以从海量的数据收集与处理的基础工作中摆脱出来，集中精力开展企业战略的思考、企业人才的培养、智能工具的开发等战略性工作。

7.3 项目实训——人力资源管理实训

7.3.1 实训背景

森目达化工公司是一家食品加工企业，也是集种植、养殖、绿色有机食品加工、休闲旅游观光于一体的市级产品示范园。公司现有员工 600 人，共有 8 条生产线。随着新一年的来临，森目达化工公司打算进一步开拓市场，初期规划是增加两条绿色有机食品加工生产线，在快速销售、合理定价的基础上实现销售额增长 20%。为此，公司打算打造一批优秀的销售团队，来提高销售水平和业绩。

7.3.2 实训要求

（1）综合森目达化工公司的情况，在 ERP 软件的人力资源管理模块中新增招聘需求信息。

（2）制订培训计划，并进行培训考核。

7.3.3 实训实施

（1）进入人力资源管理模块，找到招聘面试子系统，单击“新增”按钮，在打开的界面中输入新的招聘需求，主要包括需求部门、岗位、需求数量、工作地点、性别等，如图 7-2 所示。

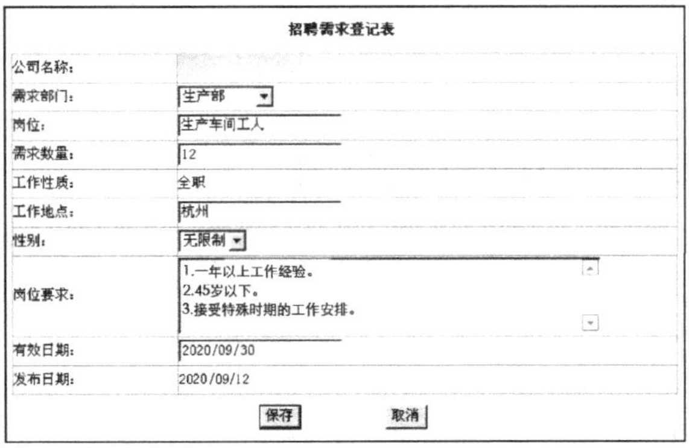

招聘需求登记表

公司名称：	
需求部门：	生产部
岗位：	生产车间工人
需求数量：	12
工作性质：	全职
工作地点：	杭州
性别：	无限制
岗位要求：	1.一年以上工作经验。 2.45岁以下。 3.接受特殊时期的工作安排。
有效日期：	2020/09/30
发布日期：	2020/09/12

保存 取消

图 7-2 招聘需求登记表

（2）在人力资源管理模块中，找到培训管理子系统，单击"新建培训"按钮，在打开的界面中填写基本培训信息，添加详细进度计划，最后单击"保存"按钮完成培训计划的添加操作，如图 7-3 所示。

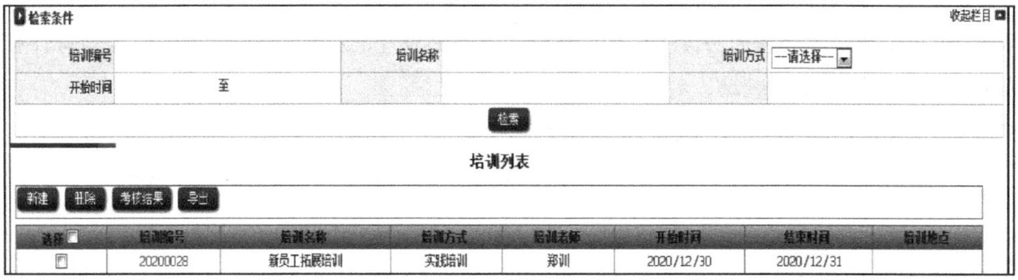

图 7-3　添加培训计划

（3）在人力资源管理模块中，找到培训管理子系统，单击"新建培训考核"按钮，在打开的界面中填写考评基本信息和考核结果，如图 7-4 所示，最后单击"保存"按钮完成培训考核的添加操作。

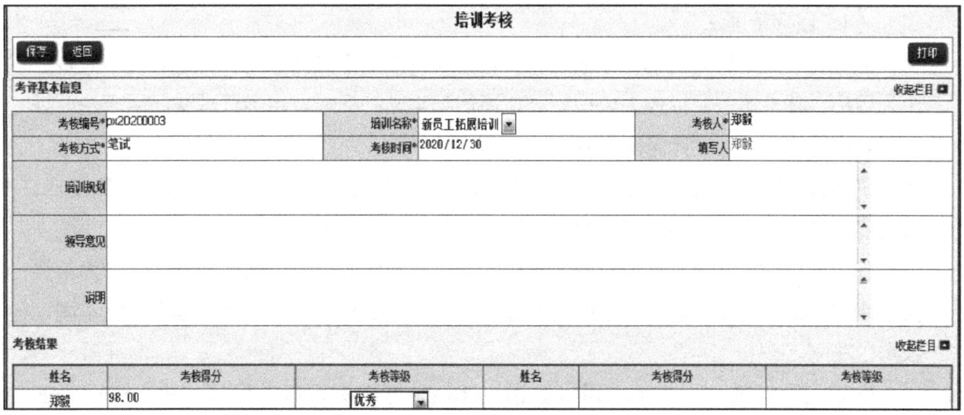

图 7-4　填写考评基本信息和考核结果

7.4　课后思考

1. 什么是人力资源管理信息化？
2. 企业常用的员工招聘渠道有哪些？假设你是一位招聘者，你倾向于选择哪些招聘渠道？
3. 培训计划的主要内容是什么？
4. 说一说绩效评估有哪些原则。
5. 常用的绩效评估方法有哪些？
6. 尝试在 ERP 软件中的人力资源管理模块中新建培训计划。
7. 请阅读以下材料并回答问题。

阅读材料——M 企业在人力资源管理方面的问题

M 企业是一家新材料销售企业，下设近 20 个销售门市部，过去一年，M 企业的销售量一直处于稳定增加的状态。但自从更新了薪酬制度后，M 企业最近 3 个月的销售量却呈现出下滑趋势，据销售经理反映，销量下滑主要是人才流失过于严重造成的。大量人才流失导致 M 企业人才队伍衰落和市场竞争力下降。人才流失不仅增加了人力资本的损失，而且影响了企业正常的生产经营秩序；另外，人才流失还影响了企业的薪酬管理策略……这样的问题非常多，都严重制约着 M 企业的经营活动。

为了解决上述矛盾，M 企业决定在已采用的 ERP 软件中加入人力资源管理模块，通过系统的信息化管理，加大人力资源管理的力度，实现人才管理过程的电子化；同时，利用系统的监测与评估能力，实现员工的能岗匹配、培训激励、科学管理等。

回答：（1）说一说 M 企业人才流失的原因是什么？

（2）通过 ERP 软件中的人力资源管理模块，M 企业可以改变当前的经营状况吗？为什么？

★ 管理工具推荐

1. 绩效管理方法

绩效管理方法作为管理实践与管理理论之间的桥梁与纽带，直接来源并应用于管理实践。常用的绩效管理方法有目标管理法、关键绩效指标法和平衡计分卡法等。

（1）目标管理法。

目标管理是一种沟通的程序或过程，它强调企业上下共同协商，将企业目标分解成个人目标，并将这些目标作为公司经营、评估和奖励的标准。目标管理法适用于企业战略相对稳定的时期，设计流程如下。

确定绩效目标。这是实行目标管理法的第一步，是指管理者与员工分解上一级指标、共同确定本层级绩效目标。这里的目标包括工作结果和工作行为。

确定考核指标的权重。权重是指考核指标所占的比例，可以把绩效指标划分为重要又迫切的、重要但不迫切的、不重要但迫切、既不重要又不迫切 4 类。指标类型不同，权重也不同。

比较实际绩效水平与绩效目标。通过比较，管理者可以发现绩效执行过程中的偏差。这时上下级需要进行沟通，共同分析产生偏差的原因，寻找解决办法并确定纠正方案。

制订新的绩效目标。当期的绩效目标实现后，上下级便可以着手制订新的绩效目标。

（2）关键绩效指标法。

关键绩效指标是反映个体关键绩效贡献的评价依据和量化指标，关键绩效指标法是建立在关键绩效指标基础上的系统考核方法，其目的是设计和建立基于企业经营战略的关键绩效指标体系。关键绩效指标法一般包含以下内容。

关键绩效指标是对企业战略目标的分解，是连接个人绩效与企业绩效的桥梁。

关键绩效指标是由管理人员决定并被员工认可的绩效指标，它使评估双方对工作业绩的认识能够保持一致。

关键绩效指标是对重点经营活动的反映，而不是对所有业务流程活动的概括。

关键绩效指标必须是可量化的或可行为化的。

关键绩效指标不是一成不变的，它需要随企业战略的变化而调整。

（3）平衡计分卡法。

平衡计分卡法是一种新型的战略性绩效管理系统和方法，它着眼于公司的长远发展，从财务、客户、内部流程、学习与发展 4 个角度来关注企业的绩效。

财务角度。财务角度的指标是所有目标评价的焦点，因此，也可以说制订其他角度的指标的目的是提升财务指标。财务指标关注企业已采取行动达成的结果，另外 3 个角度的指标用来补充财务指标，同时支持未来财务指标的改进。

客户角度。根据客户的要求，平衡计分卡法给出了两个层次的绩效评估指标，其一是企业在客户服务方面期望完成的各项目标，包括市场份额、客户满意度、客户保有率等;其二是对第一层次的各项指标的具体细化。两个层次综合起来形成了具体的绩效评估量表。

内部流程角度。内部流程角度的指标是为了满足投资者和客户的需求，通过分析企业内部的业务流程，提出质量导向评价、基于时间的评价、柔性导向评价和成本指标评价 4 种绩效特性。

学习与发展角度。学习与发展角度的指标注重分析现有能力与满足需求能力之间的差距，将注意力集中在内部的技能和能力上，为其他领域的绩效突破提供手段。

2. 问卷星

问卷星是一个专业的在线问卷调查平台，目前已经被大量企业和个人广泛使用，可用于进行企业内训、需求登记、人才测评、培训管理、在线报名、在线投票、信息采集、在线考试等。培训人员进行培训需求分析、培训测试和培训效果评估时，都可以考虑使用该工具。培训人员既可以直接在问卷星上直接搜索模板，套用模板设计培训评估等调查问卷，也可以自定义相关调查问卷，并借助分享功能将问卷分享出去。员工培训需求调查问卷如图 7-5 所示。

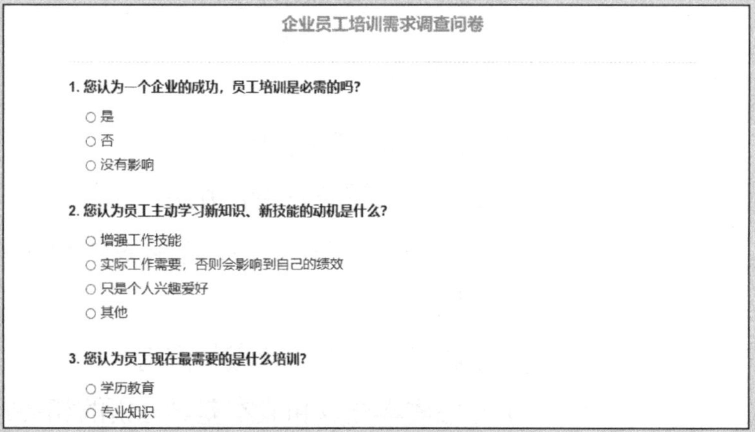
企业员工培训需求调查问卷

1. 您认为一个企业的成功，员工培训是必需的吗?

○ 是
○ 否
○ 没有影响

2. 您认为员工主动学习新知识、新技能的动机是什么?

○ 增强工作技能
○ 实际工作需要，否则会影响到自己的绩效
○ 只是个人兴趣爱好
○ 其他

3. 您认为员工现在最需要的是什么培训?

○ 学历教育
○ 专业知识

图 7-5　员工培训需求调查问卷

第 **8** 章

财务与成本管理

重要概念

原始凭证、记账凭证、资产负债表、利润表、现金流量表、品种法、分批法、分步法、个别计价法、工作量法、双倍余额递减法、先进先出法、约当产量比例法、定额比例法

知识目标

/ 熟悉财务管理的过程。

/ 掌握根据凭证记账的方法。

/ 熟悉财务管理系统中各模块的功能与操作方法。

/ 了解成本管理的特点与作用。

/ 熟悉成本核算和成本差异分析的相关知识。

扫一扫
知识框架

能力目标

/ 能够熟练使用 ERP 软件来提高企业的财务管理水平。

/ 能够使用 ERP 软件的成本管理模块的各项功能。

引导案例

财务管理对企业的影响

华盛公司是一家软件公司，2020 年 5 月 6 日，经重组改制后，华盛公司正式更名为华盛股份有限公司（以下简称华盛公司）。华盛公司现有的财务核算体制为一级法人、多级核算管理，层次结构为总公司、地区分公司、供应站。复杂的结构导致公司出现了许多财务问题，例如成本费用核算不准确、资金管理不规范、资金问题无法溯源等。为了能够做好财务管理，公司引入了一个以财务管理为核心、成本管理为主线的 ERP 软件，该软件包含公司财务管理、人力资源管理、质量管理等多个模块。ERP 软件不仅能实时地生成会计凭证与财务报表，还能帮助财务部门追踪实时的业务信息和管理信息，从而实现业务集成化。

在使用 ERP 软件之前，华盛公司的信息传递效率较低（要层层汇总、审核），而且由于数据缺失、错误造成的数据失真现象也非常严重。自从使用 ERP 软件后，华盛公司内部的财务流程得到了有效改善，财务问题得到了有效解决，财务部门在财务活动的计划、分析、预测和控制等方面的能力也得到了极大的提升，公司的财务管理工作实现了"实时反映、实时分析、实时监控"。

【思考】

（1）华盛公司为什么要选择以财务管理为核心的 ERP 软件？

（2）想一想 ERP 软件中的财务管理系统与一般的财务管理软件有何不同？

8.1　财务管理

情景导入

主管："小李，财务部门将你上交的未能报销的发票给退回来了。"

小李："为什么不能报销？"

主管："怎么回事呀，退回的发票上有几张没有加盖公章，这样的发票财务部门是不能入账的。我先来帮你理一理基础的财务知识，例如会计凭证、凭证记账、财务报表等，这样你就能明白为什么财务部门会拒收不符合规定的发票了。"

8.1.1　制作凭证

凭证又称会计凭证，它是记录经济业务事项发生或完成情况的书面证明，也是登记账簿的依据。人们通过填制或取得会计凭证，可以明确经济责任。按照填制程序和用途的不同，会计凭证可分为原始凭证和记账凭证。

1. 原始凭证

原始凭证又称单据，是在经济业务发生或完成时取得或填制的，用以记录或证明经济业务的发生或完成情况，明确有关经济责任的一种原始凭据。

原始凭证是进行会计核算的原始资料和重要依据，其作用是记载经济业务的发生过程和具体内容。原始凭证的质量决定了会计信息的真实性和可靠性。例如，出差时的车船票、仓库领料的领料单、采购材料的发货票、现金收据等都是原始凭证，限额领料单原始凭证如图 8-1 所示。

图 8-1　限额领料单原始凭证

原始凭证的格式和内容因经济业务和经营管理的不同而有所差异，但应当包括一定的基本内容，即原始凭证要素，如下所示。

- 凭证的名称。
- 填制凭证的日期。
- 填制凭证的单位名称和填制人姓名。
- 经办人员的签名或者盖章。
- 接收凭证的单位名称。
- 经济业务内容。
- 数量、单价和金额。

拓展阅读

原始凭证的种类有很多，一般可以根据来源、格式、填制的手续和内容对其进行划分。扫描右侧二维码，查看原始凭证的分类方法。

扫一扫

原始凭证的分类方法

2. 记账凭证

记账凭证又称记账凭单，是会计人员根据审核无误的原始凭证或汇总原始凭证，按照经济业务的内容加以归类，并据以确定会计分录后填制的会计凭证，它是登记账簿的直接依据。通常情况下，记账凭证按照其反映的经济业务的内容不同，可以分为收款凭证、付款凭证和转账凭证 3 种。

（1）收款凭证。

收款凭证是用于记录库存现金和银行存款收款业务的记账凭证。它是根据库存现金和银行存款收款业务的原始凭证（例如以库存现金结算的发票记账联、银行进账通知单等）填制的，是登记库存现金日记账、银行存款日记账以及相关明细分类账（以下简称明细账）和总分类账（以下简称总账）等账簿的依据，也是出纳人员收讫款项的依据。收款凭证的一般格式如图 8-2 所示。

收　款　凭　证

借方科目________　　年　月　日　　字第　号

摘　要	贷方总账科目	明细科目	记账	金额										
				亿	千	百	十	万	千	百	十	元	角	分
合　计														

附单据　张

会计主管　　记账　　出纳　　审核　　制单

图 8-2　收款凭证

（2）付款凭证。

付款凭证是用于记录库存现金和银行存款付款业务的记账凭证。它是根据库存现金和银行存款付款业务的原始凭证（如现金支票、转账支票存根等）填制的，是登记库存现金和银行存款等有关账户（账簿）的依据，也是出纳人员支付款项的依据。付款凭证的一般格式如图 8-3 所示。

付　款　凭　证

贷方科目________　　年　月　日　　字第　号

摘　要	借方总账科目	明细科目	记账	金额										
				亿	千	百	十	万	千	百	十	元	角	分
合　计														

附单据　张

会计主管　　记账　　出纳　　审核　　制单

图 8-3　付款凭证

（3）转账凭证。

转账凭证是用于记录不涉及库存现金和银行存款业务的记账凭证。它是根据有关转账业务的原始凭证（如企业内部的领料单、出库单等）填制的，是登记有关明细账和总账等账簿的依据。转账凭证的一般格式如图 8-4 所示。

企业的财务活动都要制作凭证才能记入相应的账目。企业发生经济活动后，财务人员就要收集业务的原始凭证，例如发票、入库单、收款单等，然后根据业务活动涉及的会计科目和财务制度填写相应的凭证分录，制作记账凭证，例如现金付款凭证、银行收款凭证、转账凭证等。

ERP 软件中的财务管理系统具有凭证编制功能，财务人员在利用该功能选择凭证类型后，ERP 软件将自动生成凭证编号，然后财务人员再输入制单日期、摘要、科目编码、业务发生的金额等，如图 8-5 所示，最终完成凭证的制作。

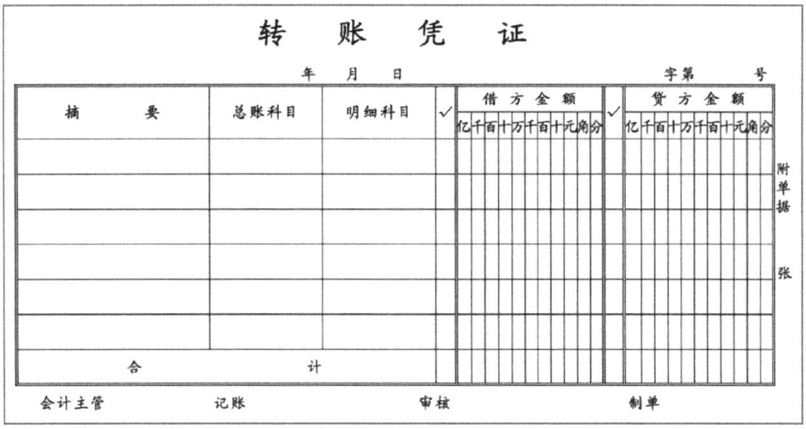

图 8-4 转账凭证

为了正确反映和监督各项经济业务，保证会计信息的真实、合法、完整，会计机构和经办业务的人员需要对每一笔经济业务所填制的凭证进行严格的审核，才能据以登记入账。在实际的会计工作中，凭证的制证人和审核人不能为同一个人，因此，ERP 软件中的审核人默认为"财务主管"。

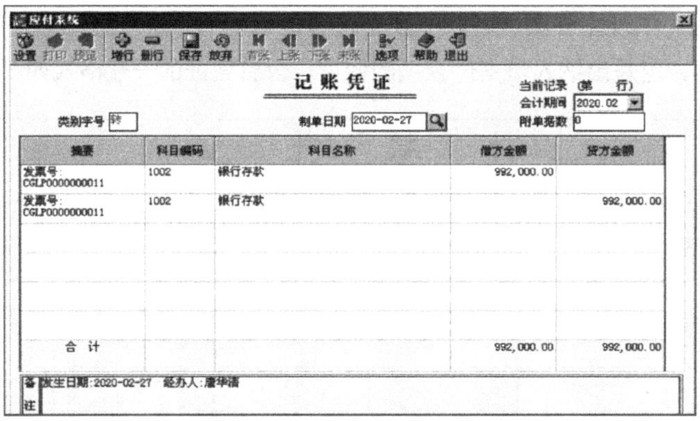

图 8-5 ERP 软件中的记账凭证

8.1.2 根据凭证记账

根据凭证记账是指按财务制度规定，财务人员根据审核无误的会计凭证及时登记入账的过程，主要包括记账、对账和结账 3 个部分。

1. 记账

记账是指会计人员把某一企业所有的经济业务，运用一定的记账方法在会计账簿上进行记录的过程，是根据审核无误的原始凭证及记账凭证，按照国家统一的会计制度规定的会计科目，运用复式记账法，根据时间顺序分类登记到会计账簿中的。

拓展阅读

会计账簿是由专门的格式联结在一起的账页所组成的。扫描右侧二维码，查看会计账簿的含义和基本内容。

扫一扫

会计账簿的含义和
基本内容

企业要想管理好每一个往来客户的每一笔往来款项，要先对往来单位设立账户，并将每一笔应收、应付账款详细记录清楚。当收款或付款时，会计人员应将收到或付出的款项逐笔分配到应收或应付账款记录中进行核销，并划掉应收或应付账款记录。由于银行账户涉及流动资金的管理，所以管理起来较为严格，需要计算每天的收入、支出并结出余额。

2. 对账

对账就是核对账目，是指对账簿、账户记录进行的核对工作。对账工作一般在月末进行，即在记账之后、结账之前进行。对账一般包括账证核对、账账核对和账实核对 3 种形式，通过对账，企业可以做到账证相符、账账相符、账实相符。

（1）账证核对。

账证核对是指核对会计账簿记录与原始凭证、记账凭证的时间、凭证字号、内容和金额是否一致，记账方向是否相符等。

（2）账账核对。

账账核对是指核对不同会计账簿之间的账簿记录是否相符，主要包括以下 4 个方面。

● **总分类账簿之间的核对**。利用借贷记账法的记账规则，核对资产类账户的余额是否等于权益类账户的余额，或各总账全部账户的借方期末余额合计数是否等于各总账全部账户的贷方期末余额合计数。

● **总分类账簿与所辖明细分类账簿之间的核对**。核对总账分类账户的期末余额是否与所辖明细分类账户期末余额之和相符。

● **总分类账簿与序时账簿之间的核对**。核对库存现金总账与库存现金日记账的期末余额，核对银行存款总账与银行存款日记账的期末余额。

● **明细分类账簿之间的核对**。核对会计部门各种财产物资明细分类账的期末余额是否与财产物资保管或使用部门有关明细账的期末余额相符。

（3）账实核对。

账实核对是各项财产物资、债权债务等账面余额与实有数额之间的核对工作，主要包括以下 4 个方面。

● 逐日核对库存现金日记账的账面余额与库存现金实际库存数是否相符。

● 定期核对银行存款日记账的账面余额与银行送来的对账单是否相符。

● 定期核对各项财产物资明细账的账面余额与财产物资的实有数额是否相符。

● 核对有关债权债务明细账的账面余额与对方单位的账面记录是否相符。

3. 结账

结账是一项将账簿记录定期结算清楚的账务工作。在一定会计期间结束时（如月末、季末或年末），为了编制财务报表，需要进行结账。对应不同的会计期间，结账包括月结、季结和年结。结账的内容主要包括：结清各种损益类账户，并据以确定本期利润；结出各资产、负债和所有者权益类账户的本期发生额合计和期末余额。在具体结账时，主要会用到以下几种结账方法。

（1）对不需要按月结计本期发生额的账户，每次记账以后都要随时结出余额，每月最后一笔余额即为月末余额。月末结账时，只需在最后一笔经济业务事项记录之下通栏划单红线，不需要再结计一次余额。

（2）对于库存现金、银行存款日记账和需要按月结计发生额的收入、费用等明细账，每月结账时，要在最后一笔经济业务记录下通栏划单红线，结出本月发生额和余额，在摘要栏内注明"本月合计"字样，并在最后一笔经济业务记录下通栏划单红线。

（3）对于需要结计本年累计发生额的明细账户，每月结账时应在"本月合计"行下结出自年初起至本月月末止的累计发生额，将其登记在月份发生额下面，在摘要栏内注明"本年累计"字样，并在下面通栏划单红线。本年 12 月月末的"本年累计"就是全年累计发生额，在全年累计发生额下应通栏划双红线。

（4）对于总账账户，平时只需结出月末余额。年终结账时，结出所有总账账户的全年发生额和年末余额，在摘要栏内注明"本年合计"字样，并在合计数下通栏划双红线。

（5）年度终了结账时，对于有余额的账户要将其余额结转下年，并在摘要栏内注明"结转下年"字样；在下一会计年度新建有关会计账户的第 1 行余额栏内填写上年结转的余额，并在摘要栏内注明"上年结转"字样，使年末有余额账户如实地在账户中体现，此时不必编制会计凭证。

8.1.3 制作财务报表

财务报表是对企业的财务状况、经营成果以及现金流量的结构性表述。一套完整的财务报表至少应当包括资产负债表、利润表、现金流量表、所有者权益（或股东权益）变动表以及附注，财务报表各组成部分的具体内容如表 8-1 所示。

表 8-1　财务报表各组成部分

组成对象	含义
资产负债表	反映企业某一特定日期的财务状况
利润表	反映企业在一定会计期间的经营成果
现金流量表	反映企业在一定会计期间现金和现金等价物的流入和流出
所有者权益（或股东权益）变动表	反映构成所有者权益各组成部分当期的增减变动情况
附注	在资产负债表、利润表、现金流量表和所有者权益（或股东权益）变动表等报表中列示项目的文字描述或明细资料，以及对未列示在报表中的项目的说明

资产负债表、利润表和现金流量表是财务报表的基本组成部分，下面将重点介绍这 3 种报表的结构及其编制方法。

1. 资产负债表

资产负债表是企业依据"资产 = 负债 + 所有者权益"平衡公式，根据一定的分类标准和次序，将某一特定日期的资产、负债、所有者权益的具体项目予以适当排列编制而成的。

资产负债表可以反映企业在某一特定日期拥有或控制的经济资源、承担的现时义务和所有者对净资产的要求权，有助于报表使用者了解企业的财务状况、对企业的财务状况进行分析、判断企业的偿债能力等，从而为其做出经济决策提供依据。

（1）资产负债表的结构。

资产负债表的表体格式一般有报告式和账户式两种。

● **报告式资产负债表**。报告式资产负债表是上下结构的，上半部分列示资产各项目，下半部分列示负债和所有者权益各项目。

● **账户式资产负债表**。账户式资产负债表是左右结构的，左边列示资产各项目，反映全部资产的分布及存在形态；右边列示权益各项目，包括负债和所有者权益，反映全部负债和所有者权益的内容和构成情况。资产负债表（简表）如表 8-2 所示，注意，该资产负债表中只列举了部分项目。

表 8-2　资产负债表（简表）

编制单位：　　　　　　　　　　　　　年　月　日　　　　　　　　　　　　　单位：元

资产项目名称	期末余额	年初余额	权益项目名称	期末余额	年初余额
流动资产：			流动负债：		
货币资金			短期借款		
应收票据			应付票据		
应收账款			应付账款		
预付账款			预收账款		
……			……		
流动资产合计：			流动负债合计：		
非流动资产：			非流动负债：		
长期股权投资			长期借款		
固定资产			应付债券		
……			……		

（2）资产负债表的编制方法。

资产负债表的各项目均需填列"年初余额"和"期末余额"两栏。

资产负债表"年初余额"栏内的各项数字，应根据上年年末资产负债表的"期末余额"栏内所列数字填列。如果上年度资产负债表规定的各个项目的名称和内容与本年度不一致，应按照本年度的规定对上年年末资产负债表各项目的名称和数字进行调整，将其填入本年资产负债表的"年初余额"栏内。

资产负债表的"期末余额"栏的填列方法主要有以下几种。

① 根据总账科目余额填列。

资产负债表中的很多项目都是根据其总账科目的余额直接填列的，例如"短期借款""资本公积"等项目。但资产负债表中的有些项目需要根据几个总账科目的期末余额进行计算填列，例如，"货币资金"项目需要根据"库存现金""银行存款""其他货币资金"3 个总账科目的期末余额的合计数填列。

② 根据有关明细账科目的余额计算填列。

资产负债表中需要根据有关科目所属的相关明细账科目的期末余额来计算填列的项目有"应收票据""应收账款""应付票据""应付账款"等。例如，"应收票据及应收账款"项目需要根据"应收票据"和"应收账款"科目的期末余额，减去"坏账准备"科目中相关坏账准备期末余额后的金额填列。

③ 根据总账科目和明细账科目的余额分析计算填列。

资产负债表中的部分项目，需要依据总账科目和明细账科目两者的余额进行分析计算后填列。例如，"长期借款"项目需要根据"长期借款"总账科目余额扣除"长期借款"科目所属的明细科目中将在一年内到期，且企业不能自主地将清偿义务展期的长期借款后的金额计算填列。

④ 根据有关科目余额减去其备抵科目余额后的净额填列。

资产负债表中的某些项目，需要根据有关科目余额减去其备抵科目余额后的净额填列。例如，"无形资产"项目应当根据"无形资产"科目的期末余额，减去"累计摊销""无形资产减值准备"等备抵科目余额后的净额填列。

⑤ 综合运用上述填列方法分析填列。

这种填列方法的综合性比较强，例如，资产负债表中的"存货"项目需要根据"原材料""委托加工物资""周转材料""材料采购""在途物资""发出商品""材料成本差异"等总账科目期末余额的分析汇总数，再减去"存货跌价准备"科目余额后的净额填列。

2. 利润表

利润表可以反映企业在一定会计期间内收入、费用、利润（或亏损）的金额和构成情况，帮助财务报表使用者全面了解企业的经营成果、分析企业的获利能力及盈利增长趋势，从而为其做出经济决策提供依据。

（1）利润表的结构。

利润表的结构包括单步式和多步式两种。单步式利润表是将当期所有的收入列在一起，所有的费用列在一起，然后将两者相减得出当期净损益；多步式利润表是通过对当期收入、费用、支出项目按性质加以归类，按利润形成的性质列示一些中间性指标，分步计算当期净损益，以便财务报表使用者了解企业经营成果的不同来源。我国企业采用多步式利润表，多步式利润表（简表）如表 8-3 所示。

表 8-3 多步式利润表（简表）

编制单位：　　　　　　　　　　　年　月　日　　　　　　　　　　　单位：元

项目名称	本期金额	上期金额
一、营业收入		
减：营业成本		
税金及附加		
销售费用		
管理费用		
财务费用		
……		
二、营业利润（亏损以"-"号填列）		
加：营业外收入		
……		
三、利润总额		
……		……

无论是单步式利润表还是多步式利润表，其一般都由表头、表体两部分组成。表头部分用于列明报表名称、编制单位名称、编制日期、计量单位等。表体部分是利润表的主体，用于列示形成经营结果的各个项目和计算过程。

企业在编制利润表时，为了使财务报表使用者通过比较不同时期的利润实现情况，判断企业未来的经营趋势，一般需要提供比较利润表。因此，企业还需要将利润表各项目分为"本期金额"和"上期金额"两栏，分别填列。

（2）利润表的编制方法。

会计人员编制利润表时以"收入－费用＝利润"会计平衡公式和收入与费用的配比原则为依据。

我国企业利润表的主要编制步骤和内容如下。

① 计算营业利润。其计算公式如下。

营业利润＝营业收入－营业成本－税金及附加－销售费用－管理费用－研发费用－财务费用＋其他收益＋

投资收益（－投资损失）＋净敞口套期收益（－净敞口套期损失）＋公允价值变动收益

（－公允价值变动损失）＋资产减值损失＋信息减值损失＋资产处置收益（－资产处置损失）

② 计算利润总额。其计算公式如下。

利润总额＝营业利润＋营业外收入－营业外支出

③ 计算净利润。其计算公式如下。

净利润＝利润总额－所得税费用

④ 以净利润（或净亏损）为基础，计算每股收益。

⑤ 以净利润（或净亏损）和其他综合收益为基础，计算综合收益总额。

3. 现金流量表

现金流量表是反映企业在一定会计期间现金和现金等价物的流入和流出的报表。现金流量表可以为报表使用者提供企业一定会计期间内现金和现金等价物的流入和流出信息，同时，还有助于使用者了解和评价企业获取现金和现金等价物的能力，据以预测企业未来的现金流量。

（1）现金流量表的结构。

我国企业的现金流量表采用报告式结构，分类反映经营活动、投资活动和筹资活动产生的现金流量，最后汇总反映企业某一期间的现金及现金等价物的净增加额。现金流量表（简表）如表 8-4 所示。

表 8-4　现金流量表（简表）

编制单位：　　　　　　　　　　年　月　日　　　　　　　　　　单位：元

项目名称	本期金额	上期金额
一、经营活动产生的现金流量：		
销售商品、提供劳务收到的现金		
收到的税费返还		
收到的其他与经营活动有关的现金		
……		
二、投资活动产生的现金流量：		
收回投资收到的现金		
取得投资收到的现金		
……		
三、筹资活动产生的现金流量：		
吸收投资收到的现金		
取得借款收到的现金		
……		

（2）现金流量表的编制方法。

会计人员在编制现金流量表时，列示经营活动现金流量的方法包括直接法和间接法两种。《企业会计准则》规定，企业应当采用直接法列示经营活动产生的现金流量。

① 直接法。

采用直接法编制现金流量表时，会计人员可以采用"T"型账户法或工作底稿法，也可以根据相关科目记录分析填列。

● **"T"型账户法**。"T"型账户法是以利润表和资产负债表为基础，结合有关科目的记录，对现金流量表的项目进行分析并编制调整分录，然后通过"T"型账户编制出现金流量表的一种方法。

● **工作底稿法**。工作底稿法是以工作底稿为手段，以利润表和资产负债表数据为基础，结合有关科目的记录，对现金流量表的每一项目进行分析并编制调整分录，从而编制出现金流量表的一种方法。

现金流量表各项目均需填列"本期金额"和"上期金额"两栏。现金流量表"上期金额"栏内各项数字，应根据上一期间现金流量表"本期金额"栏内所列数字填列。

② 间接法。

使用间接法编制现金流量表时，会计人员以净利润为起算点，调整不涉及现金的收入、费用、营业外收支等有关项目，剔除投资活动和筹资活动对现金流量的影响，据此计算出经营活动产生的现金流量。

8.2 ERP 软件中的财务管理模块

情景导入

经过近两个小时的学习后，小李在财务管理方面的知识增长了不少，为了能更好地操作公司现有的 ERP 软件，小李希望主管再给他讲讲 ERP 软件中财务管理模块的作用与业务模块。主管告诉小李，ERP 软件中的财务管理模块的主要功能是会计核算，此外该系统还具备财务数据的分析、预算和管理等功能。一般来说，ERP 软件中的财务管理模块主要包括总账管理、应收账款与应付账款管理、现金管理以及固定资产管理等子模块。通过这些子模块，企业能够进一步满足自身的财务需求，实现财务信息化。

8.2.1 总账管理

总账管理模块是 ERP 软件中的财务管理模块的一个主要子模块，它以货币为主要计量单位，综合、全面、系统地反映了企业的经济活动。同时，由该子模块提供的会计信息所产生的财务报表还能反映企业的财务状况和经营成果。

总账管理子模块的功能是处理记账凭证，输出日记账、明细账以及总账，编制主要的财务报表。总账管理是财务管理模块不可缺少的核心，应收账款管理、应付账款管理、固定资产管理等子模块都是以总账管理模块为核心来传递数据的。可以说，会计的整个体系就是在总账管理模块的基础上逐渐充实和发展起来的。没有总账管理模块，也就没有财务信息系统。

总账管理子模块的结构如图 8-6 所示。

图 8-6 总账管理子模块的结构

8.2.2 应付账款管理

应付账款是企业因购买材料、商品或接受劳务供应等经营活动而产生应支付给供应单位的款项。在 ERP 软件中，应付账款模块可以提供应付合同管理、采购管理、应付票据管理等全面的应付业务流程管理功能，以及凭证自动生成、到期债务预警与总账和往来单位自动对账等综合业务管理功能。同时，该模块还可以提供账龄分析、付款分析、财务分析等管理报表，帮助企业及时支付到期账款，合理地进行资金的调配，提高资金的使用效率。应付账款汇总表界面如图 8-7 所示。

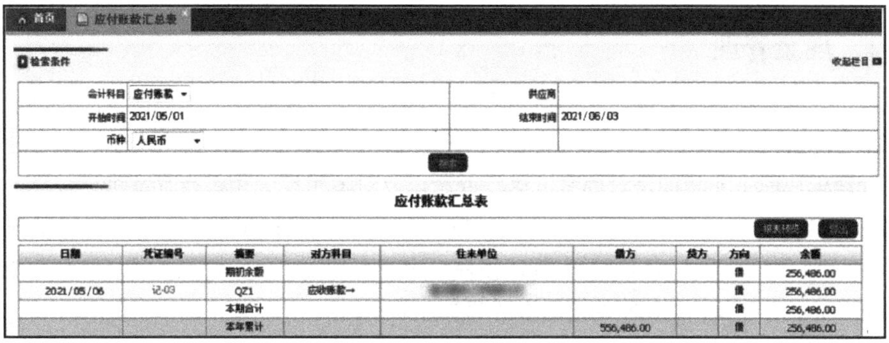

图 8-7 应付账款汇总表界面

应付账款模块和 ERP 软件中的采购模块、库存管理模块、仓库管理模块等一起组成完整的供应链解决方案。在 ERP 软件中，应付账款管理模块的作用主要体现在以下几个方面。

（1）简化发票、采购单和收货单等的处理手续，缩短了采购、进货、检验的处理流程。

（2）减少企业处理应付账款的时间。尤其是当发票与采购入库匹配时，该模块可以大大减少执行三方的核对时间。

（3）提高商业信用度。应付账款模块可以协助企业及时向供应商付款并获得折扣，由此来提高企业的商业信用度和现金周转率。另外，自动的发票数据传输也可以避免重复劳动。

8.2.3 应收账款管理

应收账款是企业因销售商品、提供劳务等经营活动而产生的，应向购货单位或接受劳务单位收取的款项，主要包括应向有关债务人收取的价款及代购货单位垫付的包装费、各种运杂费等。

在企业的应收项目中，应收账款的比重较大，所以企业对于应收项目的控制重点往往放在应收账款上。在 ERP 软件中，应收账款管理与应付账款管理的功能类似，该管理模块也可以提供应收票据、应收账款结算、应收合同等应收业务流程管理功能，同时，还可以提供账龄分析、回款分析、销售分析等管理报表。应收账款汇总表界面如图 8-8 所示。

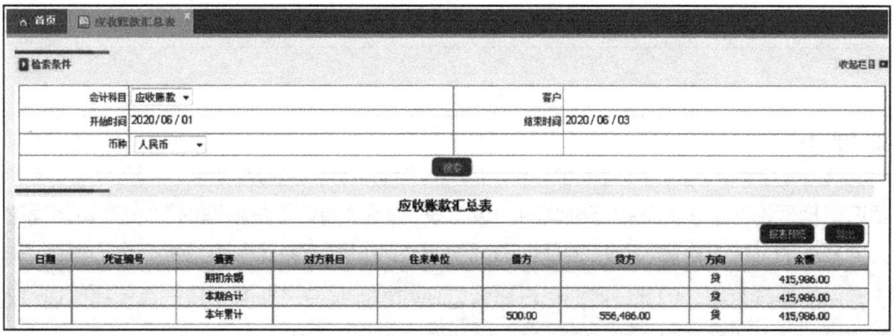

图 8-8 应收账款汇总表界面

在 ERP 软件中，应收账款管理模块的作用主要体现在以下几个方面。

（1）简化客户发票和现金收入的处理过程。

（2）应收账款管理与销售完全集成，企业可以有效进行成本控制与现金预测，保证会计信息的有效流动。

（3）可以对某一客户的所有发票和付款或指定的发票及付款的去向进行跟踪。

（4）应收账款管理模块和客户订单、发票处理业务集成后，在相关的事务处理中可以自动生成记账凭证，导入总账。

8.2.4 现金管理

现金是指存放在企业财会部门、由出纳人员经管的货币。现金是流动性最强的资产，企业应当严格遵守国家现金管理制度，正确进行现金收、支的核算，对现金使用的合法性和合理性进行监督。

现金管理模块的主要功能是对现金流进行控制以及对零用现金和银行存款进行核算，包括票据管理、银行业务、现金业务等和现金有关的内容，ERP 软件中的现金日记账界面如图 8-9 所示。ERP 软件中的现金管理模块可以和总账管理模块、应收账款模块、应付账款模块、结算中心等集成使用，为企业提供更全面、更完整的资金管理解决方案。

图 8-9 现金日记账界面

在 ERP 软件中，现金管理模块的作用主要体现在以下几个方面。

（1）提供银行对账单录入和批量导入功能，以及现金日记账与总账、实际盘点金额对账，银行存款日记账与总账、银行对账单对账等功能，确保资金账实相符。

（2）依据票据、现金日记账及银行存款日记账自动生成凭证并传递到总账，帮助财务人员提高工作效率。

（3）对于外币账户银行日记账，该模块可同时显示外币和本位币金额，帮助有外币往来业务的企业更加清晰地了解当前的资金状况。

（4）可以对付款支票进行购置、领用、报销、作废、审核等处理，帮助出纳人员加强企业支票的管理。

⚡ 经典理论

资产管理理论产生于商业银行经营的初级阶段，是在"商业性贷款理论""资产转移理论""预期收入理论"的基础上形成的。该理论认为商业银行的利润主要来源于资产业务，而负债则主要取决于客户的存款意愿。因此，商业银行经营管理的重点是资产业务，资产管理理论通过对资产结构的安排，使得资产在安全性、流动性、盈利性方面实现了统一。

8.2.5 固定资产管理

固定资产是指为生产产品、提供劳务、出租或经营管理而持有的，使用寿命超过1个会计年度的有形资产。企业的固定资产通常具备以下两个特征。

（1）企业持有固定资产，是出于生产产品、提供劳务、出租或经营管理的需要。这一特征是将其与存货相区别的重要标志，持有存货的目的是对外出售。

（2）固定资产的使用寿命一般超过1个会计年度。这一特征表明固定资产属于非流动资产，并能在1年以上的时间里为企业带来经济利益。

在 ERP 软件中，固定资产管理以固定资产卡片为基础，如图 8-10 所示。ERP 软件中的固定资产管理模块可以帮助企业实现对固定资产的全面管理，包括固定资产的新增、清理、变动，以及按国家会计准则要求进行的计提折旧等。此外，通过该模块还可以帮助管理者全面掌握企业当前固定资产的数量与价值、追踪固定资产的使用状况，以此来提高资产的利用率。

图 8-10 固定资产卡片

拓展阅读

企业外购固定资产，应将实际支付的购买价款、相关税费、安装费以及专业人员服务费等，作为固定资产的取得成本。扫描右侧二维码，查看其核算方法。

扫一扫

企业外购固定资产的核算方法

固定资产折旧是固定资产管理十分重要的一部分，下面将重点介绍固定资产折旧的范围和方法。

1. 固定资产折旧的范围

企业应当对所有固定资产计提折旧。但是，已提足折旧（已经提足该项固定资产的应计折旧额）且仍继续使用的固定资产和单独计价入账的土地除外。在确定计提折旧的范围时，还应注意以下几点。

（1）企业应当对固定资产按月计提折旧，对当月增加的固定资产，当月不计提折旧，从下月起计提折旧；对当月减少的固定资产，当月仍计提折旧，从下月起不计提折旧。

（2）对固定资产提足折旧后，不论能否继续使用，均不再计提折旧；对提前报废的固定资产，也不再补提折旧。

（3）对已达到预定可使用状态，但尚未办理竣工的固定资产，应当按估计价值确定其成本，并计提折旧；待办理竣工决算后，再按实际成本调整原来的暂估价值，但不需要调整原已计提的折旧额。

2. 固定资产折旧的方法

企业应当根据与固定资产有关的经济利益的预期实现方式，合理选择固定资产折旧方法。可选用的折旧方法包括平均年限法（又称直线法）、工作量法、双倍余额递减法和年数总和法 4 种。

（1）平均年限法。

平均年限法是将固定资产的应计折旧额均衡地分摊到固定资产预计使用寿命内的一种方法。利用这种方法计算的每期折旧额都是相等的。平均年限法的计算公式如下。

$$年折旧额 =（固定资产原值 - 预计净残值）÷ 折旧年限$$
$$年折旧率 = 固定资产年折旧额 ÷ 固定资产原值 ×100\%$$
$$月折旧率 = 年折旧率 ÷12$$
$$月折旧额 = 固定资产原价 × 月折旧率$$

案例分析——计算甲公司 2021 年的折旧额

甲公司为增值税一般纳税人，2021 年 3 月 15 日，其购入一台需要安装的生产设备，取得的增值税专用发票上注明的设备价款为 200 万元，增值税税额为 26 万元。购买过程中，用银行存款支付运杂费等 10 万元。安装时，领用原材料 18 万元，材料负担的增值税税额为 2.34 万元，支付安装工人工资 12 万元。2021 年 3 月 31 日，生产设备达到预定可使用状态。甲公司对该设备采用平均年限法计提折旧，预计使用年限为 10 年，预计净残值为 0。假设不考虑其他因素，现要计算 2021 年甲公司应当计提的折旧额。

分析： 已知生产设备的入账价值 =200+10+18+12=240（万元）。2021 年 3 月 31 日，生产设备达到预定可使用状态，因此该设备从 4 月开始计提折旧，根据公式：

① 年折旧额 =（固定资产原值 - 预计净残值）÷ 折旧年限
② 年折旧率 = 固定资产年折旧额 ÷ 固定资产原值 ×100%
③ 月折旧率 = 年折旧率 ÷12
④ 月折旧额 = 固定资产原价 × 月折旧率

可知，2021 年甲公司应当计提的折旧额为 14.94 万元，具体计算过程如下。

年折旧额 =240÷12=20（万元）

年折旧率 =20÷240×100% ≈ 0.083×100%=8.3%

月折旧率 =8.3%÷12 ≈ 0.69%

月折旧额 =240×0.69% ≈ 1.66（万元）

2021 年甲公司应计提的折旧额 =1.66×9=14.94（万元）

（2）工作量法。

工作量法是根据实际工作量计算固定资产每期应计提折旧额的一种方法。工作量法的基本计算公式如下。

$$单位工作量折旧额 =[固定资产原价 ×（1- 预计净残值率）]÷ 预计总工作量$$
$$某项固定资产月折旧额 = 该项固定资产当月工作量 × 单位工作量折旧额$$

（3）双倍余额递减法。

双倍余额递减法是指在不考虑固定资产预计净残值的情况下，根据每期期初固定资产原价减去累计折旧后的余额和双倍的直线法折旧率计算固定资产折旧的一种方法。采用双倍余额递减法计提折旧的关键是，净残值在使用寿命到期前 2 年内才被考虑。双倍余额递减法的计算公式如下。

$$年折旧率 = 2 \div 预计使用寿命 \times 100\%$$

$$年折旧额 = 每年固定资产净值 \times 年折旧率$$

$$月折旧率 = 年折旧率 \div 12$$

$$月折旧额 = 每月月初固定资产账面净值 \times 月折旧率$$

对采用双倍余额递减法计提折旧的固定资产，一般应在固定资产使用寿命到期前 2 年内，按固定资产账面净值扣除预计净残值后的净值平均摊销。

拓展阅读

《企业会计准则》是会计核算工作的规范。扫描右侧二维码，查看《企业会计准则第 4 号——固定资产》第 19 条规定的相关内容。

扫一扫

《企业会计准则第 4 号——固定资产》

案例分析——计算甲公司 2021 年的折旧额

甲企业采用双倍余额递减法计算固定资产折旧。2020 年 6 月 15 日，甲企业购进设备一台，设备的入账价值为 200 万元，预计净残值为 6 万元，预计可使用年限为 5 年，现要计算 2021 年甲公司应当计提的折旧额。

分析：在双倍余额递减法下，该设备折旧额的计算过程如下。

该设备的年折旧率 = $2 \div 5 \times 100\% = 40\%$

第 1 个折旧年度应提的折旧额 = $200 \times 40\% = 80$（万元）

第 2 个折旧年度应计提的折旧额 = $(200-80) \times 40\% = 48$（万元）

第 3 个折旧年度应计提的折旧额 = $(200-80-48) \times 40\% = 28.8$（万元）

第 4、5 个折旧年度的折旧额 = $[(200-80-48-28.8)-6] \div 2 = 18.6$（万元）

该设备从 2020 年 6 月 15 日购入，即 2020 年 7 月 1 日至 2021 年 6 月 30 日为第 1 个折旧年度，2021 年 7 月 1 日至 2022 年 6 月 30 日为第 2 个折旧年度，因此该设备 2021 年应计提的折旧额 = $80 \times 6 \div 12 + 48 \times 6 \div 12 = 64$（万元）。

（4）年数总和法。

年数总和法又称年限合计法，是指将固定资产的原价减去预计净残值后的余额，乘以一个逐年递减的分数来计算每年的折旧额。

年数总和法的计算公式如下。

$$年折旧率 = (预计使用寿命 - 已使用年限) \div [预计使用寿命 \times (预计使用寿命 + 1) \div 2] \times 100\%$$

或者：

$$年折旧率 = 尚可使用年限 \div 预计使用寿命的年数总和 \times 100\%$$

$$年折旧额 = (固定资产原值 - 预计净残值) \times 年折旧率$$

$$月折旧率 = 年折旧率 \div 12$$

$$月折旧额 = (固定资产原价 - 预计净残值) \times 月折旧率$$

企业应当根据固定资产的性质和使用情况，合理确定固定资产的使用寿命和预计净残值。固定资产的使用寿命、预计净残值一经确定，不得随意变更，但符合《企业会计准则第4号——固定资产》第19条规定的除外。

8.2.6 工资管理

工资管理是指企业制订的合理的工资核算和发放制度及系统，包括薪资发放办法和原则、不同员工的薪资标准、薪资的明确组成以及薪资评价制度等。工资管理是财务管理的重要组成部分，不同的企业有不同的工资管理模式。

在 ERP 软件中，工资管理模块实现了工资的集中管理，可让财务人员对本单位的人员以及工资进行增加、删除、修改、查询等操作。同时，该模块还可以对人事管理与工资发放中的应发工资合计等项目进行自动计算。

在 ERP 软件中，工资管理模块的作用主要体现在以下几个方面。

（1）通过对不同类别的员工进行分类管理，实现对正式职员、合同工、退休人员等按不同发放期、不同核算标准进行管理。

（2）支持直接引用考勤数据、计件数据或考勤结果作为工资核算依据，进行计时、计件和基于考勤结果的浮动工资核算工作。

（3）可以根据国家标准进行个人所得税缴纳标准的设置，帮助会计人员完成员工个人所得税的计算、申报、代扣代缴等业务。

8.2.7 财务报表与财务分析

企业在每个核算期末都要制作报表，上报上级单位和财政税务部门。各类财务报表（资产负债表、利润表等）可以从不同角度反映企业的经营和财务状况。财务报表作为提供财务数据信息的重要来源以及企业方针政策和决策的重要依据，一定要详尽、真实。而财务分析工作汇总了各类财务信息，通过分类整理和系统分析，企业决策者可以了解财务活动和经营活动中存在的问题，以及企业的经营趋势等情况。

ERP 软件的财务管理系统主要具有以下几种财务分析功能。

1. 销售分析

在以提高销售利润为最终目标的前提下，如何进行正确的生产经营决策是企业管理层面临的严峻问题。这不仅要求决策者能准确及时获取销售信息、分析销售情况，还需要决策者随时根据历史销售记录，对下一步的生产经营活动进行科学的调整。这一过程涉及销售、库存、财务和人事模块，均能够围绕销售合同，从应收账款、财务、库存等角度进行分析，并给出销售趋势、产品需求趋势等辅助决策信息。

2. 库存分析

库存分析重点集中在分析库存绩效上。例如，通过选取特定参数，使用递减次序列出前10项销售和库存的重要产品种类，财务分析人员可以迅速对产品销售量和库存周转量等库存绩效进行评价。

ERP 环境下的库存分析，既能满足一般企业对库存物品的数量、库存成本和资金占用等的分析需求，又能辅助决策，解决企业深层次的问题，还可以帮助管理人员根据盘点结果及时间进行库存调整及优化等。

3. 采购分析

适当的、全面的采购分析，对于采购部门制订下一步的采购策略是至关重要的。采购部门在进行采购分析时，一定要结合库存情况来确定具体的采购量与采购时间。另外，供货商的应变能力也是采购分析中很重要的一项内容。采购分析的基础数据主要来源于财务、生产、库存部门。采购分析决策支持系统可以辅助企业选择合适的供货商及采购策略，并确保采购工作的高质量与高效率。

4. 成本分析

成本分析的最终目的在于加强成本事前控制，同时帮助管理人员通过盈亏平衡分析来进行产品的科学定价。企业决策者不仅应该关心各种费用在总成本中的比重，还应考虑改进成本措施的相关决策，结合销售过程中发生的销售费用和销售收入，进行本量利的分析，最终得出决策，指导目前的产品定价。

🔗 经典理论

本量利分析是"成本—产量—利润依存关系分析"的简称，它是在变动成本计算模式的基础上，以数学化的会计模型与图文来揭示固定成本、变动成本、销售量以及利润等变量之间的联系，为会计预测决策和规划提供必要的财务信息的一种定量分析方法。本量利分析是企业进行预测、决策、计划以及控制等经营活动的重要工具。

✏️ 价值引导

财务人员在进行财务分析时，一定要立足于公司的经营业务，深刻领会财务数据背后的业务背景，切实揭示业务过程中存在的问题。简单地说，就是要透过现象看本质。抓住事物的根本和关键，才能从细枝末节上处理问题，更好地推动企业财务管理工作的开展。

8.3 成本管理

🔍 情景导入

小李："我发现 ERP 软件中的财务管理模块与其他模块之间需要进行集成使用，例如，生成采购订单、销售订单、生产订单等处理过程中会自动生成凭证。那么，成本管理模块与财务管理模块也存在集成关系吗？"

主管："当然，成本管理与财务管理、生产管理、库存管理和销售管理等模块都存在集成关系。例如，成本管理模块会对产品成本进行核算，核算后的结果将通过财务管理模块自动生成记账凭证，如果存在价格差异，还需要通过成本管理模块来处理。我们在使用成本管理模块之前，可以先了解 ERP 软件中的成本类型、成本核算方法、成本差异分析等概念，这样才能更加熟练地使用。"

8.3.1 主要内容

成本管理是企业生产经营过程中的各项成本核算、成本分析、成本决策等一系列科学管理行为的总称。成本管理一般包括成本预测、成本核算、成本控制、成本分析等。ERP 软件中的成本管理是按照管理会计的原理，对企业的生产成本进行预测、计划、决策、分析和控制的，其主要内容体现在以下两个方面。

1．从软件本身来看

从软件本身来看，将财务管理和成本管理纳入 ERP 软件中，能够实现资金流和物流的集成。同时，ERP 软件强调事前计划、事中控制、事后反馈的统一，这一套预测、计划、决策、控制、分析、考核的管理模式也体现在成本管理中。

2．从具体管理方法来看

从具体管理方法来看，常见的 ERP 软件都强调能够实现标准成本的预先确定、实际成本发生后成本差异的分析、以成本中心为主体的责任成本管理等功能，而这些都是成本管理的重要内容。

8.3.2　特点与作用

ERP 软件的一个重要特点是它具有集成性，即将采购、生产、销售、库存、财务等业务流程完全集成起来，并能够依据产品结构、工作中心、工艺路线以及薪酬管理等提供的数据信息进行产品成本的归集和分配。另外，在 ERP 软件中，所有的成本管理模块都共用一个数据源并且使用一个标准化的报告系统，使得成本与收入的监控可贯穿整个部门。成本管理模块的特点主要体现在以下几点。

1．采用标准成本体系

标准成本体系是 20 世纪早期产生的一种成本管理制度。标准成本是指在正常、高效率的生产条件下制造产品的成本，而不是指实际发生的成本。它是目标成本的一种，可以作为控制成本开支、评价实际成本、衡量成本控制绩效的依据。标准成本体系的特点是事前计划、事中控制、事后分析。ERP 软件采用的便是标准成本体系。

◉　**事前计划**。在成本发生之前，预先通过对历史资料的分析研究和反复测算，制订出在未来某个时期内，各种生产条件（如生产规模、技术水平等）处于正常状态下的标准成本。标准成本是企业进行成本控制的依据和基础。

◉　**事中控制**。在生产过程中将实际成本与标准成本进行对比，及时发现和分析成本差异，并对超支的部分采取适当的措施加以改进。

◉　**事后分析**。在对成本差异进行全面综合分析的基础上，发现问题，解决问题，并在此基础上制订新的标准成本，为未来的成本管理工作和降低成本的途径指明方向。

ERP 软件中的成本管理模块可以将成本差异自动结转出来，同时将差异细分为材料价格差异、材料用量差异等多种差异项。另外，标准成本体系还可以将各项成本差异直接落实到各部门甚至个人，从而为企业构建责任成本体系提供依据。

2．促进全面成本管理

ERP 软件中的成本管理模块能够对企业全部的生产经营活动进行成本核算和成本控制，它不仅可以根据生产特点和工艺流程确定成本对象，按步骤、品种、批次进行成本核算，在采用标准成本体系的前提下，还可以根据管理的需要提供各种决策支持信息。另外，ERP 软件中的成本管理模块为全面成本管理在企业中的应用提供了有力的信息技术支持，基本满足了全面成本管理对成本信息的及时性、成本信息的提供方式、成本报告的多样性的要求，从而促进了全面成本管理方法的普及。

3．与其他模块高度集成

成本管理模块与 ERP 软件中其他模块高度集成后，通过管理流程可以达到集成前成本管理无法达到的效果，实现成本管理功能效果的倍增。

◉　成本管理模块在每个会计期间可以直接从固定资产模块获取应计入成本的折旧费用分配数据，这些数据通常表现为折旧费用分配表。

    ● 成本管理模块可以直接从人力资源管理模块中获取应计入生产成本的直接费用和间接费用数据。这些数据一般是按部门与职工类别进行分类汇总的，具体表现形式为薪资费用分配表。

    ● 成本管理模块可以直接调用存货核算模块中的材料出库成本、自制半成品核算数据，同时，存货核算模块也可以读取成本核算模块中完工产品的单位成本，即产成品的入库数据。

    ● 成本管理模块与财务、生产、库存和销售等模块密切联系，可以更准确、快速地进行成本费用的归集和分配，提高成本计算的及时性和正确性。

8.3.3　成本类型

    企业的成本由产品成本和经营费用构成，如图 8-11 所示，但为了便于计划和控制成本，ERP软件的成本管理模块通常将成本设置为 4 种。

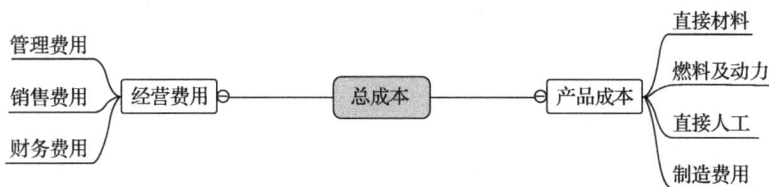

图 8-11　企业的成本构成

    1. 标准成本

    标准成本是成本管理中的计划成本，它是对产品或作业未来成本的理性预期。标准成本在计划期（如会计年度）内保持不变，是一种冻结的成本，将作为预计企业收入、物料库存价值及报价的基础。因此，企业在制订标准成本时，要充分考虑在有效作业状态下需要的材料费用、人工费用以及在正常生产情况下应分摊的制造费用等。另外，制订标准成本后，企业还要定期进行评价和维护。

    2. 现行标准成本

    现行标准成本也称为现行成本，它是一种当前使用的标准成本。现行成本反映的是企业生产计划期内某一时期的标准成本。在实际生产过程中，产品结构、加工工艺、采购费用等因素会发生变化，因而也会导致成本数据发生变化。所以，企业为了使标准成本数据尽量接近实际情况，可定期对现行成本进行调整，而标准成本保持不变。

    3. 模拟成本

    模拟成本是指在假设出现影响成本的因素（如产品结构变化、工艺路线变化等）的情况下，计算出模拟发生的成本。ERP 软件的特点之一就是其运用模拟功能，可以回答"如果……将会……"的问题。例如，企业想要知道产品设计变更或产品结构变化引起的成本变化，就可以通过 ERP 软件的模拟功能来了解。通过模拟成本获得最佳成本后，将模拟信息转换到标准成本系统中，使之成为一个现行标准成本决策。

    模拟成本的制定与标准成本的制定类似，即在标准成本的基础上通过复制和转换来建立，在复制、转换后进行必要的修改，可以大大减少重复工作。

    4. 实际成本

    实际成本是企业在生产过程中实际发生的成本，是可以明确确认和计量的成本，主要来自各部门的反馈信息，例如采购发票、完工报告、领料单等。会计人员编制财务报表时，一般使用实际成本。

8.3.4　成本核算

    ERP 软件中，成本核算的基础数据包括采购成本、材料定额、工时定额以及各种费率等。它们分别记录在物料主文件、物料清单、工作中心和工艺路线等文件中。这些基础数据有些是数量性的，例如工时定额、材料定额；有些是价格性的，例如材料价格和各种费率。这些基础数据的准确性是成本计算准确的保证。

1. 成本计算方法

计算产品成本的方法主要包括品种法、分批法和分步法 3 种，每一种方法适用于不同类型生产的特点和管理要求，具体如表 8-5 所示。

表 8-5　成本计算方法

计算方法	成本计算对象	适合的生产组织特点	适合的生产工艺特点	成本管理特点
品种法	产品品种	大量大批生产	单步骤生产	不要求分步计算成本
			多步骤生产	
分批法	产品批别	单件小批生产	单步骤生产	不要求分步计算成本
			多步骤生产	
分步法	生产步骤	大量大批生产	多步骤生产	要求分步计算成本

除上述 3 种方法外，为简化成本计算，产品品种、规格繁多的企业还可采用分类法；有一定定额管理工作基础的企业，为配合和加强生产费用和产品成本的定额管理，还可采用定额法。下面主要介绍表 8-5 列示的 3 种计算方法。

（1）品种法。

品种法是指以产品品种作为成本核算对象，归集和分配生产成本，计算产品成本的一种方法。此方法一般被应用于大量大批、单步骤生产的企业，例如发电、供水、采掘等企业。品种法成本核算的一般程序主要涉及以下 6 个环节。

① 按产品品种设立成本明细账，根据各项费用的原始凭证及相关资料编制有关记账凭证，登记有关明细账，并编制各种费用分配表，分配各种要素费用。

② 根据上一环节得到的各种费用分配表和其他有关资料，登记辅助生产明细账、基本生产明细账、制造费用明细账等。

③ 根据辅助生产明细账编制辅助生产成本分配表，分配辅助生产成本。

④ 根据制造费用明细账编制制造费用分配表，在各种产品之间分配制造费用，并据以登记基本生产成本明细账。

⑤ 根据各产品基本生产成本明细账编制产品成本计算单，分配完工产品成本和在产品成本。

⑥ 编制产成品的成本汇总表，结转产成品成本。

（2）分批法。

分批法又称订单法，是指以产品的批别作为产品成本核算对象，归集和分配生产成本，计算产品成本的一种方法。分批法主要适用于单件、小批生产的企业。分批法成本核算的一般程序主要涉及以下 3 个环节。

① 按产品批别设置产品基本生产成本明细账、辅助生产成本明细账。在账内按成本项目设置专栏，按车间设置制造费用明细账，同时设置待摊费用、预提费用等明细账。

② 根据各生产费用的原始凭证或原始凭证汇总表，以及其他有关资料，编制各种要素费用分配表，分配各要素费用并登账。

③ 月末，根据完工批别产品的完工通知单，将计入已完工的该批产品的成本明细账所归集的生产费用，按成本项目加以汇总，计算出该批完工产品的总成本和单位成本并转账。

（3）分步法。

分步法是以生产过程中各个加工步骤（分品种）为成本核算对象，归集和分配生产成本，计算各步骤半成品和最后产成品成本的一种方法。这种方法适用于大量大批、多步骤生产的企业，例如冶金、水泥、纺织、酿酒等企业。

在实际工作中，根据成本管理对各生产步骤成本资料的不同要求和简化核算的要求，分步法又可分为逐步结转分步法和平行结转分步法。

① 逐步结转分步法。

逐步结转分步法也称计算半成品成本分步法，它是按照产品连续加工的先后顺序，逐步计算并结转半成品成本，直到最后加工步骤完成才能计算产成品成本的一种方法。

逐步结转分步法按产品的加工顺序，从第一个步骤开始，先计算该步骤的半成品成本，然后将本步骤的成本转入第二个步骤。这时，第二个步骤用第一个步骤结转来的半成品成本，加上本步骤耗用的材料成本和加工成本，即可得到第二个步骤的半成品成本。在此基础上，再将第二个步骤的半成品成本转入第三个步骤，以此类推，到最后计算出完工产品成本。

② 平行结转分步法。

平行结转分步法也称不计算半成品成本分步法，是指在计算各步骤成本时，不计算各步骤所产半成品的成本，也不计算各步骤所耗上一步骤的半成品成本，而只计算本步骤发生的各项其他成本，以及这些成本中应计入产成品的份额，然后将相同产品的各步骤成本明细账中的这些份额平行结转、汇总，计算出完工产品成本。

2. 成本核算过程

产品成本核算过程是指企业对在生产经营过程中发生的各项生产费用和期间费用，按成本核算的要求逐步进行归集和分配，最后通过计算得到各种产品的生产成本和各项期间费用的过程。产品成本核算过程大致分为以下几项：确定成本计算对象、确定成本项目、计算直接材料费用、计算直接人工费用、分配制造费用、在完工产品和在产品之间分配生产费用等。

（1）确定成本计算对象。

产品成本核算对象是指确定归集和分配生产费用的具体对象，即生产费用承担的客体。确定成本核算对象是设立成本明细分类账户、归集和分配生产费用以及正确计算产品成本的前提。

由于产品工艺、生产方式、成本管理等不同，产品项目不等同于产品成本核算对象。企业应当根据生产经营特点和管理要求来确定成本核算对象。对制造企业而言，产品成本核算对象的确定具体有以下 4 种情形。

● 大量大批、单步骤生产产品或管理上不要求提供有关生产步骤成本信息的，以产品品种为成本核算对象。

● 单件小批生产产品的，以每批或每件产品为成本核算对象。

● 多步骤连续加工产品且管理上要求提供有关生产步骤成本信息的，以每种产品及各生产步骤为成本核算对象。

● 产品规格繁多的，可将产品结构、耗用原材料和工艺过程基本相同的各种产品适当合并作为成本核算对象。

需要注意的是，成本核算对象一经确定后，各种会计、技术资料的归集应当与此一致，一般不应中途变更。

（2）确定成本项目。

为了具体反映计入产品生产成本的生产费用的各种经济用途，企业还应将成本核算对象进一步划分为若干项目，即产品生产成本项目，简称成本项目。企业应当根据生产经营特点和管理要求，按照成本的经济用途和生产要素内容相结合的原则设置成本项目。对于制造企业而言，可设置"直接材料""燃料及动力""直接人工""制造费用"等项目。

（3）计算直接材料费用。

直接材料是指构成产品实体的原材料以及有助于产品生产的主要材料和辅料，具体包括原材料、辅助材料、备品配件、外购半成品、包装物、低值易耗品等。直接材料费用计算的基础是物料清单，从物料清单的最底层即原材料开始计算。

企业的原材料费用包括材料采购价格与采购间接费用（如材料运输费、保管费等），各层物料的直接材料费用的计算是一个累加的过程。例如，B产品的结构如图 8-12 所示，从图中可看出有关材料的计算方法。

B 产品材料费 =D 材料 +C 材料 +E 材料

A 部件材料费 =C 材料 +E 材料

材料费 = 材料采购价 + 采购间接费用

图 8-12　B 产品的结构

材料的实际费用是由实际采购价格与采购间接费用组成的，但由于材料的计价方法不同，对应的计算方式也有所差别。下面介绍几种常用的材料计价方法。

① 个别计价法。

个别计价法，也称"个别认定法""具体辨认法""分批实际法"。该方法假设存货的成本流转与实物流转一致，按照各种存货，逐一辨认各批发出存货和期末存货所属的购进批别或生产批别，分别按其购入或生产时所确定的单位成本计算各批发出存货和期末存货成本。

采用这种方法，要求具体存货项目具有明显的标志，而且数量不多、价值较大，例如大件、贵重的物品。在该方法下，企业把每一种存货的实际成本作为计算发出存货成本和期末存货成本的基础。个别计价法的计算公式如下。

发出存货的实际成本 = 各批（次）存货发出数量 × 该批（次）存货实际进货单价

案例分析——计算 A 产品的成本

2021 年 6 月 1 日，甲公司库存 A 产品 300 件，单位成本为 15 元；6 月 6 日，购入 100 件单位成本为 16 元的 A 产品，6 月 21 日；购入 200 件单位成本为 18 元的 A 产品。已知，本期发出 A 产品的单位成本如下：6 月 10 日发出的 200 件 A 产品中，100 件是期初结存 A 产品，单位成本为 15 元，另外 100 件于 6 月 6 日购入，单位成本为 16 元；6 月 28 日发出的 300 件 A 产品中，100 件为期初结存，单位成本为 15 元，另外 200 件于 6 月 21 日购入，单位成本为 18 元。现要使用个别计价法计算甲公司本期发出 A 产品的成本。

分析： 在个别计价法下，发出存货的实际成本为各批存货发出数量与存货实际进货单位的乘积。已知在 6 月 10 日发出的 200 件 A 产品中，其中 100 件的单位成本为 15 元，另外 100 件的单价为 16 元，所以 6 月 10 日发出的 A 产品的成本为 3 100 元；按照相同思路，可以得出甲公司本期发出存货成本为 8 200 元，具体计算过程如下。

本期发出 A 产品成本 =100×15+100×16+100×15+200×18=8 200（元）

② 先进先出法。

先进先出法是以先购入的存货应先发出（销售或耗用）这样一种存货实物流动假设为前提，对发出存货进行计价的方法。这种方法将先购入的存货成本在后购入存货成本之前转出，据此确定发出存货和期末存货的成本。具体做法是收入存货时，逐笔登记存货的数量、单价和金额；发出存货时，按先进先出原则，逐笔登记存货的发出成本和结存金额。

先进先出法可以随时结转存货的发出成本，但较为烦琐，当存货收发业务较多，且存货单价不稳定时，计算量较大。

案例分析——计算甲材料的实际成本

成瑞龙企业采用先进先出法核算原材料成本，2021 年 3 月 1 日库存甲材料 500 千克，实际成本为 3 000 元，3 月 5 日购入甲材料 1 200 千克，实际成本为 7 440 元，3 月 8 日购入甲材料 300 千克，实际成本为 1 830 元，3 月 10 日发出甲材料 900 千克。不考虑其他因素，现要计算成瑞龙企业发出的甲材料的实际成本。

分析： 采用先进先出法核算原材料成本时，企业应将先购入的存货成本在后购入存货成本之前转出，据此确定发出存货和期末存货的成本。10 日发出 900 千克甲材料时，企业优先发出期初结存的 500 千克，然后再发出 3 月 5 日购入的 400 千克。因此，该企业发出的甲材料实际成本 =3 000+7 440÷1 200×400=5 480（元）。

③ 月末一次加权平均法。

月末一次加权平均法即以本月全部进货数量加上月初存货数量为权数，除以本月全部进货成本加上月初存货成本，计算出存货的加权平均单位成本，以此为基础计算本月发出存货的成本和期末存货的成本的方法。具体计算公式如下。

存货单位成本 =[月初库存存货成本 +∑（本月各批进货的实际单位成本 × 本月各批进货的数量）]
÷（月初库存存货的数量 + 本月各批进货数量之和）

本月发出存货的成本 = 本月发出存货的数量 × 存货单位成本

本月月末库存存货成本 = 月末库存存货的数量 × 存货单位成本

或者：

本月月末库存存货成本 = 月初库存存货的实际成本 + 本月收入存货的实际成本 - 本月发出存货的实际成本

月末一次加权平均法只在月末一次计算加权平均单价，比较简单，有利于简化成本计算工作，但由于平时无法从账上获得发出和结存存货的单价及金额，不利于企业对存货成本进行日常管理与控制。

④ 移动加权平均法。

移动加权平均法即以本次进货的成本加上原有库存存货的成本，除以本次进货数量与原有库存存货数量的合计数，据以计算加权平均单位成本，作为在下次进货前，计算各次发出存货成本依据的方法。具体计算公式如下。

存货单位成本=（原有库存存货的实际成本+本次进货的实际成本）÷（原有库存存货数量+本次进货数量）

本次发出存货的成本 = 本次发出存货数量 × 本次发货前存货的单位成本

本月月末库存存货成本 = 月末库存存货的数量 × 本月月末存货单位成本

移动加权平均法能够使企业管理层及时了解存货的结存情况，计算出来的产品成本比较准确。但由于每次收货都要计算一次平均单位成本，计算工作量较大，因此该方法一般适用于经营品种不多，或者前后购进产品的单价相差较多的产品流通类企业，不适用于收发货较频繁的企业。

案例分析——计算 M 公司期末结存甲材料的成本

M公司7月月初结存甲材料13吨，每吨单价为8 290元。7月购入情况如下：3日，购入5吨，单价为8 800元；17日，购入12吨，单价为7 900元。7月领用情况如下：10日领用10吨，28日领用10吨。现M公司要采用移动加权平均法计算期末结存甲材料成本。

分析： 在移动加权平均法下，计算结存材料的成本时，要先计算购入材料的平均单位，然后再计算结存成本，具体核算过程是，3日，购入后的平均单价=（13×8 290+5×8 800）÷18≈8 431.67（元）；17日，购入后的平均单价=[（18-10）×8 431.67+12×7 900]÷20=8 112.67（元）；月末结存甲材料数量=13+5+12-10-10=10（吨）；结存甲材料成本=10×8 112.67=81 126.70（元）。

⑤ 计划成本法。

计划成本法是将企业存货的日常收入、发出和结余均按预先制订的计划成本计价，同时另设"材料成本差异"科目作为计划成本和实际成本联系的纽带，用来登记实际成本和计划成本的差额，月末再通过对存货成本差异的分摊，将发出存货的计划成本和结存存货的计划成本调整为实际成本进行反映的核算方法。

企业采用计划成本法时，对于材料的收发和结存，无论是总分类核算还是明细分类核算，均按计划成本计价。计划成本法有利于企业强化对存货的管理、简化会计工作，具体计算公式如下。

$$本期材料成本差异率=\left(\begin{array}{c}期初结存材料成本差异+\\本期验收入库材料成本差异\end{array}\right)÷\left(\begin{array}{c}期初结存材料计划成本+\\本期验收入库材料计划成本\end{array}\right)×100\%$$

$$发出材料应负担的成本差异=发出材料的计划成本×本期材料成本差异率$$
$$期末结存材料的实际成本=期末材料的计划成本×（1+本期材料成本差异率）$$
$$发出材料应负担的成本差异=发出材料的计划成本×本期材料成本差异率$$

如果各期材料成本差异率相差不大，企业也可以采用期初材料成本差异率分摊本期的材料成本差异。年终时，企业应对材料成本差异率进行核实调整，具体计算公式如下。

$$期初材料成本差异率=期初结存材料的成本差异÷期初结存材料的计划成本×100\%$$
$$发出材料应负担的成本差异=发出材料的计划成本×期初材料成本差异率$$

案例分析——计算 S 公司当月领用材料的实际成本

S公司采用计划成本法核算原材料成本，月初结存材料的计划成本为500万元，材料成本差异为超支90万元，当月入库材料的计划成本为1 100万元，材料成本差异为节约170万元，当月生产车间领用材料计划成本为1 200万元。不考虑其他因素，现要计算该公司当月生产车间领用材料的实际成本。

分析： 在计划成本法下，计算生产车间领用材料的实际成本时应考虑材料成本差异率，如果为节约差异率计算时就为负数，反之则为正数。具体计算过程是，本期材料成本差异率=（期初结存材料的成本差异+本期验收入库材料的成本差异）÷（期初结存材料的计划成本+本期验收入库材料的计划成本）×100%=（90-170）÷（500+1 100）×100%=-80÷1 600×100%=-5%，月末，S公司生产车间领用材料的实际成本=期末材料的计划成本×（1+材料成本差异率）=1 200×（1-5%）=1 140（万元）。

计划成本法通过"材料成本差异"科目的归集和分配，将品种繁多的材料从计划价格调整为实际价格的核算，有利于企业强化对存货的管理、简化会计工作。但计划成本法通过综合差异率调整为实际价格，容易造成产品成本与实际偏差较大，不能准确反映产品的实际盈利水平，使产品成本分析产生误差。

（4）计算直接人工费用。

在产品结构中，各层制造件的加工与组装会产生加工成本，加工成本主要是直接人工费用。直接人工费用是指在企业生产产品和提供劳务的过程中发生的，直接从事产品生产和提供劳务的人员的薪酬，具体计算公式如下。

$$直接人工费用 = 人工费率 × 工作小时数$$

直接人工费用的计算是利用产品的工艺路线文件和产品结构清单从底层向高层累加，一直到产品顶层的。结合 B 产品结构图，可以得到直接人工费用的计算过程，如图 8-13 所示。

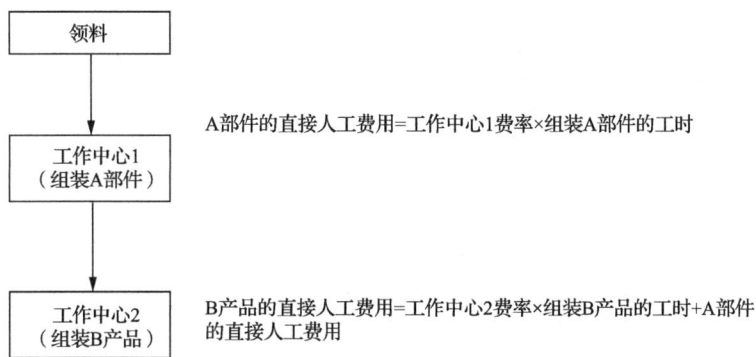

图 8-13　B 产品直接人工费用的计算过程

（5）分配制造费用。

制造费用包括物料消耗，车间管理人员的薪酬，车间管理用房屋和设备的折旧费、租赁费和保险费，车间管理用具摊销，车间管理用的照明费、水费、取暖费、差旅费、办公费和季节性及修理期间停工损失等。

分配制造费用一般应先分配辅助生产的制造费用，将其计入辅助生产成本，再分配辅助生产费用，将其中应由基本生产负担的制造费用计入基本生产的制造费用，最后再分配基本生产的制造费用。

分配制造费用的方法很多，通常采用生产工人工时比例法（或生产工时比例法）、生产工人工资比例分配法（或生产工资比例法）、机器工时比例法和按年度计划分配率分配法等。企业可根据实际情况选择合适的分配方法，分配方法一经确定，不得随意变更。如需变更，应当在附注中予以说明。制造费用常用的计算公式如下。

$$制造费用分配率 = 制造费用总额 ÷ 各产品分配标准之和（如生产工人定额工时总数）$$
$$某种产品应分配的制造费用 = 该种产品分配标准 × 制造费用分配率$$

① 生产工人工时比例法。由于生产工时是分配间接费用的常用标准，因此，生产工人工时比例法较为常用。

② 生产工人工资比例法。生产工人工时比例法适用于各种产品生产机械化程度相差不多的企业，如果生产工人工资是按生产工时比例分配的，则生产工人工资比例法实际上等同于生产工人工时比例法。

③ 机器工时比例法。机器工时比例法按照各产品生产所用机器设备运转时间的比例分配制造费用，适用于产品生产机械化程度较高的车间。

④ 按年度计划分配率分配法。按年度计划分配率分配法特别适用于季节性生产企业，按年度开始前确定的全年度适用的计划分配率分配费用，如果年度内发生的全年的制造费用实际数与计划数差别较大，企业应及时调整计划分配率。

案例分析——计算甲、乙两种产品应承担的制造费用

P 公司的基本生产车间为生产甲、乙两种产品，本月共发生制造费用 68 000 元。其中，甲产品生产工人的工资为 12 000 元，乙产品生产工人的工资为 9 250 元。现要计算甲、乙两种产品分别应承担的制造费用。

分析： 本案例给出的是生产工人工资，因此应按照生产工人工资比例法来分配制造费用，具体计算过程如下。

（1）计算分配率。

制造费用分配率 =68 000÷（12 000+9 250）=3.2

（2）计算各产品应负担的制造费用。

甲产品应负担的制造费用 =12 000×3.2=38 400（元）

乙产品应负担的制造费用 =9 250×3.2=29 600（元）

（6）分配完工产品和在产品之间的生产费用。

制造企业在结转完制造费用后，还需要将基本生产费用在完工产品和在产品之间进行分配。完工产品成本和在产品成本之间的关系如下。

本月完工产品成本 = 本月发生的生产成本 + 月初在产品成本 − 月末在产品成本

企业应当采用适当的方法将生产成本在完工产品和在产品之间进行分配。常用的分配方法包括不计算在产品成本法、在产品按固定成本计价法、在产品按所耗用直接材料成本计价法、约当产量比例法、在产品按定额成本计价法、定额比例法以及在产品按完工产品成本计价法等。

① 不计算在产品成本法。

如果企业生产的是各月末在产品数量都很少的产品，则可采用不计算在产品成本法来分配完工产品和在产品的费用。采用此方法时，虽然月末有在产品，但不计算其成本，即产品每月发生的成本全部由完工产品负担，每月发生的成本之和即每月完工产品成本。

② 在产品按固定成本计价法。

如果企业生产的是月末在产品数量较多，但各月变化不大，或月末在产品数量很少的产品，可采用在产品按固定成本计价法分配完工产品和在产品的费用。

采用此方法时，各月末在产品的成本固定不变，某种产品本月发生的生产成本就是本月完工产品的成本。但在年末，在产品成本不应再按固定不变的金额计价，否则会使按固定金额计价的在产品成本与其实际成本有较大差异，影响产品成本计算的正确性。因此，在每年年末，应当根据实际盘点的在产品数量，具体计算在产品成本，据以计算 12 月产品成本。

③ 在产品按所耗用直接材料成本计价法。

如果企业生产的是各月月末在产品数量较多、各月在产品数量变化也较大、直接材料成本在生产成本中所占比重较大且材料在生产开始时一次就全部投入的产品，可采用在产品按所耗用直接材料成本计价法来分配完工产品和在产品的费用。

采用此方法时，月末只计算在产品所耗用的直接材料的成本，不计算直接人工等加工成本，即

产品的直接材料成本（月初在产品的直接材料成本与本月发生的直接材料成本之和）需要在完工产品和月末在产品之间进行分配，而生产产品本月发生的加工成本全部由完工产品成本负担。

④ 约当产量比例法。

如果企业生产的产品数量较多，各月在产品数量变化也较大，且生产成本中直接材料成本和直接人工等加工成本的比重相差不大，可采用约当产量比例法。

采用此方法时，应将月末在产品数量按其完工程度折算为相当于完工产品的产量，即约当产量，然后将产品应负担的全部成本按照完工产品产量与月末在产品约当产量的比例分配计算完工产品成本和月末在产品成本，具体计算公式如下。

$$在产品约当产量 = 在产品数量 \times 完工程度$$
$$单位成本 = （月初在产品成本 + 本月发生生产成本）\div （完工产品产量 + 在产品约当产量）$$
$$完工产品成本 = 完工产品产量 \times 单位成本$$
$$在产品成本 = 在产品约当产量 \times 单位成本$$

案例分析——完工产品和在产品之间的各项费用分配

某企业生产 A 产品，月初在产品数量 100 件，本月投产数量 400 件，本月完工产品数量 300 件，月末在产品数量 200 件。该产品单位工时定额 50 小时，经 3 道工序制成。各工序单位工时定额为第 1 道工序 10 小时，第 2 道工序 20 小时，第 3 道工序 20 小时。在产品数量分布为第 1 道工序的数量为 50 件、第 2 道工序的数量为 50 件、第 3 道工序的数量为 100 件。为简化核算，假定各工序内在产品的完工程度平均为 50%。已知原材料在生产开始时一次性投料，且有关产品成本资料如表 8-6 所示。

表 8-6　产品成本资料表　　　　　单位：元

成本项目	直接材料	直接人工	制造费用	合计
月初在产品成本（元）	20 000	10 000	10 000	40 000
本月发生的成本（元）	60 000	26 450	10 250	96 700
合计总成本（元）	80 000	36 450	20 250	136 700
本月完工产品成本（元）	—	—	—	—
月末在产品成本（元）	—	—	—	—

现要计算月末在产品的约当产量，采用约当产量比例法分别计算完工产品成本和月末在产品成本并填入表格。

分析： 由于 A 产品是多工序生产产品，因此，第 1 步应计算产品在各工序的完工程度，第 2 步应计算各工序中在产品的约当产量，第 3 步应分配各项费用，最后填制表格数据。具体计算过程如下。

（1）计算各工序的完工程度。

第 1 道工序的完工率 =（10×50%）÷50×100%=10%

第 2 道工序的完工率 =（10+20×50%）÷50×100%=40%

第 3 道工序的完工率 =（10+20+20×50%）÷50×100%=80%

（2）计算各工序中在产品的约当产量。

第 1 道工序在产品的约当产量 =50×10%=5（件）

第 2 道工序在产品的约当产量 =50×40%=20（件）

第 3 道工序在产品的约当产量 =100×80%=80（件）

在产品的约当产量 =5+20+80=105（件）

（3）分配各项费用。

① 材料费用分配率 =80 000÷（300+200）=160

完工产品应分配的材料费用 =300×160=48 000（元）

在产品应负担的材料费用 =200×160=32 000（元）

② 直接人工费用分配率 =36 450÷（300+105）=90

完工产品应分配的人工费用 =300×90=27 000（元）

在产品应负担的人工费用 =105×90=9 450（元）

③ 制造费用分配率 =20 250÷（300+105）=50

完工产品应分配的制造费用 =300×50=15 000（元）

在产品应负担的制造费用 =105×50=5 250（元）

（4）填制表格数据。

根据计算的结果，完善产品成本资料如表 8-7 所示。

表 8-7　产品成本资料表　　　　　　单位：元

成本项目	直接材料	直接人工	制造费用	合计
月初在产品成本（元）	20 000	10 000	10 000	40 000
本月发生的成本（元）	60 000	26 450	10 250	96 700
合计总成本（元）	80 000	36 450	20 250	136 700
本月完工产品成本（元）	48 000	27 000	15 000	90 000
月末在产品成本（元）	32 000	9 450	5 250	46 700

⑤ 在产品按定额成本计价法。

如果企业生产的是定额管理基础较好，各项消耗定额或成本定额较准确、稳定，各月月末在产品数量变化不大的产品，则可采用在产品按定额成本计价法。

采用此方法时，月末在产品成本按定额成本计算，该种产品的全部成本（如果有月初在产品，包括月初在产品成本在内）减去按定额成本计算的月末在产品成本的余额为完工产品成本，每月生产成本脱离定额的节约差异或超支差异全部计入当月完工产品成本。具体计算公式如下。

月末在产品成本 = 月末在产品数量 × 在产品单位定额成本

完工产品总成本 = 月初在产品成本 + 本月发生生产成本 - 月末在产品成本

完工产品单位成本 = 完工产品总成本 ÷ 产成品产量

⑥ 定额比例法。

如果企业生产的是各项消耗定额或成本定额比较准确、稳定，但各月月末在产品数量变动较大的产品，则可采用定额比例法分配完工产品和在产品的费用。

采用此方法时，将产品的生产成本在完工产品和月末在产品之间按照两者的定额消耗量或定额成本比例分配。其中，直接材料成本按直接材料的定额消耗量或定额成本比例分配；直接人工等加工成本可以按定额成本的比例分配，也可按定额工时比例分配。相关计算公式如下（以按定额成本比例分配为例）。

● 分配直接材料成本的相关公式如下。

$$直接材料成本分配率=\left(\begin{array}{c}月初在产品实际材料成本+\\本月投入的实际材料成本\end{array}\right)\div\left(\begin{array}{c}完工产品定额材料成本+\\月末在产品定额材料成本\end{array}\right)$$

完工产品应负担的直接材料成本 = 完工产品定额材料成本 × 直接材料成本分配率

月末在产品应负担的直接材料成本 = 月末在产品定额材料成本 × 直接材料成本分配率

● 分配直接人工成本的相关公式如下。

$$直接人工成本分配率=\left(\begin{array}{c}月初在产品实际人工成本+\\本月投入的实际人工成本\end{array}\right)\div\left(\begin{array}{c}完工产品定额工时+\\月末在产品定额工时\end{array}\right)$$

完工产品应负担的直接人工成本 = 完工产品定额工时 × 直接人工成本分配率

月末在产品应负担的直接人工成本 = 月末在产品定额工时 × 直接人工成本分配率

⑦ 在产品按完工产品成本计价法。

如果企业月末的在产品已接近完工，或产品已经加工完毕但尚未验收或包装入库，则可采用在产品按完工产品成本计价法，将在产品视同完工产品计算、分配生产费用。

8.3.5　成本差异分析

成本差异是在标准成本控制系统中，成本实际发生额与标准成本之间的差额。成本差异分析是 ERP 软件的成本管理模块的重要功能。实际成本低于标准成本的差异，称为节约差异，用负数表示，记在有关差异账户的借方；反之，称为超支差异，用正数表示，记在有关差异账户的贷方。相关会计分录如下。

期末，结转材料差异时，编制会计分录如下。

借：生产成本、制造费用、管理费用、销售费用、其他业务成本等

　　贷：材料成本差异（结转超支差）

或者：

借：材料成本差异（结转节约差）

　　贷：生产成本、制造费用、管理费用、销售费用、其他业务成本等

不论差异是正值还是负值，只要超过了规定的容差限度，财务人员就需要进行成本差异分析。有时出现负值不一定是好事，因为某项差异出现负值可能会导致另一项差异出现更大的正值。

1. 直接材料成本差异

直接材料成本差异是指为完成实际产量所消耗的直接材料的实际成本与标准成本之间的差额。造成直接材料成本差异既有价差的原因，也有量差的原因。例如，市场价格的变动、材料采购来源的变动、订货批量的大小、紧急订货等均为造成直接材料差异的价差原因；而技术革新、废品损失、产品结构变化等均为造成直接材料差异的量差原因。

（1）直接材料用量差异是指在实际产量下，由于材料实际用量与标准用量不同而导致的差异。造成直接材料用量差异的原因是多方面的，有生产部门的原因，也有非生产部门的原因，具体计算公式如下。

直接材料用量差异 =（实际产量下的实际用量 − 实际产量下的标准用量）× 标准价格

（2）直接材料价格差异是指在实际产量下，由于材料的实际价格与标准价格的不同而导致的差异，具体计算公式如下。

直接材料价格差异 =（实际价格 − 标准价格）× 实际用量

2. 直接人工成本差异

直接人工成本差异是为完成实际产量而发生的实际直接人工成本与标准直接人工成本之间的差

额。它可分解为人工效率差异和工资率差异。造成这种差异的原因有可能是工作中心和工人等级或工资的变动、加工工艺或投料批量的变化等。

（1）直接人工效率差异。直接人工效率差异是实际工时按标准工资率计算的人工成本与标准人工成本之间的差额。

（2）直接人工工资率差异。直接人工工资率差异是实际人工成本与实际人工工时按标准工资率计算的人工成本之间的差额。

具体计算公式如下。

$$直接人工成本差异 = 实际直接人工成本 - 实际产量下的标准人工成本$$

$$工资率差异 = 实际产量 \times 单位产品实际工时 \times （实际工资率 - 标准工资率）$$

$$人工效率差异 = （单位产品实际工时 - 单位产品标准工时） \times 实际产量 \times 标准工资率$$

3. 制造费用差异

制造费用差异是指为完成实际产量而实际发生的制造费用与按标准分配的制造费用之间的差额。制造费用中的标准成本，按其成本形态不同，可分为变动性制造费用和固定性制造费用两种。因此，企业在对制造费用差异的计算也要分开进行。

（1）变动性制造费用差异。变动性制造费用差异包括变动性制造费用耗用差异和效率差异，具体计算公式如下。

$$变动性制造费用耗用差异 = 实际工时 \times （实际分配率 - 标准分配率）$$

$$变动性制造费用效率差异 = 标准分配率 \times （实际工时 - 标准工时）$$

$$变动性制造费用差异 = 变动性制造费用实际成本 - 变动性制造费用标准成本$$

（2）固定性制造费用差异。固定性制造费用主要与生产能力的形成及其正常维护有关，根据其特点，固定性制造费用差异包括效率差异、耗费差异和生产能力利用差异3种。具体计算公式如下。

$$固定性制造费用效率差异 = 固定性制造费用标准分配率 \times （实际工时 - 标准工时）$$

$$固定性制造费用耗费差异 = 实际固定性制造费用 - 固定性制造费用预算数$$

$$固定性制造费用生产能力利用差异 = 固定性制造费用标准分配率 \times （预计应完成的总工时 - 实际工时）$$

8.4 项目实训——财务管理实训

8.4.1 实训背景

华瑞公司从2018年成立以来，已在全国各地发展了近100个经销商。但随着运营规模的不断扩大，企业的问题也逐渐暴露出来，例如运营成本急剧增加、信息传递速度变慢、资金流向无法控制等，因此，华瑞公司的管理层希望引入一套先进的管理系统来改变公司现状。经过反复比较和分析后，华瑞公司引入了某公司的ERP软件，该软件包含的模块有财务管理、成本管理、供应链管理、人力资源管理等。通过使用ERP软件，华瑞公司的所有信息都被高度集成在ERP管理平台上，不仅改善了成本问题，而且实现了资金的统一管理和分配。

8.4.2 实训要求

（1）在ERP软件的财务管理模块中添加会计科目。

（2）通过 ERP 软件新增固定资产管理信息。

（3）通过 ERP 软件查看明细账。

8.4.3　实训实施

（1）登录 ERP 软件的财务管理模块，在"初始设置"栏中单击"会计科目设置"按钮，在打开的界面中添加相应的会计科目，如图 8-14 所示，设置完成后单击"确定"按钮。

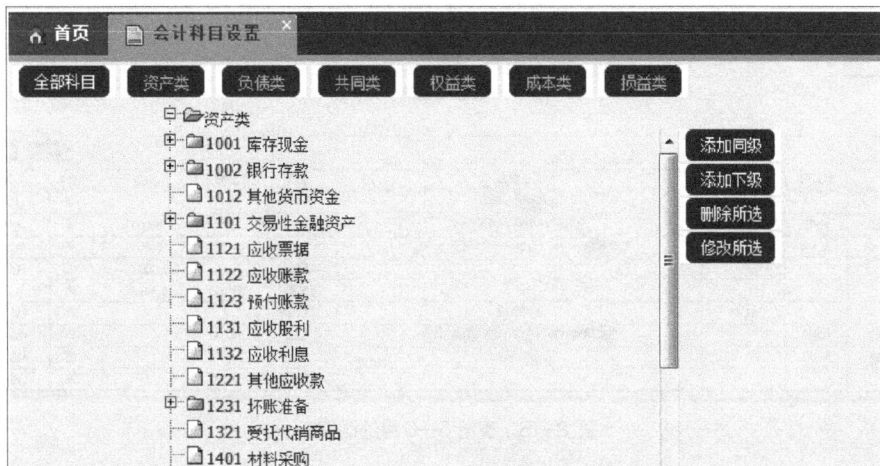

图 8-14　添加会计科目

（2）在财务管理模块中，找到固定资产管理栏目，然后单击"新建固定资产"按钮，在打开的界面中填写新增固定资产的相关信息，最后单击"保存"按钮完成固定资产管理信息的添加操作，如图 8-15 所示。

图 8-15　新增固定资产管理信息

（3）在财务管理模块中，找到“报表管理”栏，单击“明细账管理”按钮，打开的界面中显示了明细账的具体内容，通过界面上方的“检索条件”功能，对 5—6 月的明细账进行查看，如图 8-16 所示。

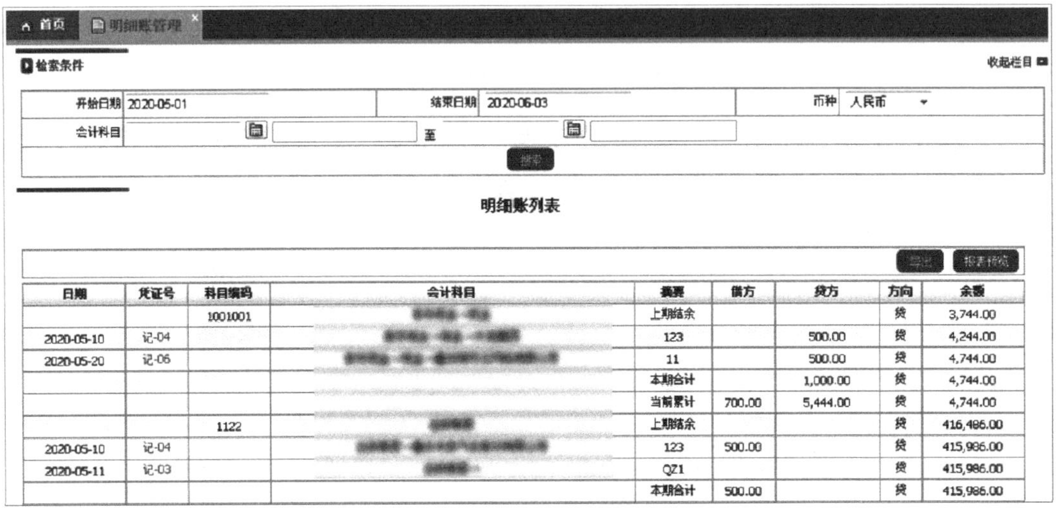

日期	凭证号	科目编码	会计科目	摘要	借方	贷方	方向	余额
		1001001	[illegible]	上期结余			贷	3,744.00
2020-05-10	记-04		[illegible]	123		500.00	贷	4,244.00
2020-05-20	记-06		[illegible]	11		500.00	贷	4,744.00
				本期合计		1,000.00	贷	4,744.00
				当前累计	700.00	5,444.00	贷	4,744.00
		1122	[illegible]	上期结余			贷	416,486.00
2020-05-10	记-04		[illegible]	123	500.00		贷	415,986.00
2020-05-11	记-03		[illegible]	QZ1			贷	415,986.00
				本期合计	500.00		贷	415,986.00

图 8-16　查看 5—6 月的明细账

8.5 课后思考

1. 说一说原始凭证与记账凭证的差别？
2. 什么是记账和对账？
3. 基本财务报表有哪些？
4. ERP 软件中设置了哪些成本类型？
5. 直接材料费用如何计算？
6. 成本差异分析包括哪几部分的内容？
7. 请阅读以下材料并回答问题。

阅读材料——改善 A 公司复杂的会计核算体系

A 公司是一家集生产、储存、销售为一体的集团公司，其组织结构的复杂性决定了 A 公司会计核算体系的复杂程度较高。目前，A 公司实行的是三级会计核算体制，即总公司与直属分公司分别独立核算，其余分公司虽然收入及库存全部隶属于直属分公司，但成本费用的核算也是完全独立的。因此，A 公司在财务信息传递的准确性和及时性等方面都存在很大的问题。为了提升企业竞争力，A 公司需要对财务管理和成本控制环节的工作流程进行优化。

最终，A 公司通过招标的方式选择了 H 公司提供的以财务管理模块为主的 ERP 软件。该 ERP 软件中财务管理模块的主要功能包括总账管理、应收账款管理、应付账款管理、现金管理、工资管理以及财务分析等。

回答：（1）A 公司选择 ERP 软件对企业的财务管理有何帮助？

（2）ERP 软件如何通过企业的相关财务指标来建立数据高度集成、资金统一管理的平台？

管理工具推荐

1. 成本管理工具

成本管理是一个循序渐进的过程，在这个过程中，管理人员需要基于不同成本管理的层次使用不同的管理工具。

成本管理的层次可划分为核算层、管理层和战略层，其中核算层是基础，在该层次中使用的管理工具主要包括手工账本、电子表格、手工单据等；管理层是成本数据质量的保证，在该层次中使用的管理工具主要包括物料管理、数据分析、作业成本法等；最后一个层次是战略层，在该层次中使用的管理工具主要包括目标成本、产品生命周期成本、原型成本等。上述工具中，作业成本法是较为常用的，下面将详细介绍。

作业成本法是指以"作业消耗资源、产出消耗作业"为原则，按照资源动因将资源费用追溯或分配至各项作业，计算作业成本，然后再根据作业动因，将作业成本追溯或分配至各成本对象，最终完成成本计算的成本管理方法。相关概念解释如下。

（1）资源费用是指企业在一定期间内开展经济活动所发生的各项资源耗费。资源费用既包括房屋及建筑物、设备、材料、商品等有形资源的耗费，也包括信息、知识产权、土地使用权等各种无形资源的耗费，还包括人力资源耗费以及其他各种税费支出等。

（2）作业是指企业基于特定目的重复执行的任务或活动，是连接资源和成本对象的桥梁。一项作业既可以是一项非常具体的任务或活动，也可以泛指一类任务或活动。

（3）成本对象是指企业追溯或分配资源费用、计算成本的对象。成本对象可以是工艺、流程、零部件、产品、服务、作业、作业链等需要计量和分配成本的项目。

（4）成本动因是指诱导成本发生的原因，是成本对象与其直接关联的作业和最终关联的资源之间的中介。按其在资源流动中所处的位置和作用，成本动因可分为资源动因和作业动因。

作业成本法一般适用于具备以下特征的企业。

（1）作业类型较多且作业链较长。

（2）同一生产线生产多种产品。

（3）规模较大且管理层对产品成本准确性要求较高。

（4）产品、客户和生产过程的多样化程度较高。

2. 营运管理工具

营运管理是指为了实现企业战略和营运目标，企业各级管理者通过计划、组织、指挥、协调、控制、激励等活动，实现对企业生产经营过程中的物料供应、产品生产和销售等环节的价值增值管理。营运管理工具包括敏感性分析、边际分析等。

（1）敏感性分析。

敏感性分析是指对影响目标实现的因素变化进行量化分析，以确定各因素变化对实现目标的影响及其敏感程度，可分为单因素敏感性分析和多因素敏感性分析。

敏感性分析具有广泛适用性，有助于企业识别、控制和防范短期营运决策、长期投资决策等中的相关风险，也可以用于一般的经营分析。敏感性分析通常应用于企业营运计划的制订、调整以及营运监控分析等程序中，长期投资决策等也常用到敏感性分析。

（2）边际分析。

边际分析是分析某可变因素的变动引起其他相关可变因素变动的程度的方法，用来评价既定产品或项目的获利水平、判断盈亏临界点、提示营运风险、支持营运决策。

企业在营运管理中，通常在进行本量利分析、敏感性分析的同时运用边际分析方法。边际分析通常也应用在企业营运计划的制订、调整以及营运监控分析等程序中。

3. 风险管理工具

风险管理是指企业为实现风险管理目标，对风险进行有效识别、评估、预警和应对等管理活动的过程。需要注意的是，企业风险管理并不能替代内部控制。风险管理方法包括风险矩阵、风险清单等。

其中，风险矩阵（也称风险热度图、风险坐标图等）是指按照风险发生的可能性和风险发生后果的严重程度，将风险绘制在矩阵图中，展示风险及其重要性等级的风险管理工具。其基本原理是根据企业风险偏好，判断并度量风险发生的可能性和后果的严重程度，计算风险值，以此作为主要依据在矩阵中描绘风险重要性等级。

企业应用风险矩阵时，应明确应用主体（企业整体、所属企业或部门），确定所要识别的风险，定义风险发生的可能性和后果严重程度的标准，定义风险重要性等级及其表示形式。风险矩阵一般用于表示企业各类风险重要性等级，也用于各类风险的分析评价和沟通报告环节。

第 **9** 章

ERP 项目的实施

重要概念

过程管理、变革管理、分步实施原则、可行性分析、立项计划、四区域技术功能矩阵、模拟运行、切换运行、云计算、物联网

知识目标

/ 熟悉 ERP 实施的基本理论。
/ 掌握 ERP 实施前的准备工作。
/ 熟悉 ERP 的实施步骤。
/ 了解 ERP 实施成功的标志。
/ 了解 ERP 软件与新技术结合产生的效用。

扫一扫

知识框架

能力目标

/ 能够运用 ERP 实施的相关知识和步骤，指导企业实施 ERP。
/ 能够制作一份可行的信息化建设方案。

引导案例

ERP 软件的成功实施

商美达集团是一家很有实力的集团公司，现有员工近 3 000 人，已建成了集工业设计、产品研发、电子装配等业务为一体的大规模生产基地，电视机年产量达到 100 万台。但随着集团规模的快速增长、工艺流程的日趋复杂，其原有的管理平台已远远不能满足管理需求，具体表现如下。

（1）产品更新迭代速度快，企业必须提高自身的生产力。

（2）规模化生产与客户需求的多样化矛盾，要求企业具备快速反应能力和柔性生产能力。

（3）业务拓展速度太快，企业下属的销售公司和代理商渠道不能有效整合，数据传输不及时。

（4）订单需求过大，导致委外加工生产要求频繁。企业的物料管理工作开展得不太顺利，经常顾此失彼。

针对上述情况，商美达集团的决策层决定实施信息化管理，建立基于计算机的计划与控制系统。因此，商美达集团开始应用 ERP 软件。该应用过程主要分为 5 个阶段，各阶段的主要工作如下。

第 1 阶段：对项目实施小组进行 ERP 理念和业务流程培训。

第 2 阶段：对企业现行业务流程进行讨论分析，并定义岗位流程、制订操作规范。

第 3 阶段：安装 ERP 软件，对关键用户小组开展培训工作。

第 4 阶段：对企业的实际数据进行初始化设置，确保 ERP 软件的期初数据的准确性。

第 5 阶段：正式实施规范化策略与计划，解决企业的管理问题。

【思考】

（1）ERP 软件实施前需要哪些准备工作？

（2）ERP 软件的成功实施与企业的哪些因素相关？

（3）想一想，ERP 软件在商美达集团的实施能否成功？为什么？

9.1 ERP 实施的基本理论

情景导入

主管：“小李，公司应用 ERP 软件至今已有半年时间了，你觉得 ERP 软件对你的工作有影响吗？”

小李：“影响还是比较明显的，我发现自己的工作效率提高了，而且我所在部门的管理也更加规范了，许多数据都能实时共享，不需要每个部门依次核对。”

主管：“看来 ERP 软件对企业的影响是利大于弊的。事实上，企业要想成功实施 ERP 软件，除了要做好充足的准备工作外，还需要掌握 ERP 实施的基本理论，这样才能切实有效地推动项目开展。”

9.1.1　ERP 实施的原则

在实施 ERP 的过程中，企业应当遵循总体规划、分步实施、协同发展、经济实用的原则。同时，信息化程度不同的企业在实施 ERP 时，还应当综合考虑 ERP 实施的功能性、效率性、可靠性、安全性、可维护性以及稳定性等问题。

1. 总体规划原则

ERP 的实施要站得高、看得远，立足现状、展望未来。ERP 的实施要服从企业发展规划，还应当重视信息化给企业发展带来的新机遇、新问题，并从企业发展、社会发展的总体角度去分析和制订 ERP 的实施规划。

2. 分步实施原则

ERP 的实施是一个循序渐进的过程，企业不能一味追求先进的、完美的实施效果，因为，ERP 的技术方法和管理思想都在不断向前发展。分步实施不仅适应企业的发展需要，而且符合 ERP 的发展规律。

3. 协同发展原则

企业信息化涉及制造技术、管理技术、信息技术等多种技术，它是一个一体化的复杂系统。因此，ERP 系统的实施往往会受各种因素的制约，如果企业的技术发展比较片面或单一，则企业信息化的应用可能会难以达到预期的效果。所以，企业要实现信息化过程中各种技术之间的协同发展。

4. 经济实用原则

经济实用原则是保证 ERP 成功实施的重要手段，为此，企业应当做好 ERP 实施的建设性规划，包括投资规划、人员培训规划以及资源配置规划等，不断降低企业运营的成本、提高效益。

9.1.2　ERP 实施中的管理理论

ERP 系统由标准化的管理流程、知识化的数据体系和集成化的软件系统构成，是体现企业先进的管理模式与较高的管理水平的平台。在 ERP 实施的全生命周期里，过程管理、项目管理、变革管理和知识管理的理论贯彻始终。因此，在每一个阶段，企业都应该关注 ERP 实施的关键因素，以提高 ERP 软件的使用效率。

拓展阅读

企业要想成功实施 ERP，应先建立基础管理规范，除此之外，还需要具备一定的条件。扫描右侧二维码，查看 ERP 实施条件的具体内容。

扫一扫
ERP 实施条件

1. 过程管理

ERP 实施过程管理是指在 ERP 系统建设中所涉及的过程，例如需求建立过程、业务分析描述过程、软件商和软件的选择评价过程、软件上线与测试过程等。企业可以借助过程建模、过程分析诊断、群体决策、冲突诊断以及冲突解决等技术和工具，对实施过程中的具体内容进行有效管理，以达到减少实施阻力、提高实施效率和成功率的目的。

2. 项目管理

ERP 实施作为企业信息化项目，具有项目的全部特征，例如有明确的开始时间、结束时间、规模和预算等。项目管理将围绕整个 ERP 项目的全过程，对项目的立项授权、需求分析、软硬件的评估以及软件的实施进行全面的管理和控制。建立科学的项目组织、制订合理的项目计划是 ERP 成功实施的保障。

3. 变革管理

ERP 的实施一般涉及企业组织层次的调整和组织结构的重新分化，同时企业的业务流程也会进行相应的调整。这种分化和调整将贯穿 ERP 实施的始终，因此企业需要引进变革管理的思想。

4. 知识管理

在 ERP 实施的过程中，企业人员的管理思想和知识结构都会产生一定程度的变化，而且企业人员也需要经过系统的培训后才可以灵活运用 ERP 系统。因此，企业在 ERP 实施的过程中所积累的宝贵经验和知识都应该保存下来，这样便于企业在现有发展的基础上继续进步。由此可见，知识管理的思想在 ERP 实施的过程中也是很重要的。

9.2 ERP 实施前的准备工作

> **情景导入**
>
> 俗话说："凡事预则立，不预则废。"也就是说，人们要做好任何一件事情，都要预先有所准备，有了准备才可能获得成功。公司在实施ERP之前也要做很多准备工作，例如成立项目小组、ERP知识培训、可行性分析、立项计划、需求分析等。

9.2.1 成立项目小组

ERP 在企业中的顺利实施离不开一个具有较强推动力的项目小组。项目小组的核心成员应是在企业中具有一定影响力，且具有较强的综合业务能力、工作协调能力和领导能力的人。成立项目小组是企业实施 ERP 的第 1 步，其作用主要体现在以下几个方面。

（1）为企业正式导入 ERP 概念和必要的理论知识打下基础。

（2）对企业的 ERP 系统进行可行性研究，为领导决策提供依据。

（3）制订立项计划，进行需求分析，为企业 ERP 系统的选择做好准备。

（4）进行 ERP 系统的选择，包括选择 ERP 软件和 ERP 实施咨询公司等。

9.2.2 ERP 知识培训

企业准备应用 ERP 系统之前，需要先了解什么是 ERP，以及 ERP 能为企业做什么，为进一步的可行性分析、需求分析及 ERP 软件的选择打好理论基础。ERP 知识培训是保证 ERP 软件能被正常使用的前提，其培训对象主要是企业的高层领导和今后 ERP 项目组的成员。因为企业的各级管理者和员工是 ERP 系统的真正使用者，只有他们真正了解了企业的需求，才能判断企业需要什么样的 ERP 系统，继而高效地运用 ERP 系统。

从培训内容来看，ERP 知识培训主要包括 ERP 理论培训、计算机和网络知识培训、应用软件使用培训等；从培训人员来看，ERP 知识培训主要包括企业领导层培训、ERP 管理人员培训和业务管理人员培训等。培训形式可以是外派人员去学习，也可以请一些 ERP 领域的咨询机构、软件公司进入企业授课，让企业的更多人员了解 ERP 知识。

结合培训，企业还要开展业务训练，例如基于真实的订单开展培训，确保受训者能以团队作战的方式，围绕订单进行"供产销"的工作，并模拟实战中可能会出现的问题，进行协调练习。

9.2.3　可行性分析

先进的管理模式只有在企业充分进行可行性分析论证后，结合适合本企业发展的模式，才能发挥经济效益与社会效益。企业对 ERP 系统实施可行性分析的内容主要包括综合判断与分析企业自身的发展需求、企业管理的基础与现状、企业预期的效益目标，以及实施 ERP 所需要的人力、物力、财力等。ERP 实施能够通过引入新的管理模式来弥补企业的管理缺陷，节省因基础数据不准确、人员操作失误、管理基础薄弱等因素造成系统实施失败而浪费的时间和金钱。

由于 ERP 带来的更多是无形的、间接的、长期的效益，因此企业不能直接以投入产出比来衡量其价值，而应从技术、财务、时间等各个方面对 ERP 系统的效益目标进行可行性分析。

- **在技术方面**。企业要分析自身的技术基础是否满足实施 ERP 的需要，对每一个需要改进的业务流程进行重新设计。
- **在财务方面**。企业要列出合理、准确的成本估算，并根据自身的财务状况，选择合适的软硬件产品来满足实施 ERP 的要求。
- **在时间方面**。企业管理人员要明确当前企业的发展是不是到了应当实施 ERP 的阶段。

一般来说，可行性分析报告中包含的内容有 ERP 基础知识介绍、实施 ERP 所需的资源（如人员要求、资金预算等）、实施的必要性、实施的目标以及投资效益等，其中投资效益是企业最关心的。实施 ERP 系统后，企业可能获取的效益包括库存量减少、采购成本降低、财务差错率降低、资源利用率提高、对市场的响应速度提升等。

9.2.4　立项计划

企业决策层将通过可行性分析报告进行决策。经领导批准后，ERP 的实施正式立项，相关人员应做出项目的各种预算，并通过立项计划书落实资源启动计划。编写 ERP 系统项目的立项计划之前，项目制作人员需考虑以下几个方面的内容。

（1）项目许可和项目章程，即项目由谁决定，由谁批准。

（2）拟采用的项目管理方法，包括由谁负责管理以及如何管理。

（3）范围计划，即项目范围说明，包括项目目标和主要可交付的成果。

（4）费用计划，即项目费用估算，包括硬件费用、软件费用、实施费用和其他费用。

（5）进度计划，即项目进度说明，包括 ERP 系统正式实施的日期和责任的分派，例如公司计划在哪个时间完成什么工作，以及完成的标志（里程碑）是什么等。

（6）人力资源计划，即除开始项目规划中提及的人员以外，还需要阐述 ERP 实施的人力安排，主要包括姓名、职务、阶段、主要职责等，并以表格的形式体现在计划中。

（7）风险计划，即分析企业实施 ERP 可能存在的风险因素及规避方法，例如实施 ERP 可能会影响哪些部门的哪些工作、应如何规避风险等。

9.2.5　需求分析

立项后，项目小组需要对企业进行需求分析。每个企业都有各自的特点和不同的管理需求，因此，需求分析的时间有长有短，分析结果将直接关系 ERP 软件的选择，因此，项目小组可以在有关专家的指导下进行需求分析。需求分析的内容主要如下。

1. 企业的整体信息化目标

确定企业的整体信息化目标是 ERP 需求分析的第 1 步。企业需要成立信息化项目组来分析企业的整体信息化目标，既要考虑到目前企业的需求情况，又要考虑到企业未来的发展需求。当然在这一过程中，信息化项目小组还应该与软件厂商或第三方公司沟通，确认信息化目标的系统性、可行性、扩展性等。

2. 信息化范围

企业要根据自身目前的财力、物力，结合实际情况与软件厂商沟通，确认信息化的范围。因为信息化是伴随企业一起成长的重要工具和手段，企业应该与软件厂商或第三方公司确认企业的信息化范围是否可行和必要，这也是 ERP 需求分析要确认的关键内容。

3. 软件使用权限设置

有时，企业需要设置软件的使用权限，例如，对功能的控制设置权限，或对数据甚至字段内容的控制设置权限。

4. 软件系统要求

软件系统要求主要是指对企业的硬件操作系统、数据库系统等的要求。由于各类企业对硬件操作系统的要求不尽相同，有 Windows、Mac OS、Linux 等操作系统，以及 Oracle、MySQL、Sybase 等数据库系统，企业应根据自身的需要以及自身的成本要求选择合适的硬件操作系统及数据库系统。

5. 数据接口的开放性要求

企业已经拥有或未来可能会需要客户关系管理系统、产品数据管理系统、决策支持系统等信息系统，因此，在实施 ERP 之前，企业要考虑 ERP 系统的扩展能力。

经典理论

卡诺模型（KANO 模型）是东京理工大学的教授狩野纪昭（Noriaki Kano）发明的，对用户需求进行分类和优先排序的实用工具。它以分析用户需求对用户满意度的影响为基础，展现了产品性能和用户满意度之间的非线性关系。卡诺模型将产品和服务的质量特性分为必备属性、期望属性、魅力属性和无差异属性 4 种，其中必备属性是指产品功能应当满足的用户需求；期望属性是指用户满意度随着此类需求的满足程度而线性下降或提升；魅力属性是指完全出乎用户意料的属性，如果提供此类需求，用户会感觉惊喜、满意度大幅提升；无差异属性是指这类需求无论满足与否，用户满意度都不会受到影响。

9.2.6 测试数据准备

企业要从各主要业务数据中抽取一些典型数据，作为选择 ERP 系统的测试数据，可由各个业务部门填写数据收集报表，如表 9-1 所示。

表 9-1 数据收集报表

序号	业务处理名称	数据输入		数据利用		数据输出		说明
		报表	部门	报表	部门	报表	部门	
1	来料入库处理	入库单	仓库	收货单检验报告	仓库检验	库存报表	仓库	库存量发生了变化

续表

序号	业务处理名称	数据输入		数据利用		数据输出		说明
		报表	部门	报表	部门	报表	部门	
2	制作应付凭证		财务部	入库单	仓库	应付凭证	财务部	无输入数据，可自动生成
3	制订生产计划	销售订单	销售部			生产计划	计划部	核对数据
4				产品提前期	生产技术部			
5				产品库存报表	仓库			

数据输入报表是业务管理部门为完成业务而填写的数据，例如仓库入库与记账，就需要仓库人员利用收货单和产品合格检验报告来填写入库单，产生的报表能反映仓库物品的变化情况。

9.2.7　选择 ERP 软件

ERP 软件的选择是整个准备工作的核心。从 ERP 的发展历程来看，ERP 软件的选择主要分为自行开发软件和购买现成的商品软件两种类型。自行开发软件具有较多优点，但产品成熟度和可扩展性较差。因此，购买现成的商品软件是大部分企业的选择。但企业在购买现成的商品软件时可能会遇到一些问题：由于商品软件具有通用性，软件可能会过于复杂，一般来说要比企业具体的需求复杂得多，这既会造成企业使用上的困难，也会增加企业的投入；商品软件有可能无法满足企业个性化发展的需求，需要企业对软件进行二次开发来修改或扩充软件的功能；商品软件可能难以连接企业现有的软件。

鉴于购买商品软件可能出现上述问题，下面将从选择商品软件的原则和选择商品软件的方法两个方面提出一些建议。

1. 选择 ERP 软件的原则

对于 ERP 软件的选择，企业要以实用性、成熟性、技术性等为主要原则，具体内容如下。

（1）选择一个实用的软件。

选择商品软件是某一特定企业的行为。企业应针对自身的实际情况选择实用且适用的软件，以满足需求。企业若是盲目追寻"最好的"软件，可能既会浪费大量的时间和金钱，又会降低企业管理的效率。

（2）兼顾软件的功能和技术。

企业在选择商品软件时，既要考虑软件的功能，又要考虑软件的技术水平，即既要分析当前的需求，又要考虑未来的发展。企业可以利用高德纳咨询公司提出的 ERP 软件四区域技术功能矩阵进行综合考虑，四区域技术功能矩阵如图 9-1 所示。

该矩阵由直角坐标系中的 4 个区域构成，纵坐标表示功能的完备程度，横坐标表示技术水平的高低。企业可以综合分析各种 ERP 软件的功能和技术水平，把它们分别放置在 4 个区域中。

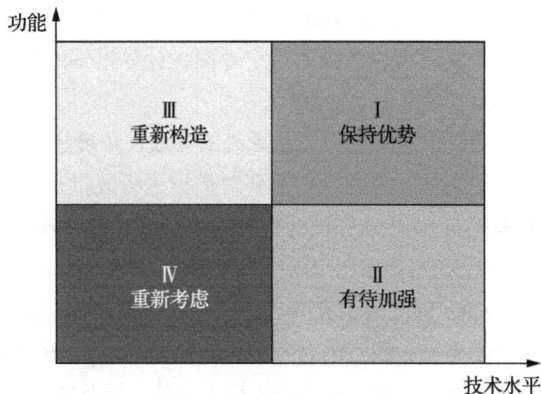

图 9-1　四区域技术功能矩阵

● 区域 I 称为"保持优势"区域，该区域内的 ERP 软件在功能和技术水平两个方面都很好，是 ERP 软件的"市场领导者"，但该区域中的 ERP 软件通常价格昂贵，企业要根据预算综合考虑。

◉ 区域Ⅱ称为"有待加强"区域，该区域内的 ERP 软件技术先进，但功能有待完善和加强，该区域中的 ERP 软件是企业的重点考虑对象。

◉ 区域Ⅲ称为"重新构造"区域，该区域内的 ERP 软件功能比较强，但技术较为落后，从长远来看这些软件的可扩展性差，企业尽量不要选择该区域的 ERP 软件。

◉ 区域Ⅳ称为"重新考虑"区域，该区域内的 ERP 软件在技术水平和功能两个方面都比较差，该区域的 ERP 软件几乎不可选，企业若是已经购买了这类软件，则要重新认真考虑是否继续投资。

（3）综合考虑软件的可扩充性。

任何一个软件都不可能十全十美，因此，企业不要期望依靠现成的 ERP 软件来实现所有功能。另外，企业信息化是不断发展的，因此，在一定程度上对 ERP 软件进行修改或用户化开发也是不可避免的。所以，企业在考虑软件的扩充性时，可以从代码层级的扩展、组件层级的扩展、模块层级的扩展等 3 个方面着手，同时确定哪些修改或扩充是必须做的、由谁来修改和扩充、修改和扩充需要的成本等内容。

（4）整合原有系统中好的部分。

有些企业已经拥有一些实用的信息化系统。例如，有的企业有实用的人力资源管理系统，如果该企业选择的 ERP 软件中的人力资源管理系统不如原有的系统好用，则应保留原有的系统，并开发相应的接口将其与 ERP 软件进行连接。

2. 选择 ERP 软件的方法

选择一个好软件是企业成功实施 ERP 的前提。面对 ERP 软件中各式各样的功能和模块，企业要做到正确认知，把握选择过程中的主动权，并多方考虑和寻找长期的战略合作伙伴。企业在选择 ERP 软件时，可以从以下几个方面着手。

（1）考察软件的功能。

企业在考察 ERP 软件的功能时，常用的方法是列出需要的功能清单，然后对比软件一一进行衡量。这种方法的缺点是不能考察软件的内在逻辑，且采用这种方法选出的软件往往比较复杂。因此，企业应该把自身的实际需求和 ERP 软件的标准逻辑相结合，作为考察软件功能的依据。

除此之外，企业还应该考察软件功能的合理性，例如模拟现实的能力、软件的连通性、便于二次开发的数据接口和程序接口、软件的运行时间和响应时间等。

（2）考察软件的技术。

企业可以先从系统的角度考虑 ERP 软件所用的技术是否先进，ERP 定义中所强调的客户机/服务器计算环境，如图形用户界面、计算机辅助软件工程、数据采集和外部集成等技术都可作为考察的对象。

另外，企业还可以从系统的开放性角度进行考虑。在实施 ERP 的过程中，用户化的开发往往是不可避免的，有的企业需要对数据进行成批提取，有的企业需要开发某个子系统，有的企业要将原有系统与 ERP 软件进行整合等，上述情况都需要 ERP 软件具有程序级或数据级的开放性。

（3）考察 ERP 软件的供应商。

ERP 软件的供应商与企业存在长期合作关系，所以选择一个拥有完整和长期的服务计划、全面的技术支持和稳定的财务结构的供应商是 ERP 项目成功实施的重要保障。企业可以从系统实施服务质量、合作态度、对用户的技术支持、经济实力等方面对供应商进行考察。

此外，ERP 软件作为一种管理软件，只能支持同时代先进的管理思想，但为了适应日后的管理需求，企业应该选择一个能不断发展、不断增容新管理理念的 ERP 软件。所以，供应商的管理设计能力和软件系统设计能力也是企业应该考虑的因素。

拓展阅读

　　企业在确定所要购买的 ERP 软件后，需要签订 ERP 软件购买合同。扫描右侧二维码查看签订购买合同时的注意事项。

扫一扫

签订购买合同时的
注意事项

　　（4）考察供应商的用户。

　　通过考察供应商的用户群体，企业不仅可以了解其他用户对 ERP 软件的满意程度和使用情况，还可以了解供应商对用户的培训、提供的指导与帮助，以及对用户的技术支持是否及时、有效等。如果用户普遍反映良好，那么说明供应商的软件和服务都有一定的保障。

案例分析——专业服务助 ERP 实施成功

　　A 企业是一家集团企业，旗下的家具公司工艺先进、种类多样，制造的家具产品深受广大用户的喜爱，年交易额达 5 000 万元。但随着业务量的不断增长，企业原有的简单系统已不能满足现在的管理需要，因而企业产生了资料混乱、成本核算不准确等问题。最为突出的问题是，各部门重复向各自的台账输入资料，总公司无法实时了解总体的情况。因此，A 企业决定放弃原有的进销存软件，选择一套更专业且适合企业发展的 ERP 软件，帮助企业实现信息化管理。A 企业对软件提出了以下要求。

　　（1）ERP 软件要简单易用，员工容易上手操作。

　　（2）有专业、高效的 ERP 实施服务。

　　（3）便于扩展，以便将来推广至其分公司，实现统一的集团化管理。

　　在参与竞标的几家 ERP 软件公司中，A 企业最终选择了江顺发软件。A 企业之所以选择江顺发软件，除了其产品本身的流程设定、权限控制、审批与监督等管理功能比较全面外，最主要的原因是该公司拥有专业的服务团队。其实施顾问从硬件和网络配置，到 A 企业的内部流程整理，都给出了专业的意见，且提供了非常到位的服务，真正实现了签约时的服务承诺。

　　分析： A 企业最终选择江顺发软件的主要原因是该公司能提供专业的服务，因为在 ERP 实施的过程中，企业比较依赖软件供应商，而好的服务质量又是 ERP 成功实施的重要保障；所以，A 企业在选择 ERP 软件时，从 ERP 软件实施的服务质量、合作态度、对用户的技术支持等多方面对 ERP 软件公司进行了考察。

9.3　ERP 的实施步骤

情景导入

　　主管："做好充分的 ERP 实施准备后，下一步我们就开始正式实施 ERP 了。"

小李："我听别的同事说，实施 ERP 是一项很困难的工作，成功率不高。"

主管："从某种意义上来说，实施 ERP 确实是一个复杂且艰巨的工程，它涉及领导对项目的重视程度、软件供应商产品的成熟程度、实施人员对产品的熟悉程度等多个方面的内容。但如果实施之前做足了准备，并按照一定的步骤来执行，那么，成功实施 ERP 也不是那么难。"

一般情况下，典型的 ERP 实施步骤如图 9-2 所示。

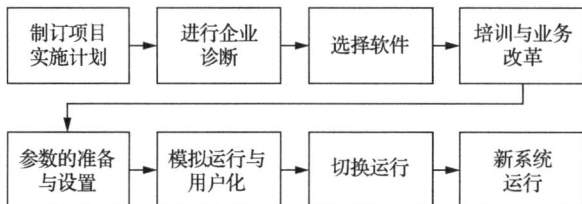

图 9-2 ERP 实施步骤

1. 制订项目实施计划

ERP 项目的实施计划一般由经验丰富的咨询公司制订，或在其指导下由企业项目小组成员制订，然后小组成员根据企业的具体情况对计划进行讨论、修改，由项目的领导批准。项目实施计划一般包括项目进度计划与业务改革计划两个部分。

一般来说，ERP 的实施可能会分阶段进行，也就是常说的一期、二期等。期数的划分要依据企业的 ERP 系统模块需求、二次开发量、市场销售情况等确定。此外，项目小组还要按阶段详细制订各个业务的具体实施计划。

2. 进行企业诊断

由企业的高层领导和项目组成员基于 ERP 的思想对企业现行管理业务流程和存在的问题进行诊断，找出问题，并根据企业的管理情况提出管理改革方案。具体内容包括企业管理现状的描述、业务实现与改革、期望达到的效果等。

3. 选择软件

企业在选择软件的过程中，要知己知彼。"知己"，就是企业要弄清楚自身的需求，即先对本身的需求进行细致的分析；"知彼"，就是要弄清系统的管理思想和功能是否满足自身的需求。这两者是相互交织进行的，企业可以通过系统先进的管理思想找出现有的管理问题，同时对于不能满足特定要求的系统，也要补充开发。

4. 培训与业务改革

在推行 ERP 前，企业各层次人员对 ERP 的理解参差不齐，而开展 ERP 的相关培训则可以帮助顺利实施 ERP 项目。ERP 培训包括理论培训、实施方法培训、项目管理培训、系统操作应用培训等。企业要针对不同的层次、不同的管理业务对象制订不同的培训计划。

另外，企业对各个业务岗位进行操作培训时，除了对其自身的业务操作进行培训外，还要对相关的上下流程进行培训。各级组织，尤其是领导小组和实施小组，在接受 ERP 的相关培训后，可以增强对 ERP 理论、管理思想、业务流程的理解，同时对业务的相关改革也会有更深的认识。

5. 参数的准备与设置

ERP 在实施之前，需要准备和录入一系列基础数据，这些数据是在运用系统之前没有规定或未明确规定的，因而需要项目组成员做大量的分析和研究工作，包括收集产品、工艺、库存等信息，以及对一些软件参数进行设置。

（1）系统安装调试。在人员、基础数据已经准备好的基础上，ERP 系统就可以安装到企业中，并进行一系列的调试活动了。

（2）系统原型测试。系统原型测试是指把收集的数据录入 ERP 系统中，进行原型测试工作。在该阶段，企业的测试人员应在实施顾问的指导下，系统地进行测试工作。由于 ERP 系统是信息集成系统，所以在测试时，应当进行全系统的测试，各个部门的人员都应该参与其中，这样才能理解 ERP 系统中各个数据、功能和流程之间的集成关系。

软件原型测试的目的如下。

- 检验系统数据处理的正确性。
- 对比 ERP 业务处理流程与企业现行流程的差异，为企业的业务改革提供依据。
- 让各部门人员进一步熟悉 ERP 的业务处理过程和操作方法。
- 理解各种数据定义、规范的重要性与作用，为企业制订数据规范提供依据。
- 根据使用情况、业务需求等提出二次开发的需求。

6. 模拟运行与用户化

在基本掌握系统功能的基础上，企业可以选择代表产品，将各种必要的数据录入 ERP 系统中，带着日常工作中经常遇到的问题，组织项目小组进行实战性模拟，提出解决方案。进行了一段时间的测试和模拟运行之后，针对实施中出现的问题，项目小组应提出相应的解决方案，并在该阶段将与之对应的工作准则与工作规程初步制订出来，并在以后的实践中不断完善。

7. 切换运行

切换运行时，企业要根据自身的条件来采取相应的步骤，可以是将系统中的各模块平行一次性实施，也可以先实施一两个模块。在该阶段，所有最终用户都需要在自己的工作岗位上使用客户机操作，处于真正的应用状态中，而不是集中在机房操作。原则上，系统并行运行的时间不宜过长。

8. 新系统运行

新系统运行是指在切换运行过程的后期，企业认证了新的系统可以正确处理业务数据，并输出满意的结果，新的业务流程也已经顺利运作后，可以停止原手工作业方式和原单一系统的运行方式，将相关业务完全转入 ERP 系统进行处理。如果相关人员在运行过程中发现问题，则要及时讨论解决，不符合正式运行要求的业务是不能转入新系统运行的。

以上是对 ERP 实施过程的简要介绍。上述各个步骤是密切相关的，一个步骤没有做好，企业决不可操之过急进入下一个步骤，否则，只会事倍功半。需要注意的是，在整个 ERP 实施过程中，培训工作应贯彻始终，例如软件产品培训、系统操作应用培训、实施方法培训、计算机系统维护等都是至关重要的。因为员工才是系统的真正使用者，只有员工对相关的 ERP 系统及所要求的硬件环境有了一定的了解，才能够保证 ERP 系统最终的顺利实施和应用。

9.4　ERP 实施成功的标志

情景导入

主管："经过前期细致的准备工作和详细的实施步骤后，ERP 项目在公司顺利实施了。但

> 顺利实施和成功实施还是有一定差距的。"
>
> 　　小李："那么，ERP 项目顺利实施了几个月，算不算实施成功呢？"
>
> 　　主管："项目是否实施成功，与企业对该项目的预期目标是否实现有着密切的关系。一般而言，企业在实施 ERP 项目之前，通常会对项目的实施有个基本的期望，即 ERP 项目在将来会解决什么问题、达到什么效果、取得什么效益等。所以，我们可以从这几个方面来判断 ERP 是否实施成功，若是达到企业的预期目标就算成功，反之就是失败。"

因为每个企业的外部环境、组织结构、战略目标以及业务流程等均有所不同，因此，其信息化建设也有着各自的特点。但通过相关 ERP 实施案例的分析不难看出，成功实施 ERP 的企业之间都具有一些共性，这些共性对企业的信息化建设具有重要指导意义和应用价值。

1. 清晰的战略目标

成功实施 ERP 的一个首要条件是企业明确了未来的战略目标，明确战略目标有利于进一步明确实施 ERP 的目标。此外，企业还需要确定价值链中的哪些环节可能受到 ERP 的影响，并对这些影响的利弊进行分析，这将有利于确定实施 ERP 带来的效益。

2. 业务流程合理化

企业在实施 ERP 前，一般是职能性的组织结构，该结构不利于信息流的传递与共享。但在实施 ERP 后，企业则采用的是流程性的数据信息流，是直线性的，此时成功实施 ERP，前提是对企业实施业务流程重组，即意味着企业业务流程趋于合理化，并最终实现提升企业竞争力、提升企业对市场的响应速度、改善客户满意度等目标。

3. 严格、有效的项目管理

ERP 项目是一个实施难度大、应用周期长的企业管理系统工程项目，这就决定了企业需要从系统工程和管理科学的角度出发，建立严格、有效的项目管理体系及运作机制。因此，项目经理应遵守实施方法论，综合考虑 IT 和业务元素，制订切实可行的项目计划并把握项目进度，听取终端用户的意见和建议，同时，要重视培训并制订项目实施后的支持和维护计划。

4. 高效的管理水平

随着 ERP 系统的应用和业务流程的合理化，企业的管理水平将会明显提高。为了衡量管理水平的提高程度，实施 ERP 的企业可以依据相应的企业管理评价指标体系对自身的管理水平进行综合评价。评价的最终目的是为企业建立一个今后可以不断进行自我评价和管理、不断改善的机制，这也是成功实施 ERP 的重要标志。

5. 贯彻始终的教育与培训

教育与培训是 ERP 实施中必不可少的重要环节之一。其中，教育主要针对 ERP 基础理论知识，而培训则主要针对 ERP 实施人员应具备的操作知识，使之能够在系统框架内解决问题，以避免对流程产生抵触。

另外，从确立 ERP 项目开始企业便需要不断地针对各类人员开展培训，且在培训过程中要注意培训方式与培训层次的结合，并要求及时反馈培训效果。只有全员参与并建立起主人翁精神，ERP 的效益才能充分发挥。

6. 准确、完整的数据信息

由于 ERP 系统具有高度集成的特点，员工一旦输入错误的数据，就可能在整个系统中引起连锁反应。因此，企业需要通过教育和培训等方式让员工认识到准确的基础数据对于 ERP 的重要意义，并在整个 ERP 实施的过程中对数据的准确性进行严格的检查和测试，例如建立日清日结的管理制度。

9.5　ERP 软件与新技术的结合

情景导入

　　主管："随着管理思想的日渐成熟，以及人们对 ERP 的认识不断加深，企业在实施 ERP 时变得更加理智，也更具有前瞻性。现在，企业除了考量 ERP 的功能外，更多地会思考如何更好地发挥 ERP 的作用。"

　　小李："要想充分发挥 ERP 的作用，我觉得可以采取以下方式。例如，在正式实施 ERP 之前对基础数据进行严格审核、对企业的业务规则有针对性地进行定义并使其融入 ERP 系统中。"

　　主管："嗯，这也是充分发挥 ERP 作用的重要途径。随着云计算、物联网、移动互联网、商业智能等新技术的发展，ERP 的应用正向着更加理性的后 ERP 时代过渡，即企业不再局限在传统的优化内部业务流程、提高运营效率的层面上，管理层更多关注的是企业管理系统能否提供有价值的商业信息供其进行科学决策。"

9.5.1　ERP 软件与云计算

　　ERP 集信息技术与先进的管理思想于一身，但由于 ERP 软件并不是简单的应用软件，企业往往需要一定的时间来修改和适应，才能更好地将其融入日常业务运作中。因此，大多数的 ERP 软件仍需要用户进行软件的安装、维护与实施。这不仅增加了企业的 IT 成本，也使得 ERP 软件的推广受阻。

拓展阅读

　　云计算是一种动态的、易扩展的，且通常是通过互联网提供的虚拟化资源的计算方式。扫描右侧二维码，查看其具体含义。

扫一扫

云计算的具体含义

　　在这种情况下，云计算 ERP 越来越受到企业的欢迎。云计算 ERP 让用户可以随时使用、随时扩展，用户不需要支付软件许可费用，只需支付服务器、网络等的费用。具体而言，云计算模式能为 ERP 软件的发展带来以下优势。

1. 更加安全可靠

　　由于云计算服务提供商拥有强大的云支持能力，即使有部分云服务出现故障，也不会影响全局，更不会导致用户无法使用资源。除此之外，专业的云计算供应商由于长期从事相关资源的维护与保障工作，积累了大量的经验，在安全保障方面会更加专业，降低了由于安全问题给用户带来损失的可能。

2. 保障双方权利

　　云计算模式解决了 ERP 软件的升级问题。对云计算 ERP 软件的设计可增加用户和 ERP 软件供应商互动交流的平台，便于 ERP 软件供应商根据用户的需求维护、升级自己的产品。同时，由于成本降低，ERP 软件供应商也可以免费开放系统，只向用户收取相应的服务费用。

3. 便于深度分析

云计算的优势在于能处理海量的数据信息。云计算通过对不同用户可公开数据资源的深度分析与挖掘，为用户提供更加多样的附加服务。这一特点是云计算不同于现行 ERP 软件的一个创新点，合理利用这一优势将会给 ERP 软件供应商带来无限机会，同时也会给企业用户带来意想不到的收获。

4. 屏蔽底层环境

对于 ERP 软件供应商以及最终用户来说，软件底层的大多数硬件环境、软件环境都由云计算供应商提供，而其只需要支付服务费用，不需要担心硬件的扩充与维护问题，降低了硬件投入成本。

9.5.2　ERP 软件与物联网

ERP 软件的核心目标是向企业领导者提供可信的数据和信息。在物联网被应用于制造业之后，物联网便与 ERP 连接起来了，基于物联网技术的 ERP 软件可以通过各种无线和有线的长距离或短距离通信网络实现互联互通、应用大集成以及基于云计算的 SaaS 营运等模式，实现对各种物体的"管""控""营"一体化。

📖 拓展阅读

> 物联网是指物与物、人与物之间的信息传递与控制。那么，物联网有什么特征？扫描右侧二维码，查看相关内容。

扫一扫

物联网的特征

下面将对物联网技术对制造企业 ERP 软件的促进作用进行简单介绍，主要内容包括：与客户互联、实时商业智能和监控、改进预测、改善资产管理等。

1. 与客户互联

一般情况下，制造企业将产品交付给客户以后就不能再追踪该产品的使用情况，只能依靠实地访问或服务电话等方式来评估该产品的性能。物联网与 ERP 软件的结合改变了这一现况。物联网与终端用户的直接连接已成为 ERP 软件的一个关键特性。

传统意义上，ERP 软件的服务模块在产品发货之时或之后，会依据序列号更新客户的信息。制造企业将产品直接销售给客户时，从销售环节开始就可以在 ERP 软件中查看最终用户的信息，但当产品通过经销商进行销售时，制造企业要想获取最终用户的数据就比较困难。而物联网的出现解决了该难题，与物联网技术结合的 ERP 软件可以使产品从开始生产的那一刻起就与制造企业进行互联。物联网使制造企业在销售模式上有了更大的灵活性，并向其提供了极为宝贵的服务运营和工程信息。

2. 实时商业智能和监控

传统意义上，ERP 软件提供的商业智能指标是用过去的数据来反映现在的，但有了物联网后，这些指标就能够显示当前的实际情况，并实现真正可行的商业智能。例如，企业通过物联网可以将有关的客户和市场数据制成各种即时动态，极大地方便了管理者对配送供应链、车间进度安排和采购做出合理的决策。

在这个新的物联网世界中，商业智能指标将直接推动 ERP 软件的进化，使 ERP 软件从一个"记录系统"变为一个"智能系统"。ERP 软件将能够基于实时、准确的数据，为车间和供应链经理提供直接的建议。

3. 改进预测

预测客户的产品购买行为和使用情况是一个复杂的过程，企业一旦误判就会导致不良的后果。但通过分析大量的物联网数据，企业很容易做出正确的供应链决策。ERP 软件与物联网相结合后，供应商和客户能够直接访问 ERP 软件来确认和更新订单，并可在软件中直接提出问题。在物联网的世界中，产品可以直接与 ERP 软件"通信"，ERP 软件与客户和供应商之间的这种联系也越来越紧密。这样不仅可以减少浪费和错误，构建更高效的商业合作伙伴关系，还会使企业供应链的整体运作更为精益。

4. 改善资产管理

物联网可以通过跟踪和监控供应链中的高价值资产、材料或设备来提供实时信息。ERP 软件与物联网结合后，这些实时信息将自动输入 ERP 软件，这样供应链中的所有参与者都可以随时了解资产情况并采取相应的措施。物联网解决方案还可以在资产需要维修、容易被盗或损坏时，即时发送通知提醒相关人员。

9.5.3　ERP 软件与商业智能

传统的 ERP 软件是面向操作型的，从计划、执行、反馈到战略调整，其缺少决策分析以及对历史数据的洞察能力，无法将获取的数据转换成对管理层决策有参考意义的信息。此时，管理者就需要借助某一种数据分析工具来帮助企业实现数据与信息之间的转换，该工具便是商业智能（Business Intelligence，BI），商业智能作为一个数据分析工具，可以用来处理企业现有数据，并将其转换成知识、分析和结论，最终辅助决策者做出正确的决策。

通过和商业智能完美组合，ERP 软件中的海量数据可以被充分挖掘。通过多维度的分析，大量原始的数据可以被转化成有价值的商业信息，不断地为企业策略的调整提供数据支撑，让 ERP 软件更好地服务于企业。

价值引导

　　ERP 软件与新技术的结合能将 ERP 软件的最大潜能激发出来，那么，在市场环境日趋复杂、各行各业间的竞争日益激烈的大环境下，企业要想激发自身潜能，让自己在激烈的竞争中稳步发展、提高自身的经济效益，就需要具备创新思维，重视对员工创新思维的培养，这样才能从容应对各种状况，在新一轮的竞争中取得领先地位。

9.6　项目实训——分析 S 集团 ERP 项目的实施

9.6.1　实训背景

S 集团是以电力系统自动化，保护及控制设备的研发、生产及销售为主的大型企业。集团拥有员工 5 000 余人，建有实力雄厚的技术研发中心，年产值达 8 000 万元，并且每年平均以 10% 的速度快速增长。目前，S 集团的产品已具备国内多项质量认证证书，并为知名家用电器企业配套生产各类标牌。但为了适应市场变化，集团内部进行了重大调整。原来，S 集团没有成立企业内部事业部，而是采用分厂的形式，但各个分厂在激烈的市场竞争中形成了一种怪象：S 集团自己制造的零部件，例如一个螺钉，在公司内部的采购价格是 2 元，在市场上却是 1.5 元。为了解决这一问题，S 集团决定变更经营结构，但经营结构改变后，现有 ERP 软件规定的业务流程也就不再适用了。所以，S 集团决定放弃原有的 ERP 软件，重新选择新软件来辅助管理。

9.6.2　实训要求

（1）制订一个切实可行的项目实施计划。

（2）选择适合 S 集团的 ERP 软件。

（3）制订一个详细的教育和培训计划。

（4）进行系统切换。

9.6.3　实训实施

（1）项目的实施计划一般由经验丰富的咨询公司制订，或在其指导下由企业项目小组的成员制订，然后由项目小组成员根据企业的具体情况讨论、修改计划，最后由项目领导批准。所以，S 集团的实施计划可以在咨询公司的帮助下制订。在制订实施计划时，应注意系统的可操作性，同时考虑集团人员情况、日常工作的管理、运营情况等。

考虑到在 ERP 实施的过程中，可能会发生一些始料不及的事情，所以实施计划中近期的部分应具体、细致，远期的部分则可以比较粗略。S 集团对于执行实施计划的总体原则既严肃又灵活，要求尽量按照计划进度实施，但如果发现计划中确实有不合理的地方，也会及时调整。

（2）ERP 软件的选择对于 S 集团来说是至关重要的，集团的中高层领导也应参与软件的选择工作，整个选择过程可以划分为以下 3 个阶段。

首先，S 集团应根据当前现状和未来发展提出信息化需求，然后对有意参与信息化建设项目的软件供应商进行登记。S 集团根据软件供应商提出的要求进行适当的调研后，将调研结果发送给软件供应商，然后由软件供应商的实施顾问演示软件功能并陈述实施方案。S 集团在信息化监理顾问的协助下，选定几家综合评价比较好的软件供应商。

其次，S 集团对所选的软件供应商做进一步的考察，例如，了解软件供应商的实力和典型用户等。在考察中主要关注的内容如下。

- 公司规模、整体形式、发展方向等。
- 售后服务团队的专业素养。
- 对 S 集团 ERP 项目的重视程度。
- 与典型用户的关系密切程度。
- 典型用户对 ERP 软件各项功能的应用情况，以及典型用户的整体应用水平和效果。

最后，S 集团经过考察选出综合表现比较好的软件服务商，评估软件价格、软件供应商的实施能力和水平，然后根据集团当前的功能需求和将来发展的需要进一步考察软件的扩展性，选择一家软件供应商签订合同。

（3）在 ERP 实施过程中，S 集团应进行 ERP 软件的教育和培训工作。培训课程的内容如表 9-2 所示。

表 9-2　培训课程

课程内容	培训老师
ERP 理念	软件服务实施顾问
如何使用 ERP 软件	软件服务实施顾问
如何制订业务管理方针和规则	软件服务实施顾问
如何构建基础数据库	软件服务实施顾问
管理方针与规则的应用	S 集团 ERP 项目业务骨干

　　每次培训之前，集团都应下发培训通知，说明培训内容，并按照要求对参加培训的人员进行考核，最后将考核结果与其在工作岗位上需应用的知识和技能相结合，做出考核评价，并送人事部门存档。

　　（4）S 集团对工作方针和工作规章制度进行全面测试和修订后，即可将其发至整个集团执行，并进行一次全面的 ERP 实施模拟测试。测试成功后，进行系统切换。S 集团可以采取把所有物料项目分成几组，以每次切换一组的方式进行系统切换。

　　① 系统切换涉及的产品开始以电路板为主，成功后逐渐扩大到其他的产品。

　　② 系统切换涉及的业务范围，由系统切换涉及的产品来确定，开始时是和电路板有关的所有业务。

　　③ 完成关于系统切换活动的详细规程，并确定完成切换活动的人员职责。

　　④ 准备数据。

　　◉ **静态数据**。静态数据包括物料主文件、供应商主文件、客户主文件、物料清单、工艺路线、工作中心数据、产品成本数据、车间日历等。

　　◉ **动态数据**。动态数据包括库存余额、未完成的生产、采购和销售订单、应收应付余额以及各个会计科目的账户余额等。

　　⑤ 系统切换方法。

　　首先在 ERP 软件中录入静态数据，然后盘点手工业务的结存数量和金额，并将其录入新系统。以系统切换日期的手工账余额作为系统的期初数据，将数据录入新系统中，完成系统的初始化。最后，按照预定的工作方针和工作规程运行 ERP 软件，以手工方式录入未完成的生产、采购和客户订单的结果，以及录入过程中发生的出入库业务的结果。

9.7　课后思考

1. ERP 实施的原则是什么？
2. ERP 实施前需要做哪些准备工作？
3. 简述需求分析的主要内容。
4. 如何选择合适的 ERP 软件？
5. 简述 ERP 实施的步骤。
6. ERP 实施成功的标志有哪些？

7. ERP 与物联网相结合会为企业带来哪些方面的变革？

8. 请阅读以下材料并回答问题。

阅读材料——保达诺公司的 ERP 实施

保达诺公司是一家大型的施工企业，下设建筑装饰、安装等 10 家单位，连续 3 年被评为"优秀建筑企业"，并在业内取得了一定的声望。保达诺公司及其下属各单位很早就启用了用友财务软件，但随着公司改革，原软件通过多次升级都无法实现集中分布式的公司管理，这严重影响了公司业务的正常开展。于是，在 2020 年初，保达诺公司决定使用 ERP 软件来实现全面的信息化管理，包括财务管理、分销管理、成本管理以及人力资源管理等模块。

保达诺公司首先成立了 ERP 项目实施小组，然后进行项目实施前的准备工作，包括制订实施计划、培训标准功能、收集测试数据、选择 ERP 软件等，最后进入项目实施阶段，其实施过程分为以下 4 步。

（1）业务调研。

项目实施的第 1 步是咨询顾问进行业务调研，以获取公司详细的业务流程和功能需求。在此过程中，公司需要咨询顾问判断和分析客户业务的重点，并对调研情况进行交叉验证。由于 ERP 软件是个集成的软件，只能有一种物料分类方法，所以顾问要与各部门进行充分交流，确定有利于整个系统运行的物料分类方法。

另外，在业务调研过程中，由于业务人员并未充分了解 ERP 软件，所以在交流过程中可能会对业务流程产生误解。例如，生产计划管理在制造型企业中是最复杂的环节，只通过口头交流容易出现问题，此时就需要顾问亲自参与生产计划的编制，深入了解生产计划的整个过程。

（2）方案设计。

根据需求分析进行方案设计时，顾问要从全局出发。ERP 软件的各个模块互相有数据的交互，不同模块的设计也有不同的要求。所以，各模块的顾问需要相互沟通，考虑各方面的不同需求，从整体上完成方案设计。

（3）系统测试。

系统测试之前，应先进行主数据的收集，在收集数据的过程中，顾问就会发现很多管理问题。例如，各部门对材料的叫法不统一，存在大量的重复编码，相同的客户存在多个明细账等。此时，顾问就要对所有编码进行规范，并对业务流程进行优化。

另外，在进行系统测试时，若发现部分业务流程与 ERP 系统流程存在差异，项目组要对问题进行分析，对于重要的不同流程进行二次开发，不重要的流程则采取变通的方法来解决。

（4）系统上线。

在 ERP 系统上线之前，公司需要对所有静态和动态数据进行收集。这些数据来自各个部门和业务流程的各个环节，数据准确、完整与否是影响软件能否成功上线的关键因素。所以项目组挑选了有责任心，具有较强的接受能力、承压能力、沟通能力的 10 名最终用户来完成这项工作。

系统上线前的最后一步准备工作是编写用户操作手册和进行知识培训，并且确保所有参加培训的人员通过考核后，才能上岗。经过艰苦的 3 个月的系统并行工作，保达诺公司终于成功应用了 ERP 软件。

回答：（1）试分析 ERP 系统的实施为保达诺公司的管理带来了哪些变化？

（2）想一想，从保达诺公司实施 ERP 的过程中，我们可以得到哪些启发？

★ **管理工具推荐** ●●●●●

1. 项目进度管理工具

项目进度管理是指在项目实施过程中，对各阶段的进展程度和项目最终完成的期限所进行的管理，即在规定的时间内，项目负责人拟定合理的进度计划，并在执行该计划的过程中，经常检查实际进度是否与计划要求一致，若出现偏差，要及时找出原因，采取必要的补救措施。为了保证项目顺利完成，项目负责人仅仅依靠手工完成项目任务制订、项目进度跟踪、资源管理是比较困难的。此时，项目负责人可以通过一些项目管理软件来进行对项目的计划、监控、控制以及确认交付。

下面提供了两种免费开源项目进度管理软件供大家参考。

（1）GanttProject。

GanttProject 是一款基于甘特图的项目调度和项目管理软件，它是用 Java 编写的开源软件，可以在 Windows、Linux、Mac OS 及其他操作系统上运行。GanttProject 除了具有操作简单的特点外，还具有以下特色。

● 明确项目涉及的各类信息，具体包括项目名称、开始时间、工期、任务类型（依赖 / 决定性）和依赖于哪一项任务等。

● 创建甘特图草图，将所有项目按照开始时间、工期标注到甘特图上。

● 确定项目活动的依赖关系及时序进度。使用草图，按照项目的类型将项目联系起来。此步骤将保证在未来计划有所调整的情况下，各项活动仍然能够按照正确的时序进行。

（2）OpenProj。

OpenProj 是一款免费开源的项目管理软件，其操作界面如图 9-3 所示。OpenProj 具有与 Microsoft Project 大致相同的功能，并支持打开 Microsoft Project 文件。目前，OpenProj 可在 Windows、Linux、Unix 等多个操作系统上运行。

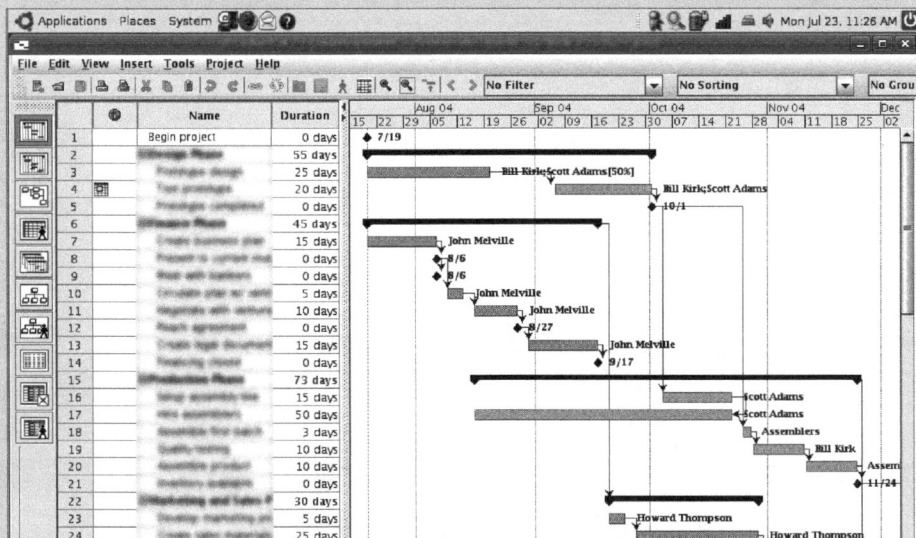

图 9-3　OpenProj 的操作界面

此外，OpenProj 还具有以下特色。

⦿ 提供包括项目管理、任务管理、讨论区、档案管理等功能模块。

⦿ 提供多种图表让项目以不同方式呈现，例如甘特图、网状图、工作分解结构（Work Breakdown Structure，WBS）等。

2. 项目评估定级工具

使用项目评估定级工具的目的是整合绩效与预算，并将其作为一个载体来全面提升组织的治理能力。该工具包括 25 个是与否的问卷，总体分为以下 4 组。

（1）项目目标和设计。检验项目的目标和设计是否清晰可靠（占 20%）。

（2）战略计划。检验项目是否是长期有效的、年度的成效及目标（占 10%）。

（3）项目管理。评定项目的管理水平，包括财政分析和项目提高能力（占 20%）。

（4）项目结果及可运行性。基于目标和成效等上述内容的复审，评定程序的表现能力（占 50%）。

在统计和衡量上述 4 组信息后，将产生 4 种不同的结果。其中项目得分为 85 ~ 100 分的表现为"有效"；得分为 70 ~ 84 分的表现为"基本有效"；得分为 50 ~ 69 分的表现为"适当"；得分为 0 ~ 49 分的表现为"无效"。当项目没有结果或无法体现可运行性时，评估结论为"成效未显示"——这种情况通常表明项目可能是无效性的，或者项目可能有效但成效并未得以显示。

参考文献

［1］刘辉. 企业战略管理理论与实务 [M]. 北京：北京理工大学出版社，2016.

［2］陈孟建，陈奕婷，刘家晔. 企业资源计划（ERP）原理及应用 [M]. 4 版. 北京：电子工业出版社，2018.

［3］程控，革扬. MRP Ⅱ /ERP 原理与应用 [M]. 2 版. 北京：清华大学出版社，2006.

［4］苟娟琼，常丹. ERP 原理与实践 [M]. 北京：清华大学出版社，2005.

［5］乐艳芬. 成本管理会计 [M]. 4 版. 上海：复旦大学出版社，2017.

［6］周玉清，刘伯莹，周强. ERP 原理与应用教程 [M]. 3 版. 北京：清华大学出版社，2018.

［7］张涛，邵志芳，吴继兰. 企业资源计划（ERP）原理与实践 [M]. 3 版. 北京：机械工业出版社，2020.

［8］罗鸿. 企业资源计划（ERP）教程 [M]. 北京：电子工业出版社，2006.

［9］王惠芬，黎文，葛星. 企业资源计划——ERP[M]. 北京：经济科学出版社，2007.

［10］欧阳文霞，汪志林，阎彦，等. ERP 原理与应用 [M]. 2 版. 北京：人民邮电出版社，2016.